Lebensalltag im 16. Jahrhundert

Verlag Das Beste Stuttgart · Zürich · Wien

Reisen · in · die Vergangenheit

Lebensalltag im 16. Jahrhundert

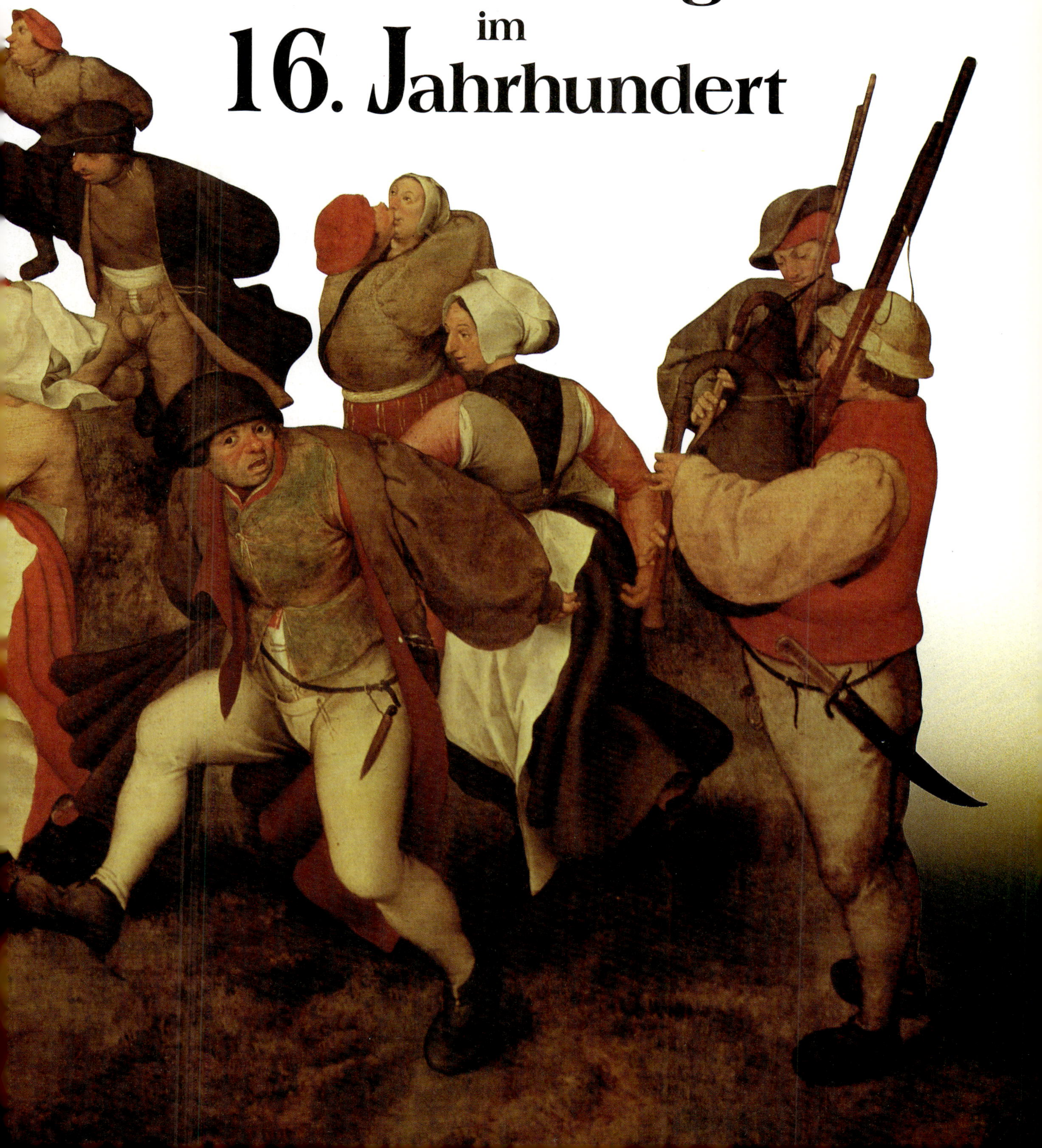

LEBENSALLTAG IM 16. JAHRHUNDERT
Gestaltung und Realisation: Toucan Books Limited, London. Autor der englischen Originalausgabe, *Life in the Tudor Age:* Adam Nicolson

Redaktion: Falko Spiller
Grafik: Martin Stiegeler
Bildresearch: Christina Horut
Produktion: Sanja Ančić, Sven Sost-Wolter

Freie Mitarbeit
Übersetzung: Ingrid Frieling
Gutachten: Prof. Dr. Günther Lottes
Redaktion: Renate Weinberger

Ressort Buch
Redaktionsdirektorin: Suzanne Koranyi-Esser
Redaktionsleiterin: Dr. Renate Mangold
Art Director: Rudi K. F. Schmidt

Operations
Direktor Operations: Joachim Forster
Leitung Produktion Buch: Joachim Spillner

Oben: Frauen und Männer teilten sich im 16. Jh. die mühevolle Hausarbeit. Einer hackte das Brennholz, der andere sammelte es auf.
Links: In sehr kalten Wintern froren in den Niederlanden die Flüsse und Seen zu. Jung und Alt machte sich auf den Weg, um das Vergnügen des Schlittschuhlaufens zu genießen. Kinder spielten Eishockey und sogar die Hunde tobten ausgelassen auf der spiegelglatten Fläche.

Die Texte dieses Bandes wurden gemäß den Regeln der reformierten Rechtschreibung verfasst.

Printed in Spain

ISBN 3 87070 699 6

INHALT

Rechts oben: Seltener Besuch. Eine Gutsherrin besucht ihre Landarbeiter auf dem Feld. Kleines Bild links oben: Die Jagd gehörte im 16. Jh. zur Lieblingsbeschäftigung der europäischen Monarchen. Für Höflinge bedeutete es eine sehr große Ehre, daran teilzunehmen. Links: Dieser große französische Wandteppich zeigt ein Picknick adliger Damen und Herren. Rechts: Das junge Mädchen ist Teil eines Freskos, das die Villa Barbaro im italienischen Maser schmückt.

Venedig: Europas Juwel

Am nördlichen Ende der Adria liegt Venedig, die Stadt, in der sich im 16. Jh. Fortschritt, Kultur, Handelsmacht und Lebenslust bündelten. Ihr dicht geknüpftes Netz von Handelswegen erstreckte sich sowohl über ganz Europa als auch bis weit in den Osten nach Asien.

Voller Bewunderung blickten damals die Menschen in Europa nach Venedig. Diese Stadt – von den Einwohnern La Serenissima, die Durchlauchtigste, genannt – stand in dem Ruf, Macht, Reichtum, Kultur, Fortschritt, Stolz, Mut und Stärke untrennbar in sich zu vereinen. Beigetragen zu diesem hohen Ansehen hat die Tatsache, dass Venedig niemals erobert oder gar geplündert wurde, wie dies 1527 mit Rom geschah. Landsknechte des deutschen Kaisers Karl V. (1500–1558), die gegen die Streitkräfte des Papstes kämpften, raubten die Stadt auf barbarische Weise aus.

Als einzigartig betrachtete man auch die Verfassung Venedigs. Sie galt als Muster an Stabilität in einer unbeständigen Welt.

Keine herausragende Rolle mehr spielte das Oberhaupt dieses Stadtstaats: Der einst sehr mächtige Doge war jetzt nur noch eine Marionette der aristokratischen Mitglieder des Großen Rats. Genau genommen stand die Stadt unter der Herrschaft einer Gruppe von Kaufmannsfamilien, denen es vor allem um die Vormachtstellung Venedigs als Handelsmetropole Europas ging. Das venezianische Reich bestand schließlich nicht nur aus den über 100 Inseln der Stadt und einigen stattlichen Festlandprovinzen, sondern es dehnte sich auch nach Süden und Osten aus, bis hin zu den Quellen seines Reichtums, den weiten Gebieten Asiens.

Der Seiltänzer über der venezianischen Piazetta in diesem Holzschnitt symbolisiert den Wagemut der Stadt.

Nationalstaat und regionales Bewusstsein

Je weiter sich die Vorstellung vom Nationalstaat entwickelte, umso prunkvoller wurden die Zeremonielle an königlichen Höfen wie in England (oben) und Frankreich (links). Den Monarchen feierte man beinahe wie einen Gott.

Die Europäer des 16. Jh. fühlten sich sehr eng mit ihrem eigenen, heimatlichen Ort oder Gebiet verbunden. Eine größere politische Nation oder einen Staat betrachteten sie als fremd und unüberschaubar. Kein Wunder, denn ein Reisender, der am Ende des Jahrhunderts Frankreich durchquerte, traf unterwegs auf acht verschiedene Arten, Ja und Nein zu sagen. Sprachliche Unterschiede gab es auch in Deutschland. Als die Bibel zum ersten Mal in die deutsche Sprache übersetzt wurde, benötigte man eine eigene Ausgabe für den Norden und den Süden. Darüber hinaus musste die für den Norden bestimmte Übersetzung zwei Spalten enthalten, eine für die fränkische, eine für die sächsische Fassung.

Das 16. Jh. erlebte aber den Beginn dessen, was man später als Nationalstaat bezeichnen sollte. In diesem Staat stand nicht das Volk, sondern die Gestalt des Monarchen im Mittelpunkt. Angesichts der horrenden Kriegskosten stärkte man die Vorstellung, die Nation sei ein geschlossenes Ganzes, deren Geld und Menschen die Krone legitim nutzen könne.

Überall in Europa wucherte dadurch der Hass zwischen den Völkern. Die Engländer nannten die Italiener degeneriert. Die Italiener meinten, die Deutschen hätten einen „angeberischen Gang, eine extravagante Gestik, einen wilden Ausdruck“. Die Franzosen fanden die Holländer „groß, langsam, mit sehr schlechten Essmanieren“. Die Deutschen beschimpften die Spanier als „das eitelste Volk, das es gibt und das den Stolz schon mit der Muttermilch einsaugt“. Hinter der Glitzerwelt der Höfe verbarg sich eben eine raue Realität.

Die größten Bewunderer der Lagunenstadt waren ihre Bewohner. Sie liebten ihre Stadt, was in unzähligen überschwänglichen Darstellungen zum Ausdruck kam. „Salon im Herzen des europäischen Hauses“ nannte ein Venezianer zu Beginn des 16. Jh. seinen Heimatort. Im strahlenden, verführerischen Licht der Sonne Norditaliens ließ der Anblick der Stadt sogar das Herz eines so zynischen Beobachters wie des in Venedig lebenden Pietro Aretino schmelzen. Der damals umstrittene Schriftsteller, ein Freund des Malers Tizian, verfasste zahllose giftig-geistreiche Schmähschriften, aber auch ehrbare Erbauungsbücher und farbige Komödien. Am Fenster seines Hauses am Canal Grande sitzend, schrieb er um die Jahrhundertmitte:

Wie hier der spanische Priester ging man in Venedig nur in Begleitung von Pagen. Besonderen Wert legte man dabei auf einen kleinen Sklaven, der Ketten trug.

„Das Mauerwerk der Häuser, obwohl stabil, scheint künstlich. Die Luft verändert sich ständig, einmal ist sie klar, dann wieder bleiern. Die Wolken über den Dächern verschmelzen zu einem fernen, rauchigen Grau, in der Nähe strahlen sie wie Sonnen. Davon tief berührt, rufe ich mehr als einmal aus: ‚Oh, Tizian, wo bist du? Warum bist du nicht hier, um dieses imposante Bild festzuhalten?'"

In der stolzen Republik Venedig fanden im 16. Jh. die wirtschaftlichen und kulturellen Strömungen des europäischen Kontinents ihre stärkste Ausprägung. Das Leben in dieser Stadt steckte voller Widersprüche. Einerseits regierten dort die kalten, klaren Gesetze des Handels, andererseits neigte man zur Prahlerei, verbunden mit einem Sinn fürs Theatralische. Rationales republikanisches Denken und Handeln missbilligte jegliche Selbstdarstellung und Selbstverherrlichung. Admiralen allerdings gestattete man, die Dächer ihrer Häuser mit pompösen Obelisken zu schmücken.

Albrecht Dürers Holzschnitt der drei hanseatischen Kaufleute betont, wie viel Schlauheit, Zähigkeit und Erfindungsgabe man im 16. Jh. benötigte, um als Geschäftsmann zu überleben.

Wer es aber wagte, die Grenzen des Erlaubten nur ein klein wenig zu überschreiten, fand sich schnell im Gefängnis wieder.

Gesetze, die der Rat der Stadt um die Jahrhundertmitte erließ, sollten der Prunksucht Einzelner Einhalt gebieten. Dazu gehörte ein bis heute geltendes Gesetz, das jeglichen farbigen Anstrich von Gondeln verbot. Gondeln mussten damals und müssen heute noch schwarz angestrichen sein. Den Venezianern gelang es dennoch, ihrer Prunklust zu frönen.

Das gewaltige Segel und die zahlreichen Riemen dieser venezianischen Galeere sorgten bei fast jedem Wetter für schnelle Fahrt.

Der Aufstieg der holländischen Kaufleute

Der Handel in Westeuropa konzentrierte sich auf eine Kernzone, die sich vom Nordwesten bis zum Südosten erstreckte. Von den wichtigen Handelsstädten der Niederlande reichte sie bis zu den großen Bank-, Handels- und Gewerbestädten in Norditalien. Antwerpen und Venedig bildeten die beiden Pole des Handelssystems. Dies wirkte sich auf den Preis der Waren aus. Pfeffer, der an einem wirtschaftlichen Knotenpunkt wie Nürnberg eintraf, kostete stets dasselbe. Es spielte keine Rolle, ob er nun vom Osten auf dem Seeweg über das Kap der Guten Hoffnung und den Atlantik nach Antwerpen oder auf dem Landweg über Alexandria, Beirut und das östliche Mittelmeer nach Venedig gelangte.

Der Wohlstand Amsterdams beruhte auf dem Erfindungsreichtum und dem Geschick seiner Schiffbauer. Sie verschafften mit ihren leistungsfähigen und preiswerten Konstruktionen den holländischen Kaufleuten einen entscheidenden Wettbewerbsvorteil.

Die Kaufleute der nordeuropäischen Länder jedoch verfügten über besser ausgebildete Schiffsbesatzungen als der Süden, denn auf dem Atlantik und der Nordsee konnte man nur mit großem seemännischem Können bestehen. Ihre Schiffe waren auf Schnelligkeit getrimmt und kostengünstig gebaut, weil es im Norden billiges, besseres Bauholz gab und man Zugang zu den günstigeren Krediten der niederländischen Geldmärkte hatte. Auch handelte man mit den guten flandrischen und englischen Tuchen, für die man jederzeit Käufer fand. All das trug zu hohen Frachtraten auf den Schiffen des Nordens bei, sodass die holländischen Kaufleute allmählich den europäischen Handel beherrschten.

Nicht nur diese Vorteile legten die Grundlagen für die Seeherrschaft Hollands und Englands, auch gut bewaffnete Kaperer und systematische Schmuggelei, damals durchaus legitim, halfen dabei. Zum ersten Mal seit dem Beginn des Mittelalters verloren nun die Italiener, allen voran die Venezianer, ihre Vorrangstellung unter den europäischen Kaufleuten.

Venedig gibt den Ton an

In unserer Zeit würde man die Venezianer als Trendsetter bezeichnen. Wann immer sie etwas Neues erfanden – sei es in ihrer Lebensart oder ein alltäglicher Gebrauchsgegenstand –, es verbreitete sich rasch im übrigen Europa und kam in Mode.

So setzte man beispielsweise afrikanische, mit der Familienlivree bekleidete Sklaven als Gondelführer ein – wahrscheinlich, um den schlichten schwarzen Gondeln mehr luxuriösen Glanz zu verleihen. Kurz über lang wurden „Mohren" als Dienstboten in Europa so modern, dass Königin Elisabeth I. von England 1596 klagte, es gebe viel zu viele Mohren, die englischen Männern die Arbeitsplätze als Dienstboten streitig machten.

Als man in Venedig meinte, ohne Schoßhündchen könne man nicht leben, dauerte es nicht lange, bis auch in Frankreich, England und Deutschland fast jeder, der sich den hohen Anschaffungspreis leisten konnte, solch einen kleinen Vierbeiner hielt.

Für die Verfeinerung europäischer Tischkultur sorgten die Venezianer, indem sie den Gebrauch einer zweizinkigen Gabel bei Tisch gesellschaftsfähig machten. Bisher benutzten selbst die vornehmsten Damen und Herren Tischmesser, Löffel und drei Finger (Daumen, Zeige- und Mittelfinger) zum Aufnehmen der Speisen. So ganz gelang der Durchbruch der Tischgabel allerdings nicht. Erst im 18. Jh. wurde die dann vierzinkige Gabel fester Bestandteil des Essbestecks.

MERCVRIVS PRECETERIS HVIC FAVSTE EMPORIIS ILLVSTRO
VENETIE
MD
MVRAN

Für Venedig war das Beste gerade gut genug. In der Calle dei Specchieri, der Straße der Spiegelmacher, fand man die europaweit schönsten Spiegel. Und die Tuchhändler nahmen für sich in Anspruch, die feinsten und edelsten Samtstoffe anzubieten.

Der lebendigen Lagunenstadt sind sogar Begriffe zu verdanken, die in den Wortschatz der europäischen Sprachen aufgenommen wurden. Einer davon ist *imbroglio* (Verwirrung) – im Europa des 16. Jh. ein Modewort, mit dem man prekäre und verwirrende Situationen bezeichnete. Entstanden ist dieser Begriff, weil damals im *broglio*, dem Bogengang des Dogenpalastes, häufig handfeste Auseinandersetzungen und Streitigkeiten stattfanden, die zu verwickelten Situationen führten. In unserer Zeit versteht man unter *imbroglio* die rhythmische Verwirrung durch Vermischung mehrerer Taktarten in der Musik.

In den 20er Jahren des 16. Jh. entstand in Venedig das erste *ghetto* (Judengasse), ein ausschließlich für die jüdische Bevölkerung vorgesehener Stadtteil. So konnten die Juden erstmals in der Stadt bleiben und ihre nützlichen Dienste als Geldverleiher anbieten, ohne gegen die christlichen guten Sitten zu verstoßen.

Das Arsenal (ein weiteres venezianisches Wort), im östlichen Zipfel der Stadt gelegen, spielte in den Berichten vieler Reisender eine ebenso geheimnisumwitterte Rolle wie die Harems von Konstantinopel. Kein Wunder, denn das staatseigene, schwer bewachte Arsenal durfte nicht von jedermann betreten werden. Immerhin handelte es sich um die zur damaligen Zeit größte Industrieanlage Europas, die Schiffswerft, Flottenstützpunkt und Waffenschmiede zugleich war. Dort entstanden komplett ausgerüstete Kriegs- und Handelsschiffe.

Abgesehen von dem großen, offenen Gelände des Arsenals im Osten der Stadt (unten) war Venedig bereits um 1500, als dieser Holzschnitt entstand, dicht bebaut. Für die gesamte Stadt mussten alle Nahrungsmittel und das Trinkwasser mit Schiffen vom Festland herbeigeschafft werden.

Einst erlaubte man einem Potentaten, der gerade Venedig besuchte, das Arsenal zu besichtigen. Früh am Morgen betrat er das Gelände, über das man sich so viele abenteuerliche Dinge erzählte. Ihm bot sich ein überwältigendes Bild: 4000 Menschen arbeiteten im Arsenal, darunter Zimmerleute, Segel- und Rudermacher, Seiler, Schmiede, die Anker oder Ketten fertigten, sowie Kalfaterer, die mit verschiedenen Materialien die Ritzen zwischen den Schiffsplanken abdichteten. Er beobachtete, wie eine stattliche Galeere auf Kiel gelegt, also mit ihrem Bau begonnen wurde.

Tagsüber besichtigte der Besucher die herrliche Stadt. Am Abend führte ihn sein Gastgeber nochmals ins Arsenal, um ihm etwas Besonderes zu zeigen: Die Galeere, von der sie am Morgen nur den Kiel gesehen hatten, lief bereits vom Stapel. Fertig ausgeschmückt, bemalt, mit kompletter Besatzung und Ausrüstung ausgestattet, schwamm sie langsam in das weite Gewässer der Lagune von Venedig.

Die intime Vertraulichkeit zwischen Männern und Frauen, die idyllische, ländliche Kulisse, der afrikanische Sklave, das verwöhnte Haustier: Alles an dieser venezianischen Szene um 1570 zeigt, dass man nach der neuesten Mode lebt.

Knotenpunkt zwischen Ost und West

Die Lebensadern Venedigs, die Handelsstraßen, die zu Wasser und zu Land nach Osten wie nach Westen führten, machten Venedig zu einem einzigartigen Umschlagplatz für materielle wie ideelle Güter.

Im Mittelpunkt der Stadt, nördlich der Rialtobrücke, lagen einige der wertvollsten Grundstücke, die es im 16. Jh. in Europa gab. Hier pulsierte das finanzielle Herz Venedigs. Von hier aus beherrschte die Stadt drei Jahrhunderte lang den europäischen Handel. Bereits im 12. Jh. gründete man hier die erste staatliche Bank.

An diesem Treffpunkt für Kaufleute und Geldverleiher errichteten die Venezianer 1505 für die deutschen Kaufleute einen riesigen Gebäudekomplex mit Kontoren, Lagerhäusern und Unterkünften. Diese deutsche Handelsniederlassung, der Fondaco dei Tedeschi, symbolisierte alle Strömungen des Jahrhunderts, wie die Gier nach Geschäften, den Einfallsreichtum, wenn es galt, Probleme zu lösen oder gegebene Tatsachen so vorteilhaft wie nur möglich für das eigene Leben auszunutzen. Und das Gebäude, das heute die Hauptpost beherbergt, symbolisierte damals wie kaum ein anderes die Leidenschaft für Ordnung und Macht.

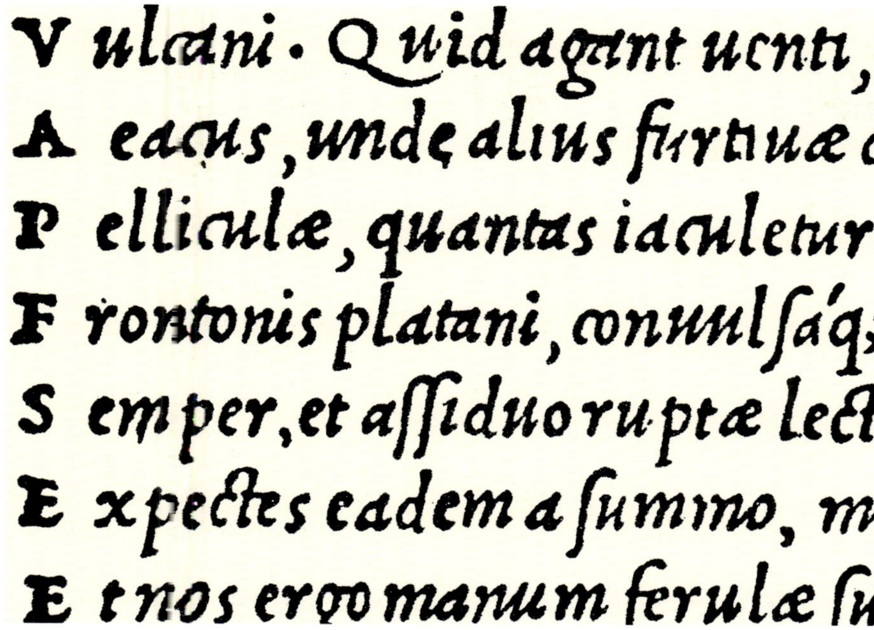
Vulcani. Quid agant uenti, quas torque
Aeacus, unde alius furtiuae de
Pelliculae, quantas iaculetur M
Frontonis platani, conuulsáq; r
Semper, et assiduo ruptae lecto
Expectes eadem a summo, mi
Et nos ergo manum ferulae su

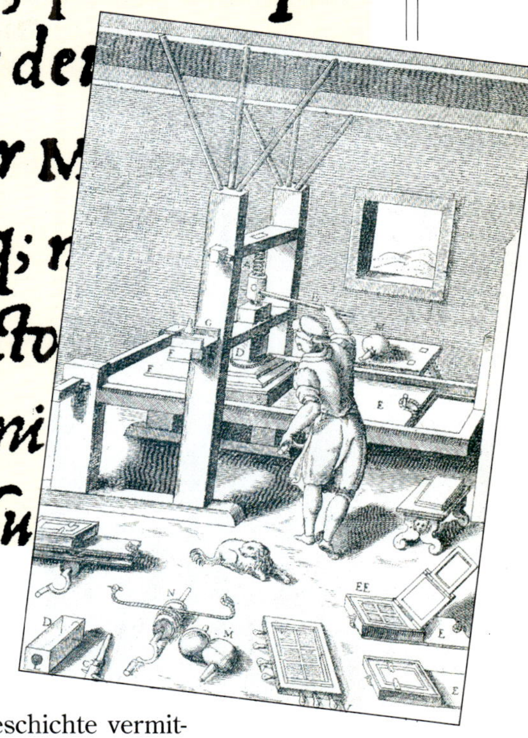

Ein Familienunternehmen: In der 1495 von Aldus Manutius in Venedig gegründeten Buchdruckerei (rechts) erschienen im Lauf des Jahrhunderts mehr als 1000 unterschiedliche Bücher. Für die von ihm erfundenen Taschenbücher kreierte Aldus die zierliche Antiquakursivschrift (oben).

Typisch für Venedig – keine Geringeren als der Maler Giorgione und sein später sehr berühmter Schüler Tizian wurden mit der Fassadenmalerei des Fondaco beauftragt. Wie Giorgio Vasari, der Biograph beider Künstler, erzählt, verlief diese Zusammenarbeit nicht reibungslos: Giorgione, damals etwa 30 Jahre alt und auf dem Höhepunkt seines Schaffens, bemalte die Fassaden, die auf den Canal Grande hinauswiesen. Seine Arbeit begeisterte jedoch niemanden. Es schien, als wolle der Maler das wichtige Gebäude nutzen, um die ganze Palette seines künstlerischen und handwerklichen Könnens wie in einem Katalog zu präsentieren.

Der 18-jährige Tizian gestaltete die Wandflächen, die auf die Merceria, den zur Rialtobrücke führenden Geldmarkt, zeigten. Nach einiger Zeit „enthüllte Tizian einen Teil seiner Arbeit", schrieb Vasari später, „und viele Herren, die glaubten, Giorgione habe sie ausgeführt, beglückwünschten diesen und meinten, die zur Merceria weisenden Fassaden seien ihm viel besser gelungen als die zum Canal Grande gerichteten".

Giorgione zog sich zurück, bis Tizian sein Werk vollendet hatte und sein Anteil an der Arbeit am Fondaco allgemein bekannt wurde. Seine Beziehung zu Tizian brach Giorgione vollständig ab.

Diese kleine Geschichte vermittelt ein wenig die Atmosphäre des Jahrhunderts, die geprägt war von Stolz, empfindsamem Ego, von Rivalität, den immer gegenwärtigen Kritikastern sowie dem süffisanten Lächeln und dem Tuscheln über – auch nur zufällige – Demütigungen.

Das Leben in der Öffentlichkeit

Das Venedig des 16. Jh. glich eigentlich einer überdimensionalen Bühne, auf der eine immerwährende spannende Vorstellung lief. Prachtvolle Paläste bildeten die imposante Kulisse, in der das Leben der Menschen, getrieben von der Eigendynamik der Handelsmetropole, zur Schau gestellt wurde.

Selbst ein alltäglicher Vorgang, wie der Spaziergang einer Dame, entbehrte nicht einer gewissen Theatralik: Die *grandes dames* der damaligen Zeit trugen Schuhe mit hohen Sohlen. Diese Sockelschuhe, Zoccoli genannt, sollten die Füße der feinen Damen vor dem Schlamm der ungepflasterten *campi* schützen. Aber als die Sohlenhöhe durch die modische Überspitzung auf 45 cm anwuchs, brauchten die Damen für einen Gang durch die Stadt zwei Begleiter, die sie vor dem Umfallen bewahrten.

„Diese Schuhe müssen es Ihrer Frau sehr schwer machen zu gehen", meinte ein Besucher zu

Das Gemälde *Die Hochzeit von Kanaan* stellte Paolo Veronese 1563 fertig. Er verlegte die Geschichte aus dem Neuen Testament in eine luxuriöse venezianische Umgebung, die Kleidung der Männer zeigt dies deutlich.

einem hoch gestellten Venezianer. „Umso besser", erwiderte dieser mit einem zweideutigen Lächeln.

Doch der Alltag zeigte auch andere, weniger fröhliche Gesichter. Wie überall auf dem europäischen Kontinent wütete in Venedig mehrmals die Pest. 1575–1577, als die Stadt etwa 170000 Einwohner hatte, fielen 50000 der Epidemie zum Opfer.

Die Härte des Existenzkampfes zeigte sich zudem in der rigorosen Durchsetzung gesellschaftlicher Regeln. Ein Aristokrat, der eine Bürgerliche heiratete, verlor samt seinen Erben sofort und für alle Zeiten seinen adligen Status.

Die Folter wandte man in Venedig ebenso selbstverständlich an wie im übrigen Europa. Menschen, die sich eines Vergehens gegen den herrschenden Rat der Zehn schuldig gemacht hatten, folterte man öffentlich in den Säulengängen der Piazetta (wo man heute Postkarten verkauft).

Das Nebeneinander von Unmenschlichkeit, Eleganz und Kultiviertheit war in damaliger Zeit charakteristisch für ganz Europa. Frauen begafften gleichmütig, wie ein Mann öffentlich auf die Streckbank gelegt wurde. Ihre sorgfältig mit Zitronensaft aufgehellten Haare fielen über den Rand eines Huts, der nur aus einer Art Krempe bestand und den vornehmen hellen Teint vor der Sonne schützte.

Neben dieser Ignoranz stand die religiöse Toleranz Venedigs, das zur Zufluchtsstätte religiös Andersdenkender wurde, weil hier die Gegenreformation gemäßigter verlief als in anderen katholischen Ländern Europas.

Die viel bewunderte Freiheit, die der Einzelne in Venedig genoss, erleichterte die Geschäfte. Hier konnte der Drucker und Verleger Aldus Manutius die Buchkunst revolutionieren, indem er statt der bis dahin üblichen großformatigen schweren Folianten kleinformatige leichte Bücher druckte. Man sagte, er habe dieses Format erfunden, damit jedes Buch in eine venezianische Satteltasche passe.

In der Tat, Venedig war das Spiegelbild des 16. Jh. Nirgendwo sonst zeichnete sich so eindeutig ab, dass der Schein des Reichtums, gepaart mit einer oberflächlichen Liebenswürdigkeit, die Härten des alltäglichen Seins nicht übertünchen konnte.

DER LAUF DES LEBENS

„Aus tiefer Not schrei ich zu dir“, diese Zeile des Liedes, das Martin Luther 1524 nach dem Psalm 130, dem Gebet in tiefster Not, verfasste, sprach zahllosen Europäern im 16. Jh. gewiss aus der Seele. Viele wussten vor Hunger und Elend nicht ein noch aus. Nur eine Minderheit lebte im Wohlstand. Doch ob arm oder reich, die lebensbedrohenden Krankheiten, für die es damals kaum Heilung gab, machten vor niemandem Halt. In dieser Welt der Ungewissheit galt die Bewahrung der Familie als oberste Pflicht.

Das tägliche Brot

„Was essen wir morgen?", fragten im 16. Jh. viele Menschen täglich voller Angst. Es gab für sie ohnehin nur eine karge, eintönige Kost, doch es musste wenigstens so viel sein, dass ihre Arbeitskraft erhalten blieb. Die Delikatessen, an denen sich Wohlhabende labten, waren für sie unerreichbar.

Der Kampf ums Überleben gehörte zum Alltag der Bevölkerung in Europa, die zu fast 90% aus Bauern bestand. Wer nichts zu essen hatte, konnte nicht arbeiten, weil ihm die Kraft dazu fehlte. Wer nicht arbeitete, hatte nichts zu essen. Diesem Teufelskreis konnte kaum einer entrinnen, denn die Muskelkraft der Menschen bildete die wichtigste Energiequelle jener Zeit.

Entscheidend für die Ernährungslage im 16. Jh. waren die Getreidearten, die überall in Europa, von Skandinavien bis zur Ägäis, angebaut wurden. Der Schwarze Tod (die Pest), dem Ende des 14. Jh. schätzungsweise ein Viertel der Bevölkerung Europas zum Opfer fiel, bewirkte einen Bevölkerungsrückgang. Weite Ackerflächen blieben daher in dieser Zeit unbestellt. Wen die Pest verschonte, lebte recht gut. Viele konnten sich sogar Fleisch leisten. Im 16. Jh. hatte sich die Situation verschlechtert: Die Bevölkerung vermehrte sich, die Armut wuchs. Man pflügte nun große Flächen von Weide- und Ödland um und baute darauf Weizen, Gerste, Hirse oder Roggen an. Getreide wurde zum Hauptnahrungsmittel der Bauern, denn nur dieses lieferte die nötigen Kalorien zum erschwinglichen Preis.

Das Ringen um Nahrung fand auch in den Städten statt. In der großen Handelsstadt Antwerpen wurden vier Fünftel des durchschnittlichen Einkommens für Nahrungsmittel ausgegeben, die Hälfte davon für Brot. „Unser täglich Brot gib uns heute", dieser Satz des Vaterunsers war im 16. Jh. für die meisten Menschen nicht nur ein Gebet, sondern eine inbrünstige Fürbitte ums nackte Leben.

Um 1550 konnte man sich im ländlichen Schwaben noch an bessere Zeiten erinnern. „Früher aß

Diese französische Darstellung zeigt, wie die Ärmsten der Armen während der Ernte eine Frau anbetteln, die auf der sozialen Leiter nur eine Stufe über ihnen steht.

man in den Bauernhäusern anders", schrieb ein Reisender. „Damals gab es jeden Tag Fleisch und anderes Essen in Hülle und Fülle. Zu Jahrmärkten und auf Dorffesten bogen sich die Tische unter der Last der Speisen. Heute hat sich alles sehr verändert. Seit einigen Jahren ist es eine Katastrophe. Und die hohen Preise! Selbst die wohlhabendsten Bauern ernähren sich beinahe schlechter als die Tagelöhner und Knechte früherer Zeiten." Ähnliche Klagen hörte man in der Stadt. Die Weber von Nürnberg, denen vertraglich jeden Tag Fleisch zustand, be-

Bauern betrachtete man als grobschlächtige Menschen, so wie sie in dieser Ernteszene von Pieter Bruegel d. Ä. erscheinen. Für die Bäcker in der Stadt, beispielsweise für jene im polnischen Krakau (Bild rechts), bildeten diese ländlichen Arbeitskräfte unentbehrliche Getreidelieferanten.

ZEITZEUGNIS

Hungersnot in der Stadt

In den Straßen und in der Umgebung der nordfranzösischen Stadt Troyes tauchte 1573 eine Bettlerschar auf. Den zerlumpten, von Flöhen und anderem Ungeziefer befallenen Hungerleidern teilten die Würdenträger der Stadt sofort mit, dass sie nur 24 Stunden bleiben dürften. Eine solche Masse vagabundierender „zügelloser Leute" fanden die Amtsbehörden des 16. Jh. höchst beunruhigend. Man fürchtete, die unwillkommenen Besucher würden Unzufriedenheit unter den Armen der Stadt verbreiten und zur Auflehnung anstiften.

„Um sie zum Verlassen der Stadt zu bewegen", heißt es in einem zeitgenössischen Bericht, „versammelten sich die Reichen und Regierenden der Stadt Troyes, um herauszufinden, was sie zur Rettung der Lage tun könnten. Der Rat beschloss, die Bettler mit Hilfe einer List aus der Stadt zu schaffen. Man backte eine große Menge Brot. Ohne ihnen den Grund dafür zu nennen, bat man die ungebetenen Gäste, sich an einem bestimmten Stadttor einzufinden. Dort bekam jeder ein Brot und ein Silberstück in die Hand gedrückt, dann musste er die Stadt durch das Tor verlassen. Nachdem der Letzte das Tor passierte, wurde es fest verschlossen. Über die Stadtmauern hinweg machte man der verdutzten Bettlerschar unmissverständlich klar, dass sie mit Gott gehen und ihren Lebensunterhalt anderswo suchen sollte. Auch dürfte sie erst wieder nach Troyes zurückkehren, wenn das neue Korn geerntet sei."

Der christlichen Sittenlehre entsprechend verteilten kirchliche und städtische Behörden regelmäßig Kleidung und Brot an die Armen. Deren Elend wurde damit jedoch nicht wesentlich gelindert. Diese Almosen hatten eher die Wirkung des berühmten Tropfens auf den heißen Stein.

schwerten sich, dass sie nur dreimal in der Woche Fleisch bekämen. Ihre Arbeitgeber zuckten nur die Schultern. Fleisch war schlichtweg zu teuer geworden, um die Arbeiter täglich damit zu versorgen.

Zwischen Verhungern und Überleben

In Europa verzehrte man pro Tag und Person ein knappes Pfund Brot. Dieser Bedarf war nicht einfach zu decken. Im Durchschnitt erntete man das Fünffache der ausgesäten Körner. Dementsprechend musste ein Fünftel der Ernte als Saatgut für das folgende Jahr zurückbehalten werden. Verringerte sich der Ertrag auch nur geringfügig, etwa durch einen zu trockenen oder einen zu nassen Sommer, kam es unweigerlich zu folgenschweren Engpässen. Der Hunger zwang dann oft die Menschen, das Saatgut zu verzehren, wodurch die Kornspeicher im Jahr darauf leer blieben und die Menschen wiederum darbten. Zwischen Überleben und Verhungern lag stets ein gefährlich schmaler Grat.

Vor allem gegen Ende des 16. Jh. war der Hunger in ganz Europa ein unerbittlicher, ständiger Begleiter der Menschen. In ganz Frankreich kam es 13-mal zu Hungersnöten, die zahllosen lokalen nicht gerechnet. In England gab es zwischen

Unerbittlich zeigte der Alltag den krassen Gegensatz zwischen Wohlgenährten und jenen Menschen, die kaum das Notwendigste zum Überleben besaßen.

1549 und 1556 keine einzige gute Ernte, 1549 stieg der Preis für englisches Getreide um 84%. Der Staatsrat verbot jegliche Ausfuhr. 1556 lag der Preis 250% höher als 1548, dem letzten Jahr mit ausreichender Ernte.

Besonders schlimm beutelte der Hunger die Menschen im letzten Jahrzehnt des 16. Jh. Ein verregneter Sommer folgte dem anderen, die Ernteerträge sanken und sanken. In vielen Gebieten Europas war für die Armen die Grenze des Erträglichen überschritten. In Senlis bei Paris sah man 1595 „Männer und Frauen, Alte und Junge frierend auf den Straßen, mit schlaffer Haut und aufgedunsenen Leibern. Andere streckten sich aus und taten ihren letzten Atemzug. Gras hing ihnen aus dem Mund." Im Sommer 1597 starben in Newcastle, England, „16 Arme auf der Straße an Hunger".

Dem Hungertod der Ärmsten der Armen schenkte man nicht allzu viel Beachtung. Geradezu beiläufig schreibt ein Nachrichtenblatt, das 1558 in Rom erschien: „Hier gibt es nichts Neues, außer, dass Menschen an Hunger sterben."

Dass die Städter unter Hungersnöten weniger zu leiden hatten als die Bevölkerung der ländlichen Gebiete, in denen die Nahrungsmittel produziert wurden, erscheint paradox, lässt sich jedoch erklären. Während die meisten Bauern mit ihrer Familie von der Hand in den Mund lebten, konnten die Städte eigene Vorratslager anlegen, da sie den Getreidemarkt völlig beherrschten. Venedig besaß angeblich einen ständigen Getreidevorrat, der für 20 Jahre reichte. Der armen Landbevölkerung blieb beim Ausbruch einer Hungersnot kein anderer Ausweg, als in die gut versorgten Städte zu strömen.

Aber auch in Zeiten, in denen der Hunger gerade nicht als todbringende Gefahr vor allem über der bäuerlichen Bevölkerung schwebte, kam bei den meisten Menschen nur eine karge und sehr einseitige Kost auf den Tisch.

Die Ernährung der Armen bestand zu beinahe 80% aus Getreideprodukten. Diese einseitige Kost war wahrscheinlich für den schlechten Gesundheitszustand der Bevölkerung mitverantwortlich.

Kosten für Lebensmittel

Gegen Ende des 16. Jh. verglich man in Florenz die Preise der verschiedenen Nahrungsmittel. Dabei legte man jeweils den Preis für eine Kalorie zugrunde. Der Vergleich ergab: Die Armen konnten sich nur Brot leisten, bestenfalls noch getrocknete Bohnen und billiges Olivenöl, die ungefähr genauso viel kosteten wie Brot. Alles andere als diese Grundnahrungsmittel blieb den Armen versagt.

Eine einzige Kalorie Rohzucker kostete elfmal so viel wie eine Kalorie Brot, und für raffinierten Zucker legte man sogar das Doppelte hin. Frische Meeresfische betrachteten in Florenz sogar die Reichen als Luxus, denn die Kosten für den Transport der schnell verderblichen Ware vom kilometerweit entfernten Meer in die Stadt trieben den Preis in die Höhe. Nicht ganz so teuer war der damals schon sehr beliebte eingelegte Thunfisch.

Ein Dienstbote wäscht Schüsseln ab, während der andere einen Kessel Fleischbrühe für ein Hochzeitsfest zubereitet.

Auf dem europäischen Kontinent lebten die Bauern vorwiegend von dunklem Roggenbrot und Brei, der aus Getreidekörnern, oft genug aus Getreideabfällen, zubereitet wurde. In Notzeiten – wie 1634 aus Bayern berichtet wird – „entstand da solcher Mangel, dass man Brot aus Disteln, Kleesamen und gedörrten Kräutern essen musste“. Selbst Kastanien und Eicheln wurden zum Brotbacken verwendet. Kaum eine nennenswerte Abwechslung boten Linsen und Reis, sie schmeckten genauso fad wie die Getreideprodukte und enthielten ebenso wenig Vitamine. Nährstoffreichere Produkte aus der Neuen Welt, vor allem die Kartoffel, setzten sich damals noch nicht durch. Es sollte bis zum Ende des 18. Jh. dauern, bis die Kartoffel als Grundnahrungsmittel akzeptiert wurde.

Zwischen den Mahlzeiten der Reichen und der Armen lagen Welten. Nur etwa 4 % der Europäer des 16. Jh. aßen jemals ein Stück Weizenbrot in ihrem Leben. Wenn Wohlhabende einmal mit der Kost außerhalb ihres eigenen Lebenskreises konfrontiert wurden, erlitten sie geradezu einen Schock. Als 1581 einige junge Venezianer nach Santiago de Compostela in Nordspanien reisten, bekamen sie unterwegs Hunger. Die Männer drangen in ein abgelegenes Haus ein, um zu sehen, was dort an Essbarem zu holen sei. Doch der Appetit verging allen sehr schnell. Entsetzt stellten sie fest: „Es gab weder richtiges Brot noch Wein, nur fünf Eier und ein großes Brot aus Roggen und anderen Zutaten, das man sich kaum anzuschauen traute. Nur ein paar von uns konnten einen oder zwei Bissen davon essen.“ Eine so erbärmliche Mahlzeit war ihnen bisher noch nicht untergekommen.

So schlemmten die Reichen

An kulinarischen Köstlichkeiten mangelte es im 16. Jh. trotz allem nicht. Delikatessen wurden kreuz und quer über den Kontinent transportiert. Parmesankäse beispielsweise gelangte regelmäßig von Italien nach Paris. Alle Versuche der Franzosen, diesen begehrten Käse im eigenen Land, in der Normandie, herzustellen, schlugen fehl. Es gelang tatsächlich niemandem, dem Parmesan seinen typischen herzhaften, strengen Geschmack zu verleihen. Eine andere Schlemmerei, in Essig eingelegte Ortolane (eine Ammernart), brachte man fässerweise per Schiff von Zypern nach Venedig.

Auf den Tafeln der Reichen türmte sich das Fleisch. Irland exportierte gesalzenes Rindfleisch auf den Kontinent. Jedes Jahr wurden von den ausgedehnten Weideflächen Osteuropas bis zu 20 000 Rinder auf die Fleischmärkte und in die Schlachthäuser der großen Handelsstädte des Westens getrieben. Wildbret aus den Bergen und Wäldern bildete eine willkommene Abwechslung für die verwöhnten Gaumen. Die besten Bratenstücke landeten in den Mägen der Reichen, den Armen blieben die Innereien. So manches volkstümliche Gericht der damaligen Zeit zählt noch heute zu den Spezialitäten der europäischen Regionalküchen.

Wild galt als erstklassiges Fleisch und verdiente deshalb einen fürstlichen Tod. Wenn ein Prinz an einer Jagd teilnahm, hatte nur er das Recht, den Hirsch zu erlegen.

Nicht allein am Fleischkonsum, sondern besonders an der verzehrten Fleischsorte ließ sich der gesellschaftliche Rang eines Menschen ablesen. Andrew Boorde, ein englischer Küchenexperte, schrieb 1542, Wildbret sei „wahrhaft eine herrschaftliche Speise, gut für einen englischen Mann, denn es regt ihn an, so zu sein, wie er ist, nämlich stark und ausdauernd. Rindfleisch ist gut für einen englischen Mann, vorausgesetzt, es stammt von einem jungen männlichen Tier und

Unten: Frauen von hohem Stand kaufen auf dem Markt der österreichischen Stadt Linz Fleisch und Fisch. Überall in Europa war das Einkaufen Frauensache; ein Mann, der dieser Tätigkeit nachgegangen wäre, hätte sein Gesicht und sein Ansehen verloren.

nicht von einer Kuh. Kalbfleisch ist gut und leicht verdaulich. Speck eignet sich für Fuhrleute und Pflüger, für Leute, die mit Erde und Mist arbeiten." Für einen Menschen, der schwer arbeitet, meinte Boorde, sei nichts besser als Eier und Speck.

Diese englische Meinung galt sicherlich nicht in ganz Europa. Jedes Land definierte „gutes Essen" auf seine Art. Der französische Schriftsteller und Philosoph Michel de Montaigne hielt es für ausnehmend rückständig, dass die Deutschen Eier hart gekocht und geviertelt aßen und nicht so wunderbar weich wie in Frankreich. Als der spanische Kardinal von Aragon 1516 die Niederlande besuchte, nahm er nicht nur seinen Leibkoch, sondern auch einen größeren Vorrat an Olivenöl mit, um nicht gezwungen zu sein, holländische Butter zu essen. Er fand diese Butter – die beste in Europa – widerwärtig. Manches, was die Engländer verzehrten, war in den Augen der Italiener und Franzosen barbarisch. Zaunkönige galten in England als „leichte, gute Mahlzeit" und auch Igel, Dachse, Robben, Eulen, Otter und Schildkröten verspeisten die Engländer mit Genuss. Die Vorliebe der Franzosen und Italiener für den „Überfluss des Waldes und der Fäulnis des Meeres, nämlich Frösche, Schnecken, Pilze und Austern", betrachteten die Engländer wiederum als sicheres Zeichen der Degeneration.

Trotz dieser kulinarischen Unterschiede veränderten sich im ausgehenden Mittelalter die Essgewohnheiten der Wohlhabenden auf dem ganzen europäischen Kontinent in ähnlicher Weise. Eine elegantere und gemäßigtere Esskultur verdrängte die gewaltigen Fleischberge der protzigen mittelalterlichen Bankette. Insbesondere in Südeuropa nahm man von der mastigen mittelalterlichen Speisenzubereitung Abschied und entwickelte leichtere, einfachere Gerichte. In Italien und Frankreich gelangten reichlich frisches Obst und rohes Gemüse auf den Tisch. Dort schenkte man der Warnung des 1500 in England erschienenen *Book of Carving* – ein Buch über das Tranchieren, das von „grünen Salaten und rohem Obst" abriet, „denn diese machen dich sehr krank" – keine Beachtung.

Zum Gaumenkitzel der zweiten Hälfte des 16. Jh. entpuppte sich der Zucker. Der holländische Kartograph Ortelius schrieb 1572: „Während man früher Zucker nur in den Läden der Apotheker bekam, die ihn ausschließlich für Kranke führten, verschlingen die Leute ihn heute aus Gier. Was früher als Medizin galt, wird heutzutage als Nahrungsmittel verspeist." – Was natürlich nur auf die Reichen zutraf.

Zuckerrohr wurde in vielen der neuen portugiesischen und spanischen Kolonien wie Madeira, den Kanarischen Inseln und am Ende des Jahrhunderts auch in Brasilien angebaut. Der englische König Heinrich VIII. besaß sogar spezielle Gabeln für den Verzehr von Sirupfrüchten. An dem einen Ende dieser Gabeln befanden sich zwei Zinken zum Aufspießen der Früchte, das andere Ende bildete ein Löffel, mit dem man den Saft aufnahm. Von Königin Elisabeth I. weiß man, dass sie ab 1580 zu Neujahr Gabeln ge-

Wie arbeitsintensiv das Kochen im 16. Jh. war, zeigt dieses flämische Bild, das Frauen bei der Zubereitung einer Mahlzeit darstellt.

ZEITZEUGNIS

SÜSSE SPEISE DES 16. JH.: DÖRRPFLAUMEN IN SIRUP

Zur feinen Lebensart der Wohlhabenden gehörte es, auf einem Bankett mit Zucker zubereitete Speisen zu reichen. So ein Festmahl bildete vor allem in der zweiten Hälfte des Jahrhunderts in England stets den krönenden Abschluss einer Abendunterhaltung.

Das Rezept für „Dörrpflaumen in Sirup", einer damals beliebten Süßspeise, findet sich in dem englischen Kochbuch *„The Treasurie of Commodious Conceites and Hidden Secrets"* (Eine Schatztruhe zweckdienlicher Ideen und verborgener Geheimnisse). Die Anleitung in dem 1573 erschienenen Buch lautet: „Man nehme Dörrpflaumen und übergieße sie mit Rotwein. Man füge so viel Zucker hinzu, dass sie angenehm sind, und lasse alles zusammen köcheln, bis sich die Flüssigkeit sirupartig verdickt und die Pflaumen gut aufgequollen sind."

Für dieses Rezept benötigt man:

225 g Pflaumen
425 ml Rotwein
115 g Zucker

Zwei Tips: Die Dörrpflaumen vorher über Nacht in Rotwein einweichen. Die fertige Süßspeise sofort essen oder in Gläsern mit luftdicht abschließendem Deckel aufbewahren.

Zinnlöffel aus dem Wrack eines Schiffs der spanischen Armada.

schenkt bekam. Wahrscheinlich aß man damit das klebrige Zuckerwerk, das auf den Banketten Elisabethanischer Zeit gereicht wurde. Die Vorliebe für Zucker teilten die beiden Monarchen mit vielen ihrer betuchten Zeitgenossen.

Andere anregende Genussmittel gab es kaum. Die stark gewürzte mittelalterliche Küche kam allmählich aus der Mode. Tee, Schokolade und Kaffee, von denen es nur in Spanien geringe Mengen gab, setzten sich erst im 17. Jh. durch. Nur wenige wagten sich schon an den Tabak.

WEIN UND BIER

Wie beim Essen, so entwickelten die Wohlhabenden auch beim Trinken alkoholischer Getränke einen kultivierten Geschmack. Für die Masse der Bevölkerung war Alkohol ein willkommenes ablenkendes Rauschmittel in ihrem Existenzkampf.

Die Nordeuropäer liebten selbst gebrautes Bier und Wein, den sie in riesigen Mengen aus Südeuropa importierten. Man trank jungen, fruchtigen Wein, denn in den Eichenfässern hielt sich der Rebensaft nur fünf oder sechs Jahre. Flaschenabfüllung kannte man noch nicht. Der für eine längere Haltbarkeit des Weins unentbehrliche luftdicht verschließende Flaschenkorken wurde erst im 17. Jh. erfunden. Bereits im Europa des 16. Jh. sagte man den Deutschen nach, sie seien gewaltige Trinker, die ein Glas in einem Zug leerten und dann randalierten. Um 1493 riet ein Nürnberger Arzt den Bürgern, sie sollten „lernen, nur so viel Branntwein zu trinken, wie sie vertragen konnten, wenn sie sich wie Herren benehmen wollten".

Einen über den Durst trank man im Bier trinkenden Norden wie im weinseligen Süden. 1598 gingen die venezianischen Behörden radikal gegen öffentlichen Alkoholgenuss vor. Eine scharfe Grenze zwischen Bier und Wein gab es aber nicht. In Sevilla, Zentrum des internationalen Weinhandels, befand sich eine Brauerei. Der deutsche Kaiser Karl V. trank am liebsten Bier. Doch so richtig mochte man in Südeuropa dieses merkwürdige Gebräu aus dem Norden nicht.

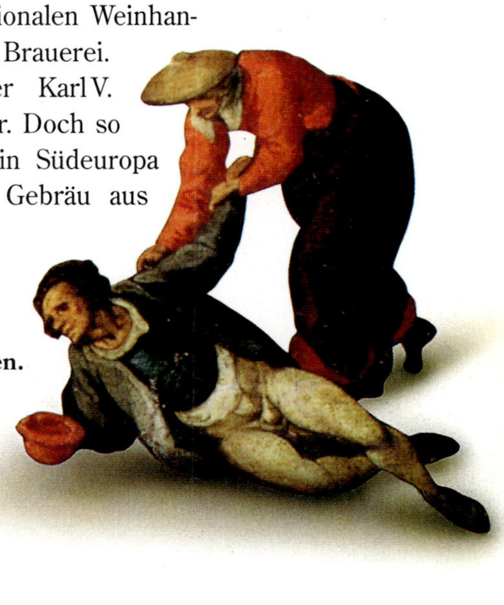

Alkohol half, das tägliche Elend zu vergessen. Allerdings ließ sich Missbrauch auch damals schon nicht völlig verhindern.

Neue Tafelsitten

Den gesellschaftlichen Rang eines Menschen konnte man im 16. Jh. an seinen feinen oder derben Tischmanieren erkennen.

Mit der neuen Vorliebe für einfache Kost hielten auch andere, feinere Tafelsitten ihren Einzug in die Häuser der Vornehmen und Reichen. Dazu gehörte, dass man die bisher üblichen zahlreichen, über den Tag verteilten Mahlzeiten verringerte. Eine Dame der vornehmen englischen Gesellschaft schrieb über diese neue Sitte erleichtert: „Während wir früher ein Frühstück am Vormittag zu uns nahmen, nach der Hauptmahlzeit Getränke oder noch einen leichten Imbiss, dazu ein letztes Nachtmahl, wenn es Zeit war, schlafen zu gehen, hat man nun diese seltsamen Mahlzeiten aufgegeben. Jeder begnügt sich jetzt mit einem Mittag- und einem Abendessen.“

Niemand, der sich der Oberschicht zugehörig fühlte, würde jemals Essen so von den Fingern abschlecken wie dieser Bauernjunge.

In der Regel nahm man die Mittagsmahlzeit um 11 Uhr vormittags ein, das Abendessen zwischen 17 und 18 Uhr. Was das Essen angeht, zeugte dieses Zeitalter nicht gerade von unmäßiger Üppigkeit.

Die Tischsitten änderten sich ebenfalls. An der mittelalterlichen Tafel hatten auch die Vornehmsten aus einem gemeinsamen Topf gegessen. Für die Suppe gab es eine einzige Schale; für den Wein nur ein Trinkgefäß, beide wurden ebenso wie Messer und Löffel herumgereicht. Mitten auf dem Tisch stand ein großes Salzfass, in das jeder seine Fleischbrocken oder andere Speisen tauchte. Häufig aß man von großen Brotscheiben, im Französischen entweder als *tranchoirs* oder *taillors* bekannt.

Im 16. Jh. dagegen bekamen die Tischsitten einen individuelleren Charakter. Man verwendete nun hölzerne Teller mit einer großen Vertiefung in der Mitte für Fleisch und Bratensoße und einer kleinen Einbuchtung in einer Ecke

Für diese ausgelassene französische Tafelrunde ist der Tisch aufs Feinste gedeckt.

Die Gabel (oben) und der Holzteller (unten) verhinderten, dass die Finger beziehungsweise der Tisch schmutzig wurden. Sie tauchten um die Mitte des Jahrhunderts allmählich auf den eleganteren Tischen auf.

für Salz. Es setzte sich immer mehr durch, dass auf einen kultiviert gedeckten Tisch für jeden ein Trinkgefäß, ein Messer sowie ein Löffel gehörten – und oft auch schon eine der von den Venezianern in Mode gebrachten Gabeln. Inzwischen galt es als unhöflich, Speisen in das Salzfass zu tunken. *„The Babees Book“*, ein englisches Handbuch über gutes Benehmen und Kindererziehung, empfahl: „Berühre das Salz im Salzfass nicht mit Fleisch, sondern lege säuberlich Salz auf deinen Teller, denn das ist Höflichkeit.“

Zwar spießten vornehme Esser die Speisen nicht mehr mit dem Messer auf, aber viele Menschen aßen nach wie vor mit den Fingern, obwohl man es eigentlich als bäuerisch erachtete. Als Essgerät fand die Gabel immer noch sehr wenig Anklang. Selbst Michel de Montaigne, ein gebildeter Mann von hohem Rang, benutzte sie nicht. „Manchmal“, bekannte er, „esse ich so hastig, dass ich mir in die Fingerspitzen beiße.“

Zuckrige Torten, die auf Banketten verspeist wurden, aß man am besten mit Gabeln. Wie Hans Holbeins Skizze (oben) zeigt, bedienten einige der größten Männer des Landes am Tisch des englischen Königs Heinrich VIII.

Über Menschen, die beim Essen Gabeln zu Hilfe nahmen, machte man sich lustig. „Sie essen Salat mit Gabeln“, sagte ein französischer Satiriker über die Adligen am Hof Heinrichs VIII., „denn es ist verboten, Essen mit den Händen zu berühren, so schwierig es auch aufzuspießen sein mag. Und sie berühren den Mund lieber mit diesem kleinen gegabelten Gerät als mit den Händen.“

Von kirchlicher Seite brachte man der Gabel unendliche Verachtung und vehemente Ablehnung entgegen. Ein deutscher Pfarrer verurteilte Gabeln als gotteslästerlichen Luxus, der sich von den degenerierten katholischen Tafeln Venedigs und der Lombardei über ganz Europa nach Norden ausgebreitet habe. „Hätte uns Gott Finger gegeben“, wetterte er, „wenn er gewollt hätte, dass wir dieses Instrument benutzen?“

Kampf ums Dasein

„Je schwerer die Krankheit, umso eher lauert der Gevatter Tod." Damit mussten die Menschen im 16. Jh. leben. Heilkundige wussten zu wenig über Ursprung und Verlauf von Krankheiten, um sie wirkungsvoll bekämpfen zu können.

Der Knochenmann greift sein Opfer und führt es aus dem Leben fort. Das Bild Pieter Bruegels d. Ä. zeigt diese für die damalige Zeit typische Vorstellung vom Tod.

Gegen viele Leiden war auch schon im 16. Jh. ein Kraut gewachsen, wie das 1543 in Basel erschienene „New Kreüterbuch" beweist. Auf 800 Seiten hatte der Herausgeber, der Gelehrte Leonhart Fuchs, den man damals „den Luther der Medizin" nannte, das Wissen über die Kraft und Wirkung der seinerzeit bekannten Kräuter zusammengetragen. Doch wie Leonhart Fuchs selbst zugeben musste, machte die Kenntnis der Heilkräuter noch lange keinen Arzt und keineswegs jeden gesund. So gehörten neben dem Hunger vor allem Krankheiten, die häufig tödlich verliefen, zu den unbarmherzigsten Geißeln der Menschen.

Der Tod riss die Menschen urplötzlich aus ihrem Alltag, daher schrieben viele ihr Testament erst angesichts des nahenden Todes. Oft wurde der letzte Wille auf dem Totenbett ausgesprochen und von den um das Bett Stehenden aufgezeichnet. Nicht selten jedoch reichte die Zeit nicht mehr aus. Zahllose Testamente endeten daher mit der Bemerkung – wie hier im Fall einer Frau aus England –, dass „plötzlich Sprache, Verstand und Leben versagten, bevor sie es eigenhändig unterzeichnen konnte". Die Umstehenden mussten an ihrer Stelle unterschreiben.

In adligen Kreisen lag die durchschnittliche Lebenserwartung der Männer bei etwa 32, die der Frauen bei 35 Jahren. In den Armenvierteln der Stadt dagegen betrug sie für beide Geschlechter nur 25 Jahre. Diese Durchschnittswerte sind allerdings beeinflusst von der hohen Kindersterberate. Im Europa des 16. Jh. starb ein Viertel bis ein Fünftel aller Kinder im ersten Lebensjahr. In ländlichen Gemeinden starb die Hälfte der Kinder vor dem siebten Lebensjahr. In den Städten erlebte nicht einmal ein Drittel der Kinder den zehnten Geburtstag.

Im 16. Jh. trugen Grabmäler oft das Abbild der Verstorbenen auf dem Totenbett. Wie bei dieser Frau legte man Wert auf eine detailgetreue Darstellung.

Für diese traurige Bilanz gab es mehrere Ursachen. Eine davon war die Tatsache, dass niemand den Zusammenhang zwischen Sauberkeit und Gesundheit kannte. Es mangelte an allem, was wir heute unter Hygiene verstehen, nämlich nicht nur Sauberkeit, sondern auch Gesundheitspflege. Überfüllte Städte, Abwasser, Schmutz und Unrat in allen Straßen sowie eine unzureichende Wasserversorgung bildeten einen sehr guten Nährboden für Krankheitserreger aller Art. Und diese hatten in jener Zeit ein leichtes Spiel, denn vor allem die Armen lebten in gesundheitsbedrohenden feuchten, schwer heizbaren, windschiefen Häusern. Oft schliefen mehrere Menschen in einem Bett auf einer mit Stroh oder Laub gefüllten Matratze, die man als wahre „Flohburg“ bezeichnen konnte. In diesem Gemisch aus drangvoller Enge und Schmutz – draußen wie drinnen – übertrugen sich innerhalb kurzer Zeit ansteckende Krankheiten wie Fleckfieber oder Pocken sowie Ungeziefer wie Kopfläuse oder Flöhe.

Im Winter bedrohten zusätzlich Bronchitis und andere Lungenerkrankungen das Leben der Menschen, vor allem in den Armenvierteln. Im Sommer starben viele an Cholera, weil Cholerabakterien häufig das Trinkwasser verseuchten. Jedes Jahr im Juli und August erreichte die Kindersterblichkeit in der fauligen, stinkenden Luft der Städte einen dramatischen Höhepunkt.

Kein Entrinnen vor der Pest

Die Pest brach oft im Sommer aus. Europaweit wüteten im 16. Jh. in regelmäßigen Abständen vor allem die Beulen- und Lungenpest. Übertragen wurde die Beulenpest von Flöhen, die von infizierten Hausratten auf Menschen übersprangen. Im Verlauf der Beulenpest trat dann häufig die durch Tröpfcheninfektion von Mensch zu Mensch übertragbare Lungenpest auf. Da die Wohnverhältnisse die Menschen zwangen, in enger Nachbarschaft mit Ratten und Flöhen zu leben, breitete sich die Pest nach ihrem Aufflammen in einem rasanten Tempo aus und forderte zahllose Opfer.

In den dicht besiedelten Städten gab es in vielen Vierteln nur einen Brunnen. Für die Reinhaltung des Wassers konnte kaum etwas getan werden, sodass verseuchtes Trinkwasser schwere Erkrankungen hervorrief.

Für eine Ausbreitung der Epidemie sorgten auch von Flöhen befallene Reisende. Die „Pestspur“ ließ sich über den europäischen Kontinent von einer Stadt in die andere verfolgen. Auch Menschen, die in Jahren der Missernten auf der Suche nach einem Nahrungserwerb durchs Land zogen, schleppten die tödliche Krankheit von einem Ort zum anderen.

Zu den wenigen medizinischen Erkenntnissen jener Zeit gehörte, dass man das Umherziehen der Menschen kontrollieren musste, um die Krankheit einzudämmen. Mittel, um die Pest zu verhüten oder gar zu heilen, kannte man nicht. Wehrlos waren die Menschen dem Schwarzen Tod ausgesetzt. In ihrer Ohnmacht griffen sie zu teilweise recht zweifelhaften Maßnahmen. Man versuchte, Pestkranke zu isolieren, indem man sie lebendig in ihrem Haus hinter Bretterverschlägen einsperrte. Die Toten wurden „wie gemeiner Mist auf Karren geworfen“. In Genua verfrachtete man die Leichen auf Boote, zündete sie an und stieß sie aufs offene Meer hinaus. Schiffe aus Ländern, in denen die Pest grassierte, durften in keinen Hafen einlaufen. Städtische Behörden befahlen, die Straßen regelmäßig zu kehren und alle Katzen und Hunde zu töten. In Paris musste jeder Bürger dreimal in der Woche um sieben Uhr abends sämtliche Abfälle vor der Haustür verbrennen. Dennoch strich die Pest ihren mörderischen Tribut unbarmherzig ein.

Bettler gehörten zum Straßenbild der Stadt. Man beachtete sie kaum, doch hier erregt ein in Decken gehülltes krankes Kind das Mitleid zweier Männer.

Kindersterblichkeit

Die Familie Capdebosc lebte in Condomois im Südwesten Frankreichs. Ihre Geschichte ist typisch für jene Zeit: Jean Capdebosc heiratete 1560 Marguerite de Mouille. Von ihren zehn Kindern starben fünf, bevor sie ihr zehntes Lebensjahr erreicht hatten. Ihr ältester Sohn Odet heiratete 1595 und bekam acht Kinder, von denen fünf ihren zehnten Geburtstag nicht mehr erlebten. Jean, Odets ältester Sohn, hatte zwei Kinder. Eines starb mit neun Jahren, das andere mit fünf Wochen. Dann starb seine Frau, Jean heiratete wieder und zeugte 13 weitere Kinder. Sechs davon starben im Kindesalter, ein Sohn fiel im Alter von nur 20 Jahren als Soldat, zwei Mädchen wurden Nonnen. Nur sechs der 33 Nachkommen von Marguerite und Jean Capdebosc überlebten und konnten selbst Eltern werden.

Alle, die es sich leisten konnten, versuchten der tödlichen Krankheit zu entgehen, indem sie bei Pestausbruch fluchtartig die Stadt verließen. Im Pestjahr 1563 zog Königin Elisabeth I. mit ihrem gesamten Hofstaat von London in das königliche Schloss von Windsor und „auf dem Marktplatz wurde ein Galgen errichtet, um alle zu hängen, die von London hierher kamen". Bürgermeister und Stadträte blieben den Städten oft monatelang fern, bis die Gefahr gebannt war. Ein Bürger der südfranzösischen Stadt Avignon, dem eine ganze Reihe von Bauernhöfen außerhalb der Stadt gehörte, nahm sogar eine Pestklausel in die Pachtverträge auf: „Im Fall einer Ansteckung (Gott behüte uns) überlässt der Pächter mir ein Zimmer im Haus …, und ich kann meine Pferde auf dem Weg dorthin und zurück im Stall unterstellen, und der Pächter gibt mir ein Bett." Das war eine notwendige Vorsichtsmaßnahme, denn Menschen auf der Flucht vor der Pest waren auf dem Land nicht willkommen.

Als 1586 eine Pestepidemie das bei Bordeaux gelegene Gut des französischen Gelehrten Michel de Montaigne erreichte, reiste er in aller Eile mit seiner Frau und seinen Kindern ab. Später schrieb er darüber: „Sechs Monate lang diente ich meiner bestürzten Familie schlecht und recht als Führer, wir ängstigten unsere Freunde und uns selbst und verbreiteten Schrecken, wo immer wir uns auch niederzulassen versuchten."

Für zahllose Menschen gab es kein Entrinnen. Während der Pestepidemie von 1563 starb ein Viertel der Bevölkerung Londons. Ein Drittel der Bürger der Stadt Uelzen in Niedersachsen erlag 1597 der Pest. Und 1599 verlor die nordspanische Stadt Santander 83% ihrer 3000 Einwohner. Dieser Pestausbruch gehörte zu jener großen Epidemie, bei der zwischen 1596 und 1603 etwa 1 Mio. an der Atlantikküste wohnende Europäer starben.

Für die durch Flucht Davongekommenen war es schwierig, den richtigen Augenblick für die Heimkehr abzupassen. Einerseits wollte niemand sein Haus länger als nötig unbeaufsichtigt lassen, denn über leer stehende Häuser fielen oft Plünderer her. Andererseits konnte eine abgeklungene Pest erneut aufflammen. In Savoyen, im Südosten Frankreichs, ließen einige Reiche eine arme Frau vier oder acht Wochen als Testperson in ihrem Haus wohnen, um zu prüfen, ob tatsächlich die tödliche Seuche nicht mehr in der Stadt lauerte. Starb die Frau, blieb man weiterhin an dem sicheren Ort.

Neben der Beulenpest mit ihren extrem hohen Todesraten wurden die Menschen im 16. Jh. von weiteren todbringenden Krankheiten heimgesucht. Dazu zählten Fleckfieber, Cholera, Pocken, Syphilis und die Malaria, die weite Gebiete Europas verseuchte. Besonders Italien und seine Inseln Sardinien, Korsika und Sizilien litten unter dem bereits im Altertum bekannten Wechselfieber, das später den aus dem Italienischen stammenden Namen Malaria erhielt (*mala aria* heißt schlechte Luft).

Nachdem Elisabeth I. eine Pockeninfektion überlebt hatte, wurde zur Feier ihrer Genesung diese Medaille geprägt.

Ein venezianischer Arzt fühlt bei einem Pestkranken den Puls. Er hält sich einen mit Duftwasser getränkten Schwamm vor die Nase. Damit versucht er, sich vor dem Pestgeruch und der Krankheit zu schützen.

Medizinisches Wissen

Im 16. Jh. waren die Vorstellungen vom menschlichen Körper und seinen Funktionen noch weitgehend vom medizinischen Wissen der Antike geprägt. Mit einem starren Autoritätsglauben vertrat man eine medizinische Lehrmeinung, die auf den griechischen Arzt Hippokrates (460–377 v. Chr.) zurückging. Grundlage dieses Denkens und seiner praktischen Anwendung bildete die hippokratische Lehre von den vier Elementarzuständen (Ureigenschaften) und den vier Kardinalsäften des menschlichen Körpers. Der Zustand von gleichzeitiger Trockenheit und Hitze wurde als Feuer angesehen, Hitze und Feuchtigkeit als Luft, Kälte und Feuchtigkeit als Wasser, Kälte und Trockenheit als Erde. Von diesen vier Elementen oder Ureigenschaften leitete Hippokrates die vier Kardinalsäfte ab: gelbe Galle *(chole)*, schwarze Galle *(melanchole)*, Blut *(sanguis)* und Schleim *(phlegma)*.

Solange die Säfte sich im Gleichgewicht befanden, galt der Mensch als gesund. Man glaubte, Krankheiten entstünden durch eine Störung dieses Gleichgewichts. Behandelt wurde der Missstand, indem man einen Teil des als überschüssig erachteten Saftes entfernte. Handelte es sich um Blut, nahm man einen Aderlass vor. Bei Schleim verabreichte man ein Auswurf förderndes Mittel. Diese rabiaten Methoden nahmen dem ohnehin geschwächten Kranken häufig den letzten Rest seiner Kraft.

DER WEIBLICHE KÖRPER

Aufgrund der damals vorherrschenden medizinischen Lehre von den Kardinalsäften und Elementarzuständen hatte man im 16. Jh. eine geringschätzige Meinung von Frauen. Ihr Körper galt als unangenehm feucht und kalt, der männliche Körper dagegen als vorwiegend warm und trocken. Männern schrieb man mehr Phantasie und ein besseres Gedächtnis zu, aber auch leicht entflammbare Leidenschaft, Täuschung und Untreue. Die Gebärmutter in der Enge des feuchten, ungesunden weiblichen Körpers empfand man als Brutstätte vieler negativer Zustände wie Liebeskummer, Teilnahmslosigkeit und Depression. Auf dieser Einstellung zum weiblichen Unterleib beruht der Begriff Hysterie (griechisch *hystera*: Gebärmutter). Frauen spielten in der Männergesellschaft des 16. Jh. eine untergeordnete Rolle.

Die neue Vorliebe für Zucker und fein gemahlenes Mehl führte dazu, dass sich Zahnerkrankungen im 16. Jh. rasch ausbreiteten. Die Behandlung nahmen Wundärzte oder Barbiere vor.

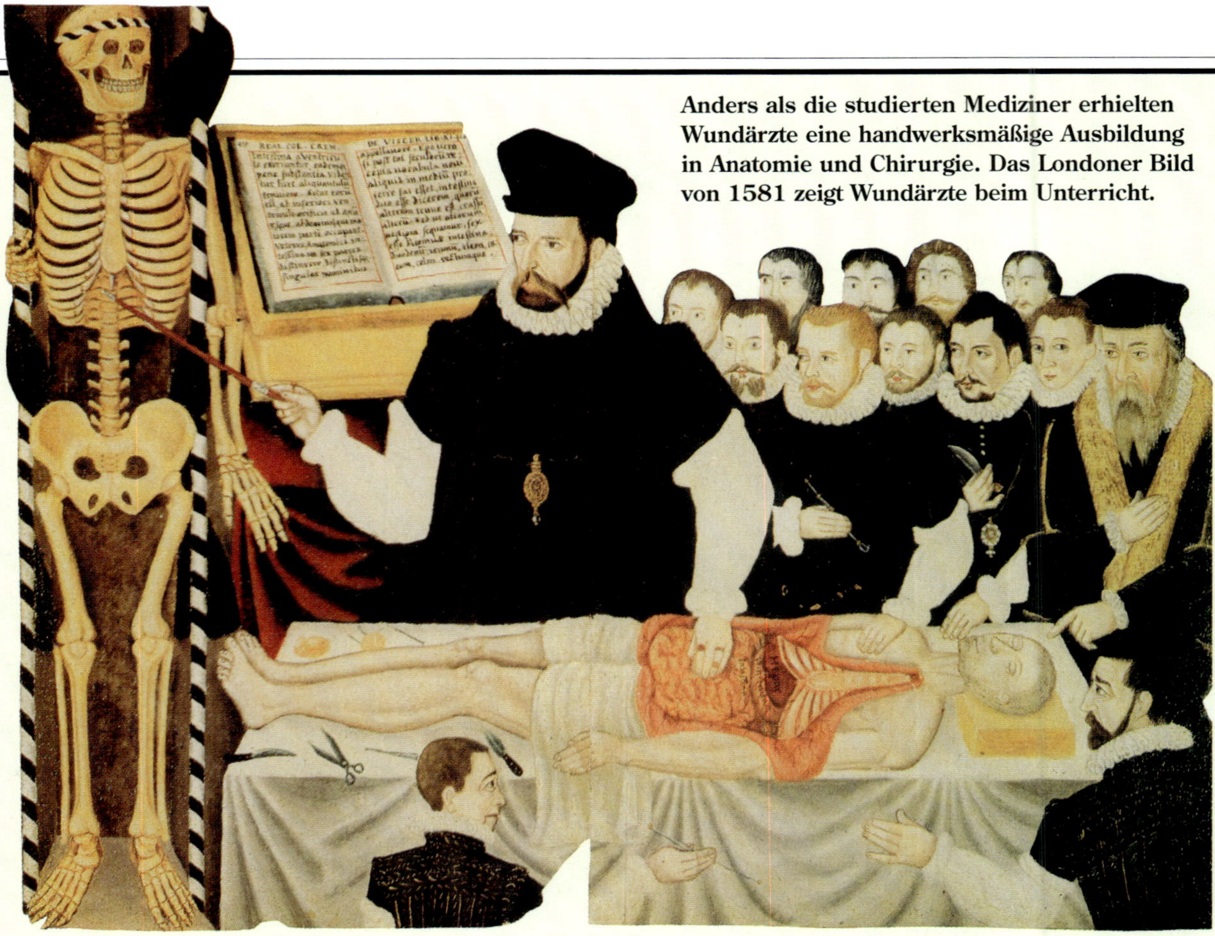

Anders als die studierten Mediziner erhielten Wundärzte eine handwerksmäßige Ausbildung in Anatomie und Chirurgie. Das Londoner Bild von 1581 zeigt Wundärzte beim Unterricht.

CHIRURGIE IM 16. JH.

Persönlichkeiten wie Ambroise Paré und Andreas Vesalius verhalfen der Chirurgie zu bedeutenden Fortschritten.

Der Kampf um die Macht in Europa brachte im 16. Jh. zahlreiche Kriege mit sich. Auf den Schlachtfeldern krümmten die Verwundeten sich in ihren Schmerzen. Man kümmerte sich kaum um sie, denn es mangelte an Sanitätspersonal für die Truppe. Lediglich die adligen Heerführer nahmen ihre eigenen Wundärzte mit, die den einfachen Landsknechten aber nicht zur Verfügung standen. In der englischen Armee, die 1544 mit 32000 Mann den Ärmelkanal überquerte, um gegen Frankreich zu kämpfen, befand sich kein einziger Wundarzt für die Truppe.

Doch auch eine Wundbehandlung garantierte noch lange nicht die Genesung. Bis zur Mitte des Jahrhunderts brannte man Wunden mit einem rot glühenden Eisen oder siedendem Öl aus – eine Methode, die mehr Menschen umbrachte als heilte.

Deutliche Anzeichen eines Wandels zeigten sich in der 1545 veröffentlichten Schrift *Behandlungsmethoden für Schusswunden* des französischen Chirurgen Ambroise Paré (1517–1590). Dieser empfahl, Schusswunden mit einer beruhigenden und zugleich desinfizierenden Mischung aus Eigelb, Rosen- und Terpentinöl zu behandeln. Es stellte sich heraus, dass damit die Wunden viel erfolgreicher und schmerzloser heilten. Blutungen stillte er mithilfe von Aderpressen. Ihm hatte man auch verbesserte Techniken bei Amputationen und Knochenbrüchen zu verdanken.

Paré, der seine Ausbildung bei einem Barbier-Chirurgen erhielt, wurde ohne Prüfung als Meisterchirurg in die akademische Gesellschaft der Chirurgen aufgenommen. Mit seinem Bemühen, die chirurgische Versorgung fortschrittlicher zu gestalten, stand Paré nicht allein. Auf seiner Linie lagen andere Wundärzte wie der von damaligen Schulmedizinern heftig bekämpfte Schweizer Philippus Paracelsus, aber auch bildende Künstler. So trieben Leonardo da Vinci und Michelangelo mit ihren anatomischen Studien die Entwicklung der Chirurgie ein gutes Stück voran. Einen bedeutenden Beitrag

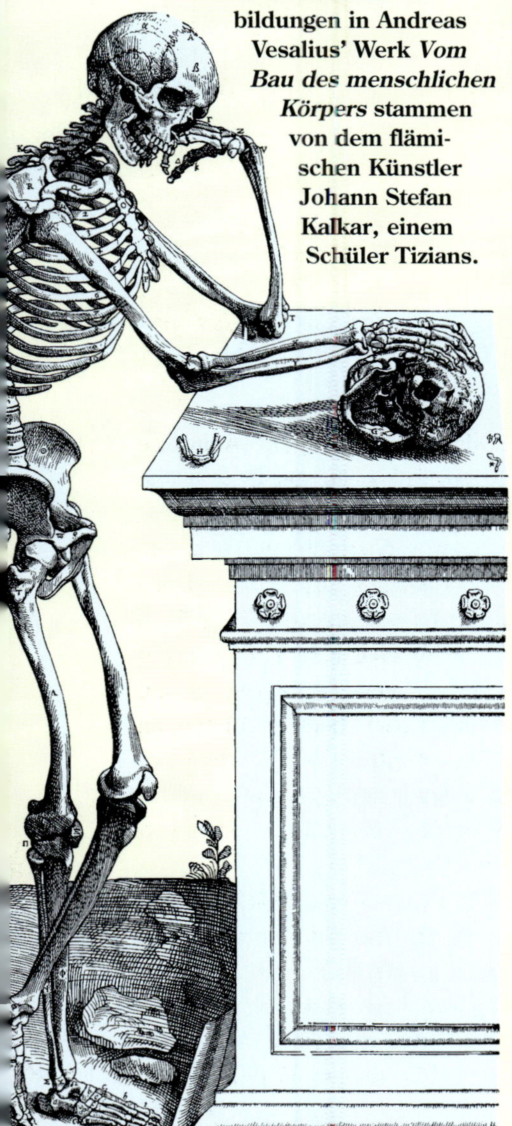

Die anatomischen Abbildungen in Andreas Vesalius' Werk *Vom Bau des menschlichen Körpers* stammen von dem flämischen Künstler Johann Stefan Kalkar, einem Schüler Tizians.

Oben: Chirurgen oder Wundärzte des 16. Jh. amputierten mit einer leichten Säge (rechts) das Gliedmaß. Um das Verbluten zu verhindern, wurden die Adern mit Stricken abgebunden.

leistete auch der flämische Anatom Andreas Vesalius. Er forderte eine intensive, systematische Erforschung menschlicher Leichen. Seine aufgrund eigener umfassender Untersuchungen 1543 veröffentlichte Schrift *De Humani Corporis Fabrica* („Vom Bau des menschlichen Körpers") gilt als das erste neuzeitliche Werk über Anatomie. Es fand schnell in ganz Europa weite Verbreitung sowie hohe Anerkennung.

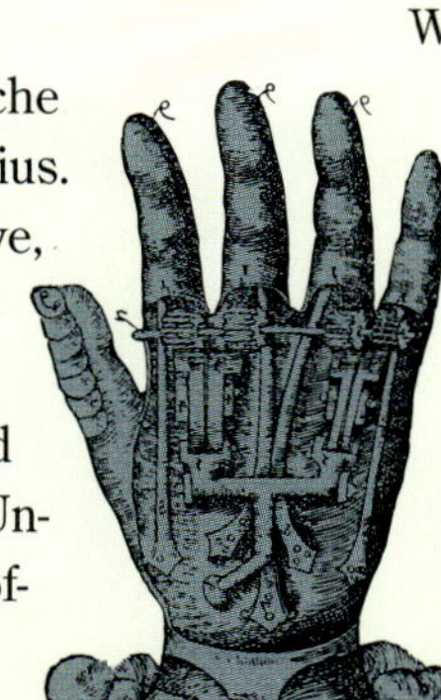

Diese von Ambroise Paré konstruierte künstliche Hand funktionierte in der Praxis wahrscheinlich nicht. Sie beweist aber Parés visionäres Denken.

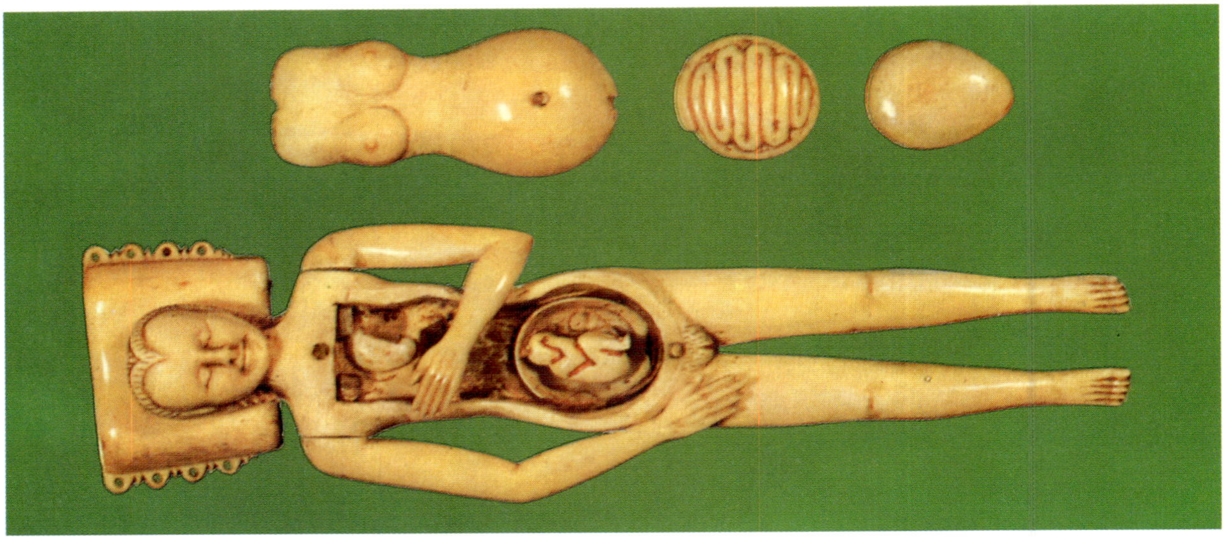

Das aus Elfenbein geschnitzte anatomische Modell stammt aus Italien. Man kann die Vorderseite des Körpers, die Gebärmutterwand und einen Teil der Eingeweide entfernen, um die anderen Organe zu untersuchen.

Aufrecht hielt man auch die seit Jahrhunderten bestehende These, dass die Kardinalsäfte und die Ureigenschaften bei jedem Menschen in einem bestimmten Verhältnis vorhanden seien. Aufgrund dieser Tatsache könne man jeden Menschen einem der vier definierten Temperamente zuordnen. Die Menschen charakterisierte man so: Phlegmatiker: dick, träge, langsam; Sanguiniker: muskulös, liebenswürdig, heiter, kühn, lüstern, rotgesichtig; Choleriker: hektisch, neidisch, habgierig, scharfsinnig, grausam, dünn, gelbliche Gesichtsfarbe; Melancholiker: Einzelgänger, ängstlich, neugierig, schwerer Körperbau, dunkelhäutig. Man meinte also, der Charakter eines Menschen entspräche seiner körperlichen Verfassung. Ob das zutrifft, darüber streiten sich von jeher die Gelehrten. Im 16. Jh. jedoch nahm man die „Säftelehre" für bare Münze und stellte im Krankheitsfall sogar die Arzneimittel danach zusammen.

Im Hospital werden die Toten in ihre Leichentücher eingenäht. Als Talisman gegen Krankheiten trägt jeder lebende Patient ein Kreuz um seinen Hals.

WUNDERMITTEL

Medizinischer Aberglaube war im 16. Jh. noch weit verbreitet. Während der vielen Kriege setzten Heilkundige ein uraltes Wundermittel ein: die Waffensalbe. Man versorgte den Patienten und rieb dann die Waffe, welche die Wunde verursacht hatte, mit der Waffensalbe ein und verband die Waffe. Wie andere quacksalberische Methoden jener Zeit mag diese Maßnahme eine psychologische Wirkung auf den Patienten ausgeübt haben.

Obwohl sie sich nach Kräften mühten, standen die Ärzte im 16. Jh. den meisten Krankheiten recht hilflos gegenüber. Daher bewahrheitete sich damals Tag für Tag die makabre Volksweisheit: „Der letzte und sicherste Arzt ist Vetter Knochenmann, er heilt alle Krankheiten."

Ärztliche Kunst und Quacksalberei

Mit ehrfürchtigem Blick auf die medizinischen Schriften und Überlieferungen der Antike wurde an den hoch angesehenen italienischen Universitäten in Bologna, Padua oder Pisa oder in Paris und Montpellier in Frankreich das medizinische Wissen der Zeit vermittelt. Im deutschsprachigen Raum existierten um die Mitte des 16. Jh. etwa 15 Universitä-

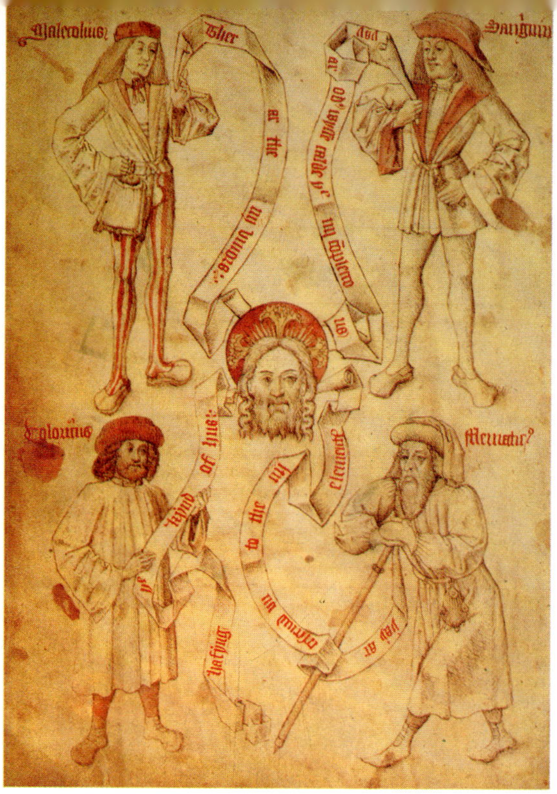

Dieses Bild stellt die im 16. Jh. bedeutsamen menschlichen Körpersäfte dar: schwarze Galle, *melanchole* (oben links), Blut, *sanguis* (oben rechts), gelbe Galle, *chole* (unten links), Schleim, *phlegma* (unten rechts).

ten, beispielsweise in Wittenberg, Marburg, Gießen und Heidelberg. Philipp Melanchthon (1497–1560), der berühmte Humanist, Reformator und Mitarbeiter Martin Luthers, verdiente sich seinen Beinamen „Lehrmeister Deutschlands“ unter anderem damit, dass er den Medizinstudenten die Schriften griechischer Ärzte auslegte. Doch diese Art der Ausbildung brachte dem praktizierenden Arzt nicht die Erkenntnisse, die er zur Bekämpfung der entsetzlichen Krankheiten und Seuchen gebraucht hätte.

Immerhin standen seit dem 15. Jh. auf den Lehrplänen der Universitäten praktische Übungen im Fach Anatomie. Barbiergesellen zerlegten vor den Augen der Studenten eine Leiche. Der Lehrende referierte dazu, ohne jedoch auch nur einmal die Leiche zu berühren. Medizinhistoriker behaupten daher auch, niemand, der Barbier ausgenommen, habe jemals Leichenteile angefasst, auch die Studenten nicht. Von großem Forschungsdrang beseelt schienen damals nur wenige Mediziner. Sie hielten es eher mit der noch von Hippokrates stammenden Redensart: „Verzweifelte Fälle brauchen verzweifelte Heilmittel“, was einen Kranken sicher nicht auf die Beine brachte.

In London standen 1580 den rund 200 000 Einwohnern nur 50 ausgebildete Ärzte, 100 zugelassene Chirurgen und 100 Apotheker zur Verfügung. Ähnlich spärlich sah das medizinische Versorgungsnetz in fast allen großen europäischen Städten aus. Doch die Bevölkerung wusste sich zu helfen. Fast jeder kannte eine ganze Reihe von Hausmitteln und Behandlungsmethoden, die von Generation zu Generation überliefert wurden. Außerdem verfügten sehr viele Menschen über ein medizinisches Wissen, das dem der Ärzte gleichkam. Die beiden Gruppen rivalisierten heftig miteinander, wobei es – schon damals – um Geld und Pfründe ging. Ein gelehrter Chirurg klagte,

ZEITZEUGNIS

DER ZORN GOTTES

1595 litt der französische König Heinrich IV. unter einer Krankheit, die sein Leibarzt Pierre de l’Estoile später beschrieb: „Anfang April erkrankte der König sehr heftig an einem Katarrh, der sein ganzes Gesicht verzerrte. Solche Katarrhe waren in Paris recht häufig, denn es war dort für die Jahreszeit sehr kalt. Es kam zu mehreren seltsamen und plötzlichen Todesfällen durch die Pest, die sich an verschiedenen Stellen der Stadt ausbreitete. Sie alle waren Geißeln Gottes, die dennoch eine leichte, sichtbare Verbesserung im Verhalten der Großen wie auch der Kleinen bewirkten.“

Der etwas verworrene Bericht de l’Estoiles enthüllt einiges über den Stand der Medizin in damaliger Zeit. Man erfährt nichts Genaues über die Krankheit des Königs. Und ob es sich in der Stadt tatsächlich um die Pest gehandelt hat, wird nicht deutlich. Es fällt auf, dass de l’Estoile die Krankheiten der Rache Gottes zuschreibt. Die mittelalterliche, tief im Bewusstsein der Menschen sitzende Drohung vom Gott der Rache steckt auch den Ärzten einerseits noch in den Knochen. Andererseits kann man den Rückzug auf Gottes Zorn auch als Ausdruck der Hilflosigkeit und Unkenntnis betrachten.

dass „Kurpfuscher, Zahnbrecher, Bordellwirte, Ross- und Sauschneider, Besenbinder, Hausierer, Gastwirte, Fuhrleute, Wasser- und Lastenträger, Tierärzte, Idioten, Kuppler, Hexen, Zauberer, Weissager, Gauner, Rattenfänger, Landstreicher oder Aufseher von Armenhäusern sowie andere verrottete, stinkende Elemente in Stadt und Land tagtäglich Missbrauch mit der Heilkunde und Chirurgie treiben".

Diese Aufzählung spiegelt wider, wer sich damals alles in der Kunst des Heilens versuchte. Gewiss bewegten sich viele von ihnen im Bereich der Quacksalberei, aber der eine oder andere leistete ausgezeichnete Dienste. So der Schweizer Sauschneider Jakob Nufer, der von Berufs wegen wilde Eber kastrierte, um sie als Hausschweine halten zu können. Er führte den ersten erfolgreichen Kaiserschnitt an einer lebenden Mutter durch: Mutter und Kind überlebten. Die Frau gebar noch mehrere Kinder und erreichte das hohe Alter von 77 Jahren. Bis dahin hatte man diesen Eingriff nur an sterbenden Müttern vorgenommen, um das Leben des Kindes zu retten.

Diese Stickerei aus England zeigt eine Pflanze aus einem französischen Kräuterbuch, die als Heil- und Küchenkraut verwendet wurde. Die Schriftumrandung mahnt: Ein schlechter Rat ist der schlechteste aller Ratgeber.

Volksheilkunde

Die Kombination von wissenschaftlich ausgebildeten Ärzten und selbst ernannten „Volksmedizinern" brachte der Bevölkerung weit mehr Nutzen als Schaden. Das englische Parlament unter Heinrich VIII. erließ sogar ein Gesetz gegen „die Wundärzte von London, die nur an ihren Profit denken und jenen ehrenwerten Männern und Frauen, denen Gott Kenntnisse

Ein Patient erhält geistlichen Beistand von einem Mönch, der den Rosenkranz betet. Medizinische Hilfe kommt von dem Arzt, der in einem Uringlas den Harn gesammelt hat, um ihn zu untersuchen.

Im 16. Jh. glaubte man, dass Kolostrum, die wertvolle milchartige Flüssigkeit, die einige Tage vor und nach der Geburt aus der mütterlichen Brust austritt, für den Säugling schädlich sei. Man ernährte ihn daher so lange mit Ersatznahrung, bis sich die eigentliche Muttermilch gebildet hatte.

über die Natur sowie die heilende Wirkung bestimmter Kräuter, Wurzeln und Wässer verliehen hat, das Leben schwer machen".

Manche Gelehrte vertrauten durchaus dem Rat der weisen Frauen, die zum Teil beachtliche naturheilkundliche Kenntnisse besaßen, beispielsweise Ambroise Paré. Der Leibchirurg des französischen Königs Heinrich II. hatte sich auf die Behandlung von Schusswunden spezialisiert. Eines Tages traf er in der Apotheke, in der er Arzneien für eine Brandverletzung kaufen wollte, eine alte Frau vom Land. Sie sagte ihm, mit diesen Mitteln verschwende er seine Zeit, er solle lieber rohe, mit Salz gestampfte Zwiebeln anwenden. Da es sich bei dem Patienten nur um einen „schmierigen Küchenjungen" handelte, bei dem man getrost ein Risiko eingehen durfte, probierte Paré das Rezept aus – mit Erfolg.

Volkstümliche Heilmittel

Bei einigen Hausmitteln des 16. Jh. bekommt man heutzutage eine Gänsehaut. Gegen Zahnschmerzen empfahl man den Verzehr einer abgehäuteten, zerstampften Maus. Zur Entfernung einer Warze strich man mit einer aufgeschnittenen Maus über die befallene Stelle. Um die Haare wieder sprießen zu lassen, schmierte man einen zerdrückten Maulwurf auf die Glatze. Und als Zahnpasta verwendete man eine Mischung aus verbranntem Mausekopf und wohlriechendem, teurem Pflanzenöl, das aus Indien importiert wurde.

Andere Hausrezepte klingen vertraut und solide, vor allem jene, die auf der Heilkraft der Pflanzen beruhen. Die weisen Frauen des 16. Jh. empfahlen Andorntee (*Marrubium vulgare*, im Volksmund: Weißer Dorant) bei Husten und Ziegenmilch bei Magenschleimhautentzündung. Zur Anregung der Herztätigkeit verabreichte man Bestandteile des Fingerhuts *(Digitalis)*, dessen Inhaltsstoffe noch heute zu den besten Herzmitteln zählen. Ein Destillat aus Weidenrinde wurde als Schmerzmittel verwendet. Die in der Weide enthaltene Salicylsäure ist noch heute (synthetisch hergestellt) die Grundlage von Aspirin und anderen Schmerzmitteln.

Man kannte Kräuter, die das Wundlaufen der Füße verhinderten, die Empfängnis förderten und Säuglinge beruhigten. Im Kräuterbuch des Leonhart Fuchs sind so vertraute Heilkräuter aufgeführt wie Augentrost, Baldrian, Fenchel, Johanniskraut, Kamille, Lungenkraut und Ringelblume. Der Leibarzt des deutschen Kaisers Ferdinand I. verordnete bei Hüftschmerzen: „Nimm die Blätter von Hahnenfuß, zerstoß und leg sie auf die Hüfte. Lass sie darüber ungefähr fünf oder sechs Stunden liegen, bis sie Blasen machen." Ob das half, ist nicht überliefert. Stattliche Blasen aber bekam der Patient gewiss, denn das frische Kraut enthält aggressive, hautverätzende Stoffe. Die Hautschäden heilen allerdings ohne Narbenbildung wieder ab.

Dies alles zeigt, dass man das volkstümliche, heilkundliche Wissen jener Zeit nicht als hohen Entwicklungsstand einer Art Naturmedizin betrachten darf. Mit der Suche nach heilenden Substanzen in Feld und Wald führte man vielmehr einen verzweifelten Kampf gegen den allgegenwärtigen Tod.

Bei der Kinderpflege hoben sich manche Pflegemaßnahmen gegenseitig auf. So wusch eine Mutter ihrem Kind die Haare und rieb ihm anschließend zur Abwehr von Krankheiten den Kopf mit ranzigem Öl ein.

FAMILIENLEBEN

Im 16. Jh. bildete die Familie einen existenziellen Stützpfeiler der Gesellschaft

In den Augen der meisten Zeitgenossen stand die Rollenverteilung innerhalb der Familie fest:

Der Mann hatte das Sagen, die Frau kümmerte sich um den Haushalt und die Kinder.

Gemeinsames Musizieren im Haus eines wohlhabenden flämischen Bürgers: Solche Anlässe boten eine gute Gelegenheit für junge, noch nicht verheiratete Paare, um sich näher kennen zu lernen. Freizügigkeiten – wie im Bild rechts – allerdings durfte ein wohlerzogenes Mädchen nicht dulden.

Gesellschaftlicher Stand und Besitztum prägten im 16. Jh. den Start junger Leute in das Erwachsenendasein. Ausgangspunkt für den eigenen Hausstand und die Gründung einer eigenen Familie bildete immer die Heirat.

Das durchschnittliche Heiratsalter der Männer lag bei etwa 26 Jahren, das der Frauen nur wenig darunter. Hierbei muss man allerdings differenzieren. Kinder reicher Eltern schlossen durchaus in wesentlich jüngerem Alter die Ehe. Viele lebten bis zur Eheschließung bei ihren Eltern, für die sie – vor allem auf dem Land – als Arbeitskräfte eine große Bedeutung besaßen. Der Nachwuchs der ärmeren und ärmsten Bevölkerungsschicht verdingte sich häufig schon in sehr jungen Jahren als Dienstboten in fremden Häusern.

Bei der Wahl des Ehepartners ließen die Eltern ihren Kindern nicht völlig freie Hand. In Familien mit Geld und Besitz achtete man sehr darauf, in welche Hände das Erbe durch die Heirat gelangte. Eine Ehe sollte möglichst auch Reichtum und gesellschaftlichen Einfluss der beteiligten Familien mehren. Erzwingen ließ sich eine Heirat jedoch nicht, da die Kirche auf einem freiwilligen Eheeinverständnis bestand. Ob dies ausreichte, wenn es um „Geld oder Liebe" ging, sei dahingestellt.

ZEITZEUGNIS

DER TYRANN IM HAUS

Der Mann bestimmt, die Frau gehorcht. An dieser Auffassung ließ sich im 16. Jh. nur in höchsten Kreisen rütteln. Doch das hieß nicht, dass seelische oder körperliche Misshandlungen der Frau damals gebilligt wurden, ganz im Gegenteil. Sebastian Artomedes, ein deutscher Pfarrer, schrieb darüber:

„Es gibt so manchen Kerl, der meint, er sei kein rechter Mann, wenn er in vielen Wochen für seine Frau nur ein einziges Mal ein gutes Wort übrig hat. Er stolziert durch das Haus und sitzt wie ein Stummer am Tisch, der nur mit seiner Frau spricht, um ihr die Ohren voll zu schwätzen, und ihr dabei das Herz schwer macht, indem er alles rügt, was sie sagt oder tut. Solche Ungeheuer hätten besser Mönche oder Einsiedler werden sollen und nicht Ehemänner, denn sie passen besser in einen Wald mit wilden Tieren als in ein Haus an die Seite einer vernunftbegabten Ehefrau."

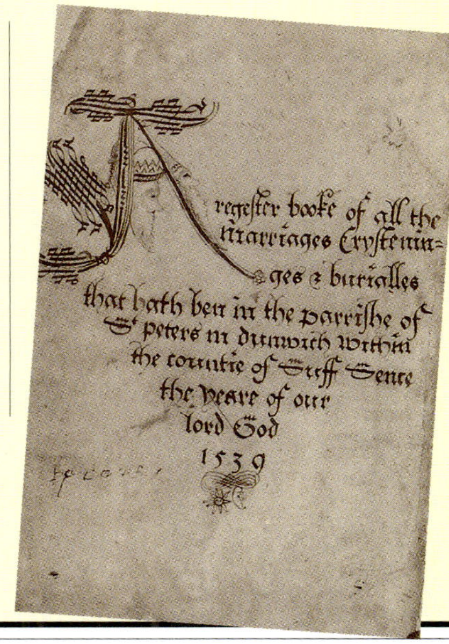
A regester booke of all the marriages crystenin-
ges & burialles
that hath ben in the parrishe of
St peters in dunwich within
the countie of Suff Sence
the yeare of our
lord God
1539

Im 16. Jh. bestanden alle Regierungen Europas darauf, Eheschließungen, Taufen und Begräbnisse zu registrieren.

Eine geheime Eheschließung, die lediglich aus dem gegenseitigen Versprechen zweier Menschen bestand, also ohne Trauzeugen und Priester stattfand, hatte im Mittelalter durchaus Gültigkeit. Im 16. Jh. jedoch erlangten die Behörden in ganz Europa immer mehr Kontrolle über einzelne Lebensbereiche der Menschen. Infolgedessen setzte sich die Auffassung durch, dass eine Ehe in der Kirche im Beisein von Zeugen geschlossen werden sollte.

Im Norden Europas bewegte sich das Familienleben, mit geringen Abweichungen, überall in einem ähnlichen Rahmen: späte Heirat, einige Kinder, höchstens zwei Generationen der Familie unter einem Dach sowie mehrere Dienstboten, die man meist zur Familie zählte.

In Südeuropa wohnten häufiger – wenn auch nicht in der Regel – mehrere Generationen und Zweige einer Familie in einem großen Haus zusammen. In solch einer Großfamilie wurden oft sehr detaillierte Verträge aufgesetzt. Darin legte man beispielsweise fest, wer das beste Bett oder die Küchengegenstände benutzen durfte, wer das Schlafzimmer mit dem Kamin bekam und wer die häuslichen Routinearbeiten zu erledigen hatte.

Lebte die verwitwete Mutter im Haushalt des Sohnes, arbeitete man besonders sorgfältig zahlreiche Regeln für das Zusammenleben aus. Damit sollten die ganz offensichtlich von allen Beteiligten erwarteten Spannungen und Streitigkeiten in erträglichen Grenzen gehalten werden.

Eine adlige Familie: In der Weltanschauung des 16. Jh. galt der Vater als unangefochtenes Familienoberhaupt und die Familie als der soziale Baustein der Gesellschaft.

Verlobung und Heirat

Um diesen Wendepunkt im Leben eines Menschen rankte sich eine Fülle volkstümlicher Bräuche und feierlicher Rituale.

Dem jungen Mann steht die bittere Enttäuschung ins Gesicht geschrieben. Er hat eine ältere, vermeintlich reiche Frau geheiratet. Wie kärglich die Mitgift ausfiel, lässt sich auf diesem deutschen Holzschnitt leicht ablesen.

Im Europa des 16. Jh. ging jeder Hochzeit eine Verlobung voraus. Das feierlich begangene Verlöbnis betrachtete man als den entscheidenden und offiziellen Schritt, der mit der Heirat lediglich bestätigt wurde. Und falls es bereits vor der Ehe zu intimen Beziehungen kam, galt das Verlöbnis als rechtmäßige Eheschließung.

In abgelegenen Gegenden beschränkten sich die Armen auf die Verlobung, weil ihnen das Geld fehlte, um ein zweites Fest, die Hochzeit, zu bezahlen.

Ein Beispiel aus England zeigt, wie in damaliger Zeit eine Brautwerbung, die in einen Bund fürs Leben mündete, ablief: Timothy Dannett, ein Bauer aus Lincolnshire, lernte Ellen Lambert auf dem Hof ihres Vaters kennen. Sie gefiel ihm auf Anhieb, und er begann um sie zu werben. Er besuchte Ellen häufig und schenkte ihr im Lauf der nächsten Wochen Handschuhe, eine Tasche, einen Silberring und einen Gürtel.

Ellen fand Gefallen an dem jungen Mann. Es verging ein halbes Jahr. Nun musste dem Brauch der Zeit entsprechend der Freier oder dessen Vater mit dem Vater des Mädchens über die Heirat sprechen. Verlief dieses Gespräch unter Männern zur Zufriedenheit der Beteiligten, fragte der junge Mann seine Auserwählte, ob sie seine Frau werden wolle. Zu diesem Anlass brachte er ihr ein Geschenk mit. Der englische Autor Henry Best empfiehlt in seinem Ratgeber für junge Bauern *(Best's Farming Book)*, ein Präsent im Wert von 10–20 englischen Schilling zu überreichen. In Frage kamen ein Paar Lederhandschuhe, ein Ring oder eine Münze. Und er meint, angebracht sei in jedem Fall „irgendeine kleine Spielerei oder modische Neuheit von nicht so hohem Wert".

Nachdem das Mädchen der Heirat zugestimmt hatte, trafen sich die Eltern beider Partner. Man verhandelte über die Mitgift, setzte das Datum für die Hochzeit fest und plante die Feier.

Für den Hochzeitstag musste die Braut sehr schön eingekleidet werden, um ihrer Familie alle Ehre zu machen. Simon Rider

Neben einem opulenten Festmahl standen auch immer ausgelassene volkstümliche Tänze auf dem Unterhaltungsprogramm der ländlichen Hochzeit.

z. B., ein wohlhabender Bauer aus dem englischen Staffordshire, bezahlte 1601 für das Hochzeitsgewand seiner Tochter Joan eine nicht unerhebliche Summe: Allein der Stoff für das Brautkleid kostete 31 englische Schilling. Das eingearbeitete Fischbeinmieder kam auf 7 Schilling und 3 Pence, der Besatz auf 16 Schilling, der passende Hut auf 8 Schilling und 6 Pence. Das machte zusammen knapp 63 Schilling, was ungefähr einem Monatseinkommen des nicht gerade armen Brautvaters entsprach.

An drei aufeinander folgenden Sonntagen verlas der Gemeindepfarrer am Schluss seiner Predigt das Aufgebot und fragte jedes Mal, ob es irgendeinen triftigen Grund gebe, der gegen die Eheschließung des aufgebotenen Paares spräche. Hinderungsgründe konnten sein: ein noch bestehendes Verlöbnis mit einer anderen Person, eine noch gültige Ehe oder ein zu naher Verwandtschaftsgrad. Wurden keinerlei Einwände vorgebracht, setzte man den Tag der Trauung fest.

Die Zeremonie fand in der Nähe der Kirchentür statt. Unter dem schützenden Dach der Vorhalle gab das Paar öffentlich die beiderseitige Willenserklärung ab. Nun wurde die Braut von ihrem Vater dem Bräutigam übergeben und die Hochzeitsgesellschaft ging zur Brautmesse in die Kirche hinein.

Den nächsten Höhepunkt bildete das Festmahl, für das in England sogar Gesetze teilweise außer Kraft traten. Im Alltag besagten diese Gesetze z. B., dass jeder, der Besitztümer im Wert von mindestens 500 Pfund sein eigen nannte oder über ein Jahreseinkommen von 40 Pfund verfügte, drei Gerichte pro Mahlzeit essen durfte. Hochzeitsteilnehmer durften drei Gänge mehr zu sich nehmen.

In ganz Europa feierte man Hochzeiten so üppig, wie man es sich nur erlauben konnte. Meist bezahlten die Brauteltern. Falls aber deren Geld nicht reichte, teilten sich beide Familien die Kosten für Speis und Trank sowie das Tanzvergnügen, für das man Sänger und Spielleute engagierte.

„Die Bauernhochzeit“ von Pieter Bruegel d. Ä. zeigt eine Fülle von Charakteren, die das bunte und lebensfrohe Treiben bei solch einer Feierlichkeit auf dem Land eindrucksvoll widerspiegeln.

Belgisches Porträt eines Pfandleihers und seiner Gemahlin. Kinder, Küche und Kirche bestimmten das Leben der Ehefrauen. Sie durften jedoch auch manchmal – wie hier – eine aktive Rolle bei den Geschäften ihres Gatten übernehmen.

„Bis dass der Tod euch scheidet" stellte im Europa des 16. Jh. die Eherealität dar. In der Mehrzahl trennte der Tod die Ehepartner. Der hinterbliebene Teil, ob Witwe oder Witwer, ging nach kurzer Zeit eine neue Ehe ein, in erster Linie, um die Betreuung und Erziehung der Kinder sicherzustellen.

Scheidung per Klage

Obwohl die Ehe nach wie vor als unauflösbar galt, setzte sich nach der Reformation die Ansicht durch, dass die Ehe keine Bindung auf ewig sei. Vor allem in Städten und Gebieten, die protestantischen Herrschern unterstanden, nutzte man diese Lockerung der gesetzlichen und gesellschaftlichen Zwänge. Die zweite Hochzeit feierte man allerdings mit einer gewissen Zurückhaltung und ohne das große Zeremoniell der ersten Eheschließung.

Eine „Scheidung auf Verlangen" gab es jedoch nicht. Man musste schon gewichtige Gründe dafür angeben. Dazu zählten Ehebruch, böswilliges Verlassen, Impotenz oder Krankheiten, die den Geschlechtsverkehr unmöglich machten, wie auch arglistige Täuschung und ganz allgemein „schwerwiegende Unvereinbarkeit". Unter diesen etwas schwammigen Begriff fiel jedoch nicht „allgemeine Händelsucht". Damit musste der Ehepartner sich abfinden. Auch bei Faulheit des Mannes oder wenn dieser gelegentlich seine Frau schlug, ließen sich die Bande der Ehe nicht lösen. Der Mann musste die üblen Launen seiner Gattin ebenso ertragen wie die zeitweise Verweigerung ihrer ehelichen Pflichten.

Der unschuldige Partner durfte sechs Monate nach der Scheidung erneut heiraten. Der schuldig gesprochene Teil musste warten, bis das Gericht nach einer Prüfung feststellte, dass sich sein Lebenswandel gebessert hatte. Wer in seiner zweiten Ehe wegen Ehebruchs geschieden wurde, durfte nie wieder heiraten.

Für die katholische Welt rüttelte die freizügige Einstellung der Protestanten zur Scheidung an den Grundfesten der Gesellschaft. Man betrachtete die Entwicklung mit großer Sorge. Trotz allem blieb für beide Konfessionen die Familie die Keimzelle der gesellschaftlichen Ordnung des 16. Jh.

BIGAMIE

Die Carolina, die *Peinliche Halsgerichtsordnung* von 1532, wertete Bigamie als schweres, hart zu bestrafendes Verbrechen. Doch wie der Fall des Landgrafen Philipp des Großmütigen von Hessen (1504–1567) zeigt, wurde mit zweierlei Maß gemessen, wenn es um die Interessen Adliger ging. Philipp, ein führender Kopf unter den protestantischen Fürsten, heiratete im März 1540 die 17-jährige Margaretha von Sale, ohne sich von seiner ersten Frau scheiden zu lassen. Aus seiner Doppelehe machte er keinen Hehl. Schließlich hatten Luther und Melanchthon, der sogar als Trauzeuge fungierte, die kirchliche Erlaubnis dazu erteilt.

Mächtige Frauen

Dass man im 16. Jh. Frauen vor allem als Ehegattinnen und Mütter betrachtete, schloss sie von einer beruflichen Tätigkeit keineswegs aus. So arbeiteten Frauen als Krankenschwestern, Hebammen, Krämerinnen, Metzgerinnen, Weberinnen, Wasserträgerinnen, Dienst- oder Schankmädchen. In der Stadt Lübeck nahm man sie sogar als Meister in die Handwerkerzünfte auf. Einige Ehefrauen packten im Geschäft ihrer Männer kräftig mit an, andere trieben erfolgreich internationalen Handel.

Das wollte so überhaupt nicht in das übliche Bild vom schwachen Geschlecht passen. Johannes Calvin (1509–1564), der radikale Reformator, vertrat vehement die Ansicht des heiligen Paulus, Frauen hätten zu schweigen und sich unterzuordnen. Eine Ehefrau sei für ihn nur dann akzeptabel, „wenn sie keusch, nicht zu heikel, außerdem sparsam und geduldig ist und auch Aussicht besteht, dass sie sich um meine Gesundheit kümmert".

Wie kam das 16. Jh. angesichts des stereotypen Frauenbilds mit seinen mächtigen Herrscherinnen zurecht? In England z. B. regierten Maria Tudor und Elisabeth I., Maria Stuart herrschte in Schottland. In Frankreich übernahmen Maria und Katharina von Medici jahrelang die Regentschaft. Und Margarete von Parma führte als Gouverneurin Karls V. die Niederlande.

Diese Frauen standen im wahrsten Sinn des Wortes ihren Mann. Aufgrund ihrer königlichen oder fürstlichen Abstammung galten sie „als Mann ehrenhalber". Ihre Herkunft ließ keinerlei Zweifel an ihren Machtansprüchen, die sie, je nach Charakter, klug, kämpferisch oder intrigant vertraten. Die weibliche Demut, welche sich Calvin und seine Zeitgenossen so innig wünschten, lag ihnen mit Sicherheit völlig fern.

Elisabeth I. zumindest benahm sich „wie ein rechter Mann". Sie fluchte, schrie, spuckte auf den Boden und schlug Höflingen ins Gesicht. Ihr brüllendes Lachen glich dem ihres Vaters Heinrich VIII.

Diese bewunderten, zugleich gefürchteten Persönlichkeiten können allerdings nicht darüber hinwegtäuschen, dass man in allen Gesellschaftsschichten von den Frauen forderte, dass sie sich auf ihre weiblichen Aufgaben beschränken sollten. Sie hatten sich um die Kinder, Dienstboten und Tiere zu kümmern. „Das Amt des Weibes bringt wenig Freuden und viele Unannehmlichkeiten mit sich", schrieb ein englischer Autor, „weil es der Frau nicht erlaubt ist, die Hände in den Schoß zu legen. Sie darf den guten Adam nicht allein schuften lassen, sondern muss ihren Teil beitragen."

Man sagt, Elisabeth I. habe nie geheiratet, um die Macht nicht teilen zu müssen. Links: Katharina von Medici übte in Frankreich als Gemahlin eines Königs und Mutter dreier Könige des Hauses Valois eine große politische Macht aus.

Maria Stuart (1542–1587) verlor 1568 als katholische Königin von Schottland den Machtkampf gegen die calvinistische Oberschicht. Sie floh nach England und stellte sich unter den Schutz ihrer Cousine Elisabeth. Diese sah in ihr jedoch nur eine Rivalin und ließ Maria nach 19-jähriger Haft schließlich enthaupten.

Szene aus dem Familienleben in Deutschland: Der Herr des Hauses gibt Anweisungen, die Frau stillt, sieben Kinder spielen unter Aufsicht der Magd, die am Spinnrad sitzt. Unten: Eine so offenkundige weibliche Dominanz empfand man im 16. Jh. als gefährlich, unmoralisch und höchst unnatürlich.

Eine patriarchalische Gesellschaft

Während man im Mittelalter Frauen noch die Seele absprach, entdeckte man im 16. Jh., dass Frauen sowohl über eine Seele als auch über einen „denkenden" Kopf verfügen. Zur Steigerung ihrer Wertschätzung trug dies jedoch nur in begrenztem Maß bei. In höher gestellten Kreisen achtete, ja, verehrte man selbstständig denkende, gebildete Frauen – solange es sich nicht um die eigene Ehefrau handelte.

Am heimischen Herd regierte der Patriarch. Diese Ansicht wurde in einem Handbuch über die Zufriedenheit im häuslichen Kreis unmissverständlich formuliert: „So wie der Körper nur einen Kopf haben kann, kann auch ein Haushalt, wenn er gedeihen soll, nur einen Herrn und Meister haben."

Den patriarchalischen Geist der Zeit spiegeln auch folgende Aussagen wider: „Ein Mann muss Ratschläge anhören, doch er allein hat das letzte Wort. Ein schlechter Ehemann ist, wer keine Autorität im eigenen Haus genießt, eine schlechte Ehefrau, wer sich weigert, sie anzuerkennen. Ein Mann, der seine Frau nicht unter Kontrolle hat, macht sich lächerlich." Als der Bürgermeister der englischen Stadt York in aller Öffentlichkeit von seiner Ehefrau gescholten wurde, tadelte ihn der Erzbischof: „Wer seinen eigenen Haushalt nicht im Griff hat, ist nicht geeignet, eine Stadt zu regieren."

Andere, wesentlich sanftere Töne schlug Martin Luther in einer 1522 verfassten Flugschrift über die Ehe an: „Wenn ein Vater Windeln wäscht oder eine andere unbedeutende Aufgabe für sein Kind erledigt und ihn jemand als verweichlichten Narren verspottet, dann lächelt Gott mit allen seinen Engeln und Kreaturen."

Die Grossfamilie

In vielen Regionen Nord- und Mitteleuropas verließen die erwachsenen Kinder das Elternhaus. Manche zogen aus, um zu heiraten und einen eigenen Hausstand zu gründen. Andere – vor allem aus ärmeren Bevölkerungsschichten – gingen erst einmal als Dienstbote oder Lehrling in ein fremdes Haus.

In Südeuropa sowie in einigen Gegenden Deutschlands jedoch blieb mindestens ein Kind auch nach der Heirat im elterlichen Haus. Meist war es ein Sohn, in Nordspanien oft auch eine Tochter. Infolgedessen mussten sich Schwiegertochter bzw. Schwiegersohn in dem Haushalt der Schwiegereltern arrangieren.

Um mögliche Konflikte zu vermeiden, hielt man sich an feste Regeln: Der Haushaltsvorstand und seine Frau belegten wie bisher das Bett in dem Raum mit der Feuerstelle, der meist im Erdgeschoss lag. Ihre unverheirateten Kinder schliefen im Nachbarzimmer.

Der verheiratete Sohn bewohnte mit seiner Gattin ein ansehnliches, wahrscheinlich aber unbeheiztes Zimmer im ersten Stock. Dort befand sich auch das Zimmer für deren Kinder.

Nach dem Tod des alten Vaters übernahm der Sohn die Rolle des Familienoberhaupts und zog in den beheizten Raum im Erdgeschoss. Seine verwitwete Mutter teilte nun häufig ein Zimmer mit ihren Töchtern oder Enkeln.

Diese familiäre Hackordnung prägte das gesamte Familienleben. Die Schwiegermutter beherrschte die Küche, die Schwiegertochter kümmerte sich um die Kinder und arbeitete auf dem Feld. Bei den Mahlzeiten beanspruchte das Familienoberhaupt stets den besten Platz. Zu seiner Linken saßen seine Söhne, zur Rechten seine Frau. Neben ihr reihten sich die übrigen weiblichen Familienmitglieder und die Dienstboten auf.

Der Hausherr schnitt das Brot, schenkte Wein ein, bediente sich selbst zuerst und verteilte den Rest an die anderen.

Bei dieser strengen „Hausordnung“ hatte der Sohn selbst als rechtmäßiger Erbe und erwachsener Mann kaum Befugnisse. Bis zum Tod des Vaters durfte er weder ein Testament aufsetzen noch irgendwelche Besitztümer veräußern. Als Preis für seine spätere Macht über den Haushalt stand er oft ein halbes Leben lang unter der Vormundschaft des Vaters.

Da sich bei einem Zusammenleben dieser Art oft massive Probleme einstellten, schloss man mancherorts einen Kompromiss: Die Eltern zogen sich nach der Heirat des Erben auf das Altenteil zurück und übergaben dem Sohn die Leitung des Hauses oder Hofes. Sie bewohnten einen Anbau oder auch ein eigenes Haus in der Nähe. Vertraglich wurde festgelegt, dass der Sohn Entscheidungsbefugnis über Haus, Hof und Haushalt besaß. Die Eltern musste er dafür bis zu deren Tod mit ausreichend Korn, Kleidung, Brennmaterial und etwas Bargeld versorgen.

Wie in dieser venezianischen Großfamilie lebten mitunter fast zwanzig Personen aus drei Generationen unter einem Dach.

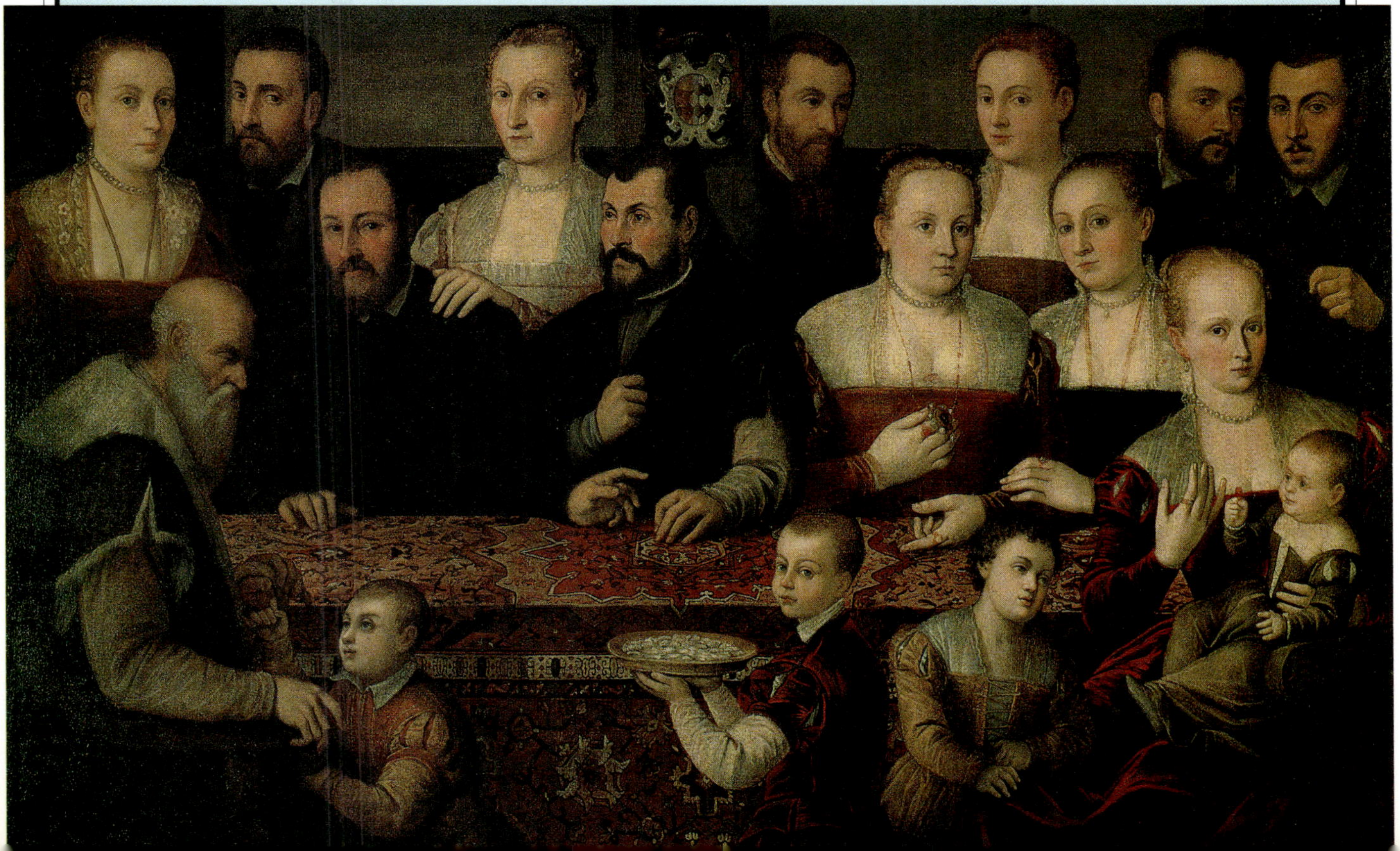

Ein Landgut in Italien

In Maser bei Venedig erbaute der venezianische Baumeister Andrea Palladio um 1557 auf dem Anwesen der Familie Barbaro eine Landvilla. Er gestaltete sie als Mittelpunkt eines großen landwirtschaftlichen Familienbetriebs, indem er sämtliche Nutzbauten harmonisch mit einem repräsentativen Wohnhaus verband. Die Seitenflügel beherbergten Vieh und Geräte.

Paolo Veronese schmückte die Räume der Villa mit Fresken. Sie stellten die Mitglieder der Familie Barbaro in Gesellschaft antiker Götter dar.

Auf der Hausrückseite lag ein Patio mit einem Brunnen. Dessen Wasser speiste eine Fontäne, ergoss sich in einen Teich, wurde von dort aus in die Küche und dann in den Gemüsegarten geleitet.

Kindheit und Jugend

Dickköpfigkeit, Trotz und Eigensinn gehörten zu den Eigenschaften, die man Kindern des 16. Jh. durch eine Erziehung, die auf Strenge und Disziplin beruhte, nehmen wollte. Die Eltern legten großen Wert darauf, ihren Nachwuchs zu fügsamen, verantwortungsbewussten Menschen zu erziehen.

Schwangerschaft und Geburt brachten für Mutter und Kind immer auch Gefahren mit sich. Über die Veränderungen im weiblichen Körper wusste man ebenso bruchstückhaft Bescheid wie über die Entwicklung des Kindes im Mutterleib. Zwar mangelte es nicht an fürsorglichen Ratschlägen, doch sie beruhten lediglich auf einer Mischung aus Volksweisheiten, Erfahrungen, Beobachtungen und Aberglauben, nicht aber auf einem fundierten medizinischen Wissen. Dies bedeutete jedoch keineswegs, dass es sich um unsinnige oder für die Mutter schädliche Ratschläge handelte. Die Empfehlung, während der Schwangerschaft Abführmittel unbedingt zu meiden, wird auch heute noch gegeben. Den Rat, langes, zügelloses Tanzen und schwere Hausarbeit – sprich Überanstrengung – zu unterlassen, kann jede Schwangere unserer Zeit getrost befolgen.

Auch an Ernährungsregeln fehlte es im 16. Jh. nicht. So riet man der werdenden Mutter, Fleisch vom Kapaun, Hirsch, Lamm, Kalb oder Rebhuhn, Feigen und Bratäpfel zu essen und dazu Apfelsaft sowie süßen Wein zu trinken. Von Speisen, die zu Verstopfung führen könnten, wie hart gekochte Eier oder Hirse, wurde abgeraten. Zu den anerkannten Weisheiten zählte auch folgende: Schwangere mögen Völlerei, „die das Blut verdirbt", meiden, um eine Fehlgeburt zu verhindern.

Für die letzten Wochen vor der Niederkunft empfahlen Hebammen eine ruhige, entspannende Lebensweise. Dazu gehörten Einreiben der Haut mit Pflanzenölen, Enten- oder Gänsefett, warme

Jede werdende Mutter legt die Hand auf ihren Bauch, um ihr Kind intensiv zu spüren – eine Geste, die es wohl schon immer gab.

Während die Hebamme sich um den Geburtsvorgang kümmert, beruhigen und ermutigen ältere Frauen aus der Verwandtschaft die Gebärende.

Trauer um den Tod der Kinder

Die sehr hohe Kindersterblichkeit machte die Eltern dem Tod ihrer Kinder gegenüber nicht gleichgültig. Viele trauerten schmerzvoll um ihre verstorbenen Kinder. Nach dem Tod seiner achtjährigen Tochter verewigte ein englischer Vikar das Mädchen in seinem Tagebuch als „heiß geliebtes Kind, ein Bündel Myrrhe, ein Bündel Süße ... sein Leben war gewünscht, sein Tod wurde beklagt, ich werde es in gutem Gedenken behalten".

Als Martin Luthers Tochter Elisabeth im Alter von acht Monaten starb, schrieb er: „Ich habe ihren Tod so sehr beklagt, dass ich sehr krank wurde, mein Herz war weich und schwach. Nie hätte ich gedacht, dass eines Vaters Herz um eines Kindes willen gebrochen werden würde." Eigentlich hätte er in seinem Glauben Trost finden müssen. Ihm gelang das aber nicht. Wie oft hatte er betroffenen Eltern gesagt, sie sollten Dankbarkeit empfinden, weil ihr Kind nun von allen irdischen Fesseln befreit sei. Doch für das Sterben der eigenen Tochter konnte er Gott nicht danken. Nach dem Tod einer weiteren Tochter versank Luthers älterer Sohn Hans in tiefe Depression, voller Trauer um eine Schwester, die er geliebt hatte.

Strenge und Disziplin standen im 16. Jh. unangefochten im Mittelpunkt der Kindererziehung. Das hinderte die Eltern jedoch keineswegs daran, ihren Kindern Liebe und Zuneigung zu schenken.

In der Familiengruft liegt die Statue einer im Kindesalter verstorbenen Tochter auf einem kleinen Sarkophag.

Bäder in wenig Wasser mit Zusatz von Malven, Kamillenblüten oder anderen Kräutern. Dringend abgeraten wurde vom Besuch öffentlicher Badehäuser – ein überaus kluger Rat angesichts der unhygienischen Zustände in diesen Einrichtungen.

All diese nützlichen Anleitungen für Schwangere konnten jedoch die Gefährdung des Lebens von Mutter und Kind durch Infektionskrankheiten, Schwangerschaftsvergiftung oder ernährungsbedingte Mangelerscheinungen nicht ausschließen. In kurzen Abständen aufeinander folgende Schwangerschaften erhöhten das Risiko.

Bis ins 18. Jh. hinein blieb die Geburtshilfe Sache von Frauen. Ärzte oder andere „in der Schneidkunst Kundige" zog man nur hinzu, wenn ein chirurgischer Eingriff anstand. So halfen die Hebammen, die oft über große Lebensweisheit verfügten, den Gebärenden in ihrer schweren Stunde.

Mit dem Einsetzen der Wehen riet die Geburtshelferin der Mutter zu Atemübungen (das ist heute noch so). Sie empfahl ihr auch, abwechselnd zu stehen und sich auf einen speziellen Gebärstuhl zu setzen, der vor allem in Deutschland und Italien verbreitet war. Während der weiteren Wehen sprach die Hebamme der jungen Mutter Mut zu, indem sie z. B. sagte, „die Geburt werde glücklich verlaufen und sie werde einen Jungen bekommen".

Schwierig wurde die Situation, wenn sich eine Beckenendlage abzeichnete. Das bedeutet, das Kind tritt nicht mit dem Kopf, sondern mit den Gesäßbacken oder gar den Füßen voran in den Geburtskanal ein. In diesem Fall versuchte die Hebamme damals, das Baby im Mutterleib zu drehen. Sie unternahm dabei alles Menschenmögliche, um die starken Schmerzen der Mutter zu lindern. So rieb sie den Geburtskanal mit Entenfett und Lilienöl ein, um seine Gleitfähigkeit zu erhöhen. Der Mutter verabreichte sie Schmerzmittel, beispielsweise ein aus Mohnsamen gewonnenes Opiat oder ein

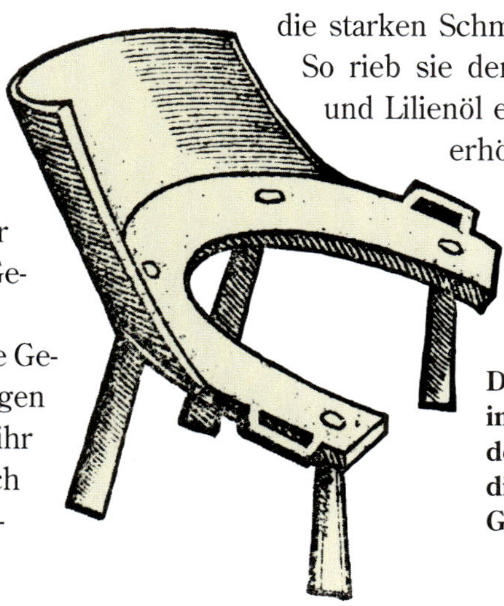

Dieser Gebärstuhl setzte sich im 16. Jh. durch. Er ermöglichte der Mutter eine Hockstellung, die nach heutiger Ansicht die Geburt sehr erleichterte.

Kinderspiele

Gemeinsam auf der Straße zu spielen und zu toben gehörte zu den Lieblingsbeschäftigungen der Stadtkinder.

1560 setzte Pieter Bruegel d.Ä. (um 1525–1569) eine für die damalige Zeit einzigartige Vision in ein lebendiges Gemälde um: eine Stadt ohne Erwachsene, in der die Kinder frei und unbeaufsichtigt auf der Straße spielen konnten. Dank seiner scharfen Beobachtungsgabe und Liebe zum Detail führt uns das Bild die Spiele und das Spielzeug der Kinder des 16. Jh. eindrucksvoll und lebendig vor Augen.

Bruegel, der zur Entstehungszeit des Bildes noch immer ledig war, arbeitete seit 1551 in Antwerpen. Daraus resultiert der unverkennbar flämische Charakter seiner Kinderstadt. Bei den Jungen und Mädchen auf dem Bild handelt es sich eindeutig um Bauern- und Bürgerkinder. Damit stand Pieter Bruegel im Gegensatz zu seinen malenden Zeitgenossen, die Kinder mit blonden Kringellöckchen und goldenen Gewändern als Putten darstellten. Diese Verniedlichungen sind vor allem auf zahlreichen Kunstwerken der italienischen Renaissance zu sehen.

Auf Bruegels Gemälde sind die Straßen sauber, niemand ist in Lumpen gekleidet oder läuft barfuß. Allerdings spiegelt es nicht die Realität wider. Wohltuend hebt es sich jedoch von jenen unzähligen Kunstwerken der italienischen Renaissance ab, die Menschen und ihr Umfeld in Anlehnung an die klassische Antike darstellten.

Für Reiterkampf, Blindekuh, Bockspringen oder Ratespiele können sich selbst unsere Computerkids – zumindest in ihren Kleinkinderjahren – noch begeistern. Auch Kinderspielzeug wie Reifen, Puppen, Murmeln, Stelzen und Kreisel sind nach wie vor beliebt.

Stolperfalle:
Die Kinder setzen sich in zwei Reihen auf den Boden und strampeln mit den Beinen in der Luft. Zwei Kinder müssen sich durch das Beingewirr hindurchlavieren. Wer stolpert hat verloren. Das Spiel erinnert an das im 17. und 18. Jh. übliche Spießrutenlaufen, eine Strafe für militärische Vergehen. Dazu bildeten Soldaten eine Gasse, durch die der Übeltäter laufen musste, während sie mit Ruten auf ihn einschlugen.

Sessel-Wettrennen (oben):
Dazu gehören mindestens zwei Dreiermannschaften. Zwei ältere Kinder bilden mit den Armen einen Sessel, auf dem ein leichteres Kind sitzt. Sie müssen den Sesselhocker durch ein Ziel tragen, ohne dass er im Staub landet. Sieger ist, wer zuerst ankommt.

Ritterspiel mit Steckenpferd, Flöte und Trommel (unten):
In der Phantasie der Kinder könnten sich folgende Szenen abspielen: Der Ritter prescht in den Burghof, ein Mädchen spielt zu seinem Empfang auf der Flöte und schlägt gleichzeitig die Trommel. Das zweite Mädchen rührt den Kuchen und hält einen dicken Apfel zur Erfrischung bereit.

Lämmchenraten:
Ein älteres Mädchen geht auf den Markt, um ein Lamm zu kaufen. Die Mutter des Lämmchens will es aber nicht hergeben und versteckt es unter der Schürze. Nun muss das Mädchen so schnell wie möglich raten, wer das Lämmchen ist. Die anderen Kinder dürfen es dabei in die Irre führen.

Bockspringen (Mitte links):
Ein ewig junges Spiel. Die „Böcke“ stellen sich mit gespreizten Beinen hin, Kopf gesenkt, Hände an den Knien oder Knöcheln abgestützt. Ausscheiden muss derjenige, der einknickt oder nicht über den „Bock“ kommt.

Reiterkampf (unten):
In jeder Mannschaft bilden zwei Jungen das Pferd und einer ist der Reiter. Die beiden Reiter ziehen an einem Gürtel und versuchen, die andere Mannschaft aus einem auf dem Boden markierten Rechteck zu zerren.

Nach dem Baden wickelt eine Mutter ihr Kind – zwei ihrer täglichen Pflichten.

Gemisch aus Wein, Pfeffer, Myrrhe und Osterluzei. Diese für die Mutter äußerst schmerzhafte Geburt gefährdete ihr Leben ebenso wie das des Kindes in höchstem Maß.

Den Vater verbannte man während der Wehen nicht aus dem Zimmer. Im Gegenteil. Falls seine Frau bewusstlos wurde, sollte er, wie ein deutsches Handbuch empfahl, „zu ihr gehen, ihre Hand ergreifen und sie freundlich ermutigen. Das ist für eine Frau in den Wehen eine große Hilfe und die beste Art und Weise, sie aufzumuntern. Denn bald hört sie die Stimme ihres Mannes, fühlt sich von ihm ermutigt, öffnet die Augen und schaut umher."

Starb das Kind im Mutterleib, versuchte man mit magischen Behandlungen, das tote Kind herauszuholen. Man verbrannte unter der Mutter Eselshufe oder -kot bzw. in eine Schlangenhaut gewickelten Tauben- oder Habichtsmist. Half das alles nichts, blieb nur ein chirurgischer Eingriff, der leider allzu oft den Tod der Mutter zur Folge hatte.

Versorgung des Säuglings

Blieb das Kind am Leben, wurde es sorgsam in warmem Wasser gebadet und anschließend warm eingepackt. Um die Haut abzuhärten, rieb man vielerorts den Säugling mit Nussöl ein.

Den nach einigen Tagen abgefallenen Rest der Nabelschnur bewahrte die Mutter als Amulett auf. Man sagte, es könne das Bauchweh des Säuglings lindern.

Manchmal badete man das Baby zwei- oder dreimal täglich, doch „nur, bis sein Körper rosig und warm wird". Danach wurde das Kind fest in Wickeltücher eingeschlagen. Dann setzte man ihm ein eng anliegendes Mützchen auf. In so ein Wickeltuch „verpackt", verbrachte das Baby seine ersten acht oder neun Lebensmonate. Man glaubte, diese Prozedur fördere das Wachstum langer, gerader Gliedmaßen, meist ein vergebliches Bemühen, denn die Kno-

Diana von Poitiers, Geliebte Heinrichs II. von Frankreich, bewunderte man als Elfenbeinschönheit. Im krassen Gegensatz zu ihr stehen die groben Züge der dicklichen Amme, die Dianas Kind stillt.

chenverbiegungen der durch chronischen Vitaminmangel auftretenden Rachitis ließen sich dadurch nicht verhindern.

In allen Gesellschaftsschichten wurden die Säuglinge gestillt. Seit dem 15. Jh. übergaben alle, die es sich leisten konnten, ihre Kinder bis zu 18 Monate lang an Nährammen. Den Vätern kam das gerade recht, da Geschlechtsverkehr mit einer stillenden Mutter als Tabu galt. Dank der Amme konnte eine Ehefrau also schon bald nach der Geburt wieder ihren ehelichen Pflichten nachkommen. Luther empfahl „zweimal in der Woche, 104-mal im Jahr".

Die Gewohnheit, Neugeborene an Ammen abzugeben, stieß jedoch zunehmend auf Kritik. Bei Säuglingen, die in der Obhut von Ammen lebten, lag die Sterblichkeitsrate doppelt so hoch wie bei Kindern, die bei ihrer Mutter aufwuchsen. Häufig führte Nachlässigkeit der Amme zum frühen Tod. Der Vater des italienischen Malers Raphael bestand darauf, dass sein Sohn nur von seiner Mutter gestillt wurde. Moralisten wetterten gegen Frauen, die ihre „Brüste als Zierde betrachten und nicht als von Gott und der Natur gegebenes Mittel zur Erhaltung der Kinder". Das Stillen durch Ammen blieb aber bis weit ins 19. Jh. üblich.

Nach alter Sitte zeigt die Bäuerin ihrer Tochter die ersten Schritte eines ländlichen und volkstümlichen Tanzes (Gemälde von Bruegel).

ZEITZEUGNIS

KLAGEN ÜBER DIE JUGEND VON HEUTE

Lehrer und Geistliche des 16. Jh. betrachteten die charakterliche Erziehung der Kinder als Hauptaufgabe der Eltern. Sie allein hatten die Verantwortung dafür, aus den Kindern nützliche Mitglieder der Gesellschaft zu machen. Kritiker meinten jedoch, die Eltern kämen ihren Pflichten nicht nach:

„Heute findet man nur wenige Eltern, die ihren Kindern gegenüber vom Lernen oder Arbeiten sprechen. Sie lassen sie müßig umherziehen, essen und trinken, auf was sie Lust haben, lässig bekleidet mit ausgefransten Hosen und Jacken. Mangelnde Disziplin führt dazu, dass Kinder fluchen, lügen und stehlen lernen. Die Eltern fördern eine solche Ungezogenheit, indem sie über kleine Kinder lachen, die fluchen oder unflätige Reime nachsprechen. Eltern halten ihre Kinder nicht davon ab, bis Mitternacht aufzubleiben, zu tanzen oder von einem Gasthaus ins andere zu ziehen. Am Sonntag geht keiner mit ihnen in die Kirche und fragt sie dann, was sie aus der Predigt gelernt haben, als stünde dabei gar nichts weiter auf dem Spiel."

Einige Geistliche befanden, die Kinder seien der elterlichen Kontrolle entglitten.

Kindererziehung

Einem Kind, das die ersten Lebensjahre heil überstanden hatte, stand keine so schöne Kindheit bevor – falls die Theorien über Kindererziehung tatsächlich in der Praxis verwirklicht wurden. „Was ist ein Kleinkind“, fragte ein englischer Puritaner, „wenn nicht ein unfertiges Tier in Menschengestalt.“ Und aus diesem „Tier“ galt es gnadenlos einen Musterbürger zu formen. „Sicherlich haben alle Kinder“, schrieb ein anderer Puritaner, „einen Eigensinn und Trotz. Weil diese aus natürlichem Stolz erwachsen, müssen sie als Erstes gebrochen und unterdrückt werden.“ Ein französischer Moralist beschuldigte die Mütter jener Zeit, sie seien so lächerlich liebevoll zu ihren Kindern und umklammerten sie wie Affenmütter, „die ihre Jungen aus glühender Zuneigung so heftig drücken, dass sie ersticken“. Strenge Moralisten sahen darin keinerlei Grundlage für eine vernünftige Erziehung. Justus Menius, ein Lutheraner aus Thüringen, kommentierte:

Im 16. Jh. kleidete man die Kinder aller Gesellschaftsschichten wie kleine Erwachsene. Rechts: eine einfache Familie; unten: Charles Stewart (sechs Jahre) und Henry (17 Jahre), die Söhne des Earls of Lennox.

„So wie man junge Kälber zu kräftigen Kühen aufzieht, aus jungen Fohlen mutige Hengste macht und kleine, zarte Schösslinge zu großen, Früchte tragenden Bäumen heranzieht, so müssen wir unsere Kinder zu intelligenten und mutigen Erwachsenen erziehen, die dem Land und dem Volk dienen und beiden zum Gedeihen verhelfen.“

Härte und Disziplin standen auf der Tagesordnung der Erzieher. Der kleine Ludwig XIII., der 1601 geboren wurde, erhielt regelmäßig Schläge, obwohl er erst ein Jahr alt war. „Unartig, geschlagen (verweigerte das Essen)“, ist im Tagebuch seines Arztes zu lesen. „Als er sich beruhigt hatte, bat er um sein Essen und aß.“ Ein andermal „ging er unter lautem Gebrüll in sein Zimmer und erhielt dafür eine gehörige Tracht Prügel“. In der Schule konnte es noch gewalttätiger zugehen als zu Hause. Peter Carew, der später zum Ritter geschlagen wurde, lief aus der Lateinschule von Exeter im Westen Englands fort. Er drohte, sich von der Stadtmauer zu stürzen, falls der verhasste Schulmeister ihn herunterholen wolle. Der Vater zerrte den Jungen nach Hause und kettete ihn dort in einer Hundehütte an.

Auf Gedeih und Verderb wollte man den Kindern Fügsamkeit einbläuen. Erasmus von Rotterdam, der große humanistische Gelehrte, schrieb eines der einflussreichsten Handbücher dieses Jahrhunderts über das Verhalten von Kindern. An sein Musterkind stellte er hohe Anforderungen: Es sollte „ein freundliches, bescheidenes und ehrliches Aussehen haben". Eine gerunzelte Stirn und eine laufende Nase zeugten von schlechter Kinderstube. Die Nase an Kleidung, Händen oder Armen zu schnäuzen und durch die Nase zu reden, galten als ungebildet. Die Wangen sollten rosig und natürlich geformt sein. Sie aufzublasen oder einzuziehen war ungezogen. Man sollte vermeiden, auf die Lippen zu beißen, sie zu lecken oder die Zunge herauszustrecken. Wer zu laut lachte und sich vor Lachen schüttelte, bewies mangelnde Selbstbeherrschung. Spucken durfte man nur, wenn man allein war und den Speichel mit einem Taschentuch auffing. Die Haare mussten ordentlich gekämmt und die Zähne jeden Morgen geputzt werden. Vulgäre Gesten wie am Kopf kratzen, den Kopf senken und die Brust herausstrecken durfte kein Kind sich angewöhnen.

Gute Tischmanieren standen im Mittelpunkt dieser langen Liste an Benimmregeln. Kinder, die wie Schweine grunzten, das Essen auf dem Teller hin und her schoben, mit vollem Mund sprachen, rülpsten, „einen fahren ließen" oder andere Menschen anstarrten, wurden gehörig bestraft.

Diese kaltherzige Art der Kindererziehung lässt darauf schließen, dass manche Eltern sich offenbar scheuten, eine enge gefühlsmäßige Bindung zu ihren Kindern einzugehen. Dies mag an der hohen Kindersterblichkeit gelegen haben. „Ich habe zwei

ZEITZEUGNIS

SCHÜLER BETREIBEN KONVERSATION

Im Europa des 16. Jh. war Latein die grenzüberschreitende Amtssprache, die für wissenschaftliche, juristische und kirchliche Dokumente verwendet wurde.

Den Schülern trichterte man lateinische Grammatik und Literatur von Kindesbeinen an ein. Das folgende Gespräch zwischen zwei zwölfjährigen Schülern wurde um 1580 von einem Pädagogen im französischsprachigen Genf aufgezeichnet. Es zeigt den starken Einfluss der lateinischen Sprache und Kultur bis in die Familien hinein. Diese Unterhaltung sagt auch viel über die Rangordnung innerhalb eines Haushalts aus.

„Wie alt ist dein Bruder?"

„Fünf Jahre."

„Was, mit fünf Jahren spricht er schon Latein?"

„Warum überrascht dich das? Bei uns zu Hause gibt es schon immer einen Hauslehrer. Er lehrt uns Latein. Wir sagen nie etwas auf Französisch. Nicht einmal mit unserem Vater wagen wir, etwas anderes als Latein zu sprechen."

„Französisch sprecht ihr also gar nicht?"

„Nur mit meiner Mutter, wenn sie uns zu sich ruft."

„Wie haltet ihr es mit der Familie?" (Familie bedeutet hier Verwandte wie auch Dienstboten.)

„Mit der übrigen Familie sprechen wir kaum. Einige Dienstboten sprechen mit uns Latein."

„Und was ist mit den Zimmermädchen?"

„Wenn wir überhaupt mit denen sprechen, reden wir Französisch, wie mit unserer Mutter."

„Welches Glück du hast, dass du so gut unterrichtet wirst!"

Ein Schulmeister unterstreicht die Lektion, die er dem Schüler erteilt, indem er ihm Prügel zumindest androht. „Wer den Stock nicht zu spüren bekommt, wird verwöhnt", lautete eine allgemein anerkannte Regel.

Das Bild von Hans Holbein d. J. (oben) zeigt einen Hauslehrer mit seinen beiden Schülern. Die Fibel (rechts) besteht aus einem Holzbrett und einem Blatt Papier, auf dem das Alphabet und das Vaterunser stehen. Bedeckt ist die Seite mit einer dünnen, durchsichtigen Hornplatte.

oder drei Kinder im Kleinkindesalter verloren", schrieb der französische Gelehrte Montaigne, „nicht ohne Bedauern, doch ohne große Trauer."

Ohne Begräbniszeremoniell wurden im Baskenland in den westlichen Pyrenäen Kinder, die ungetauft starben, einfach an der Schwelle der Haustür oder im Garten begraben. Wie wenig Bedeutung das einzelne Kind hatte, zeigte sich auch darin, dass z. B. in England mehrere Kinder einer Familie den gleichen Vornamen tragen mussten. Oft handelte es sich dabei um einen Namen, der in der Familie eine lange Tradition hatte. So konnte der Name nicht verloren gehen, auch wenn mehrere Kinder starben.

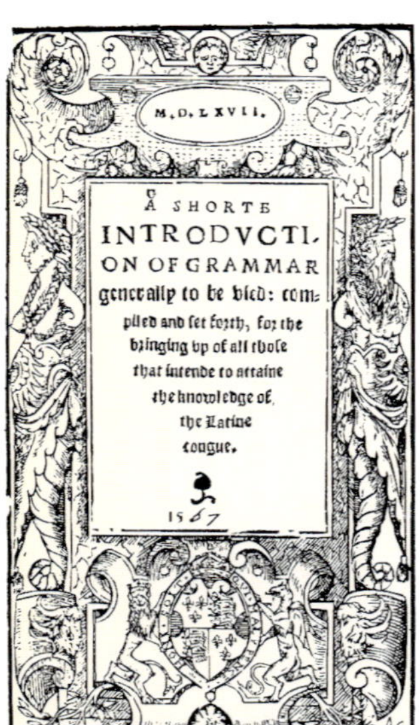

M.D.LXVII.

A SHORTE INTRODVCTION OF GRAMMAR generally to be vsed: compiled and set forth, for the bringing vp of all those that intende to attaine the knowledge of the Latine tongue.

1567

In ganz Europa entstanden im 16. Jh. sorgfältig ausgearbeitete Lehrbücher für Latein, z. B. diese 1567 veröffentlichte Grammatik von William Lily.

Schule und Unterricht

Die Erschütterungen der Reformation in Deutschland gingen am Schulwesen nicht spurlos vorüber. 1524 schrieb Luther: „Ist es nicht ein elender Jammer bisher gewesen, dass ein Knabe hat müssen 20 Jahre und länger studieren, allein dass er so viel Latein hat gelernt, dass er mocht Pfaff und Mess lesen." Zahlreiche Eltern teilten erst einmal diese Meinung – Schulbildung stand nicht hoch im Kurs. Die Kinder der Armen und Bauern erhielten ohnehin keine oder nur eine geringfügige Schulbildung. Schon im Kindesalter setzte man sie als Arbeitskräfte ein.

Nur langsam kam das Schulwesen im Lauf des Jahrhunderts in Schwung. Immerhin erhielten in den Städten zumindest die Jungen der breiten Bevölkerungsschicht eine elementare Schulbildung.

Anders sah es bei den Söhnen und Töchtern des niederen Adels und der Aristokratie aus. Sie hatten, wie schon im Mittelalter, meist Hauslehrer. In der zweiten Hälfte des 16. Jh. begann jedoch auch für sie der Schulbesuch.

Die Kinder erwartete ein langer, eintöniger Schultag. Zehn Stunden, in denen fast ausschließlich Latein und Religion sowie ein wenig Rechnen gepaukt wurden. Geographie, Geschichte oder Deutschunterricht gab es nicht. Der Tag begann um sechs Uhr morgens, bis sieben Uhr wurden den Schülern die Lateinaufgaben abgehört. Der Unterricht ging bis um neun Uhr. Nach einer viertelstündigen Pause kehrten die Kinder bis zwölf auf die Schulbank zurück, dann gingen sie zum Essen nach Hause. Um 13 Uhr fing die Schule wieder an. Der Unterricht endete um 17.30 Uhr. Der Donnerstagnachmittag und der Sonntag waren schulfrei.

HEIM, HAUSHALT UND BEKLEIDUNG

Die Wohlhabenden des 16. Jh. investierten einen großen Teil ihres Vermögens in ihre Häuser. So schmückten sie die Räume mit Kunstgegenständen im französischen und italienischen Stil aus. Die Lebensbedingungen der Armen und ihr Lebensstandard dagegen sanken weit unter das Niveau des späten Mittelalters. Während sich auf der einen Seite Luxus und Reichtum anhäuften, herrschte auf der anderen Armut und Verzweiflung – es sollte noch lange dauern, bis diese soziale Situation sich änderte.

Wie man damals wohnte

Die Häuser des 16. Jh. spiegelten in hohem Maß die Lebensqualität und den sozialen Rang ihrer Bewohner wider. Architektur und Einrichtung bildeten eine Kombination aus traditionell Bewährtem und Neuerungen, die im Zeitalter der Renaissance, Reformation und Gegenreformation entstanden.

Holz bildete das grundlegende Material der europäischen Bau- und Wohnkultur. Eine jahrtausendelange Bewirtschaftung der Wälder ermöglichte eine reibungslose Versorgung mit Holzprodukten aller Art. Dazu gehörten Brennholz, Mobiliar und Haushaltsgegenstände ebenso wie Balken und Bretter für den Hausbau.

Bis auf die Bewohner der trockenen, waldarmen Gebiete des Mittelmeerraums lebten die meisten Europäer des 16. Jh. in Holzhäusern. Selbst in Großstädten wie London oder Paris bestanden ganze Straßenzüge aus Holzbauten. Die Häuser besaßen Holzwände und -fußböden. Die Dächer deckte man mit Holzschindeln. In Deutschland verwendete man zwar bereits seit dem 12. Jh. Backsteine, doch hier wie in den meisten anderen europäischen Ländern konnten sich nur Wohlhabende Dachziegel, Steine und Backsteine leisten. Erst im Verlauf des 16. Jh. fanden diese Baustoffe weitere Verbreitung.

Der Bau von Holzhäusern kostete nicht viel. Zu Beginn des 16. Jh. errechnete man im Elsass, in dem meterhohe Kiefern wuchsen, dass man für ein Haus und eine Scheune jeweils nur fünf große Bäume fällen musste. In ländlichen Gebieten Englands lag der Preis für ein durchschnittlich großes Haus um die Jahrhundertwende bei 6–15 Pfund. Ein Handwerker verdiente in dieser Zeit etwa zwei Pfund im Monat. Mit dem Verdienst von sechs Monaten konnte er also ein gutes Holzhaus erwerben. Allerdings standen hier nicht wie im Elsass große Bäume zur Verfügung. Vielmehr musste man für ein Haus 100–150 kleine Eichen fällen und ent-

KUNTERBUNT

Selbst die verstärkte Verbreitung von Glasfenstern schuf noch keine lichtdurchfluteten Räume. Helligkeit und wohnliche Atmosphäre im Inneren des Hauses suchte man mit Farben zu erreichen. So malte man fast jedes Möbelstück bunt an oder vergoldete es. Selbst in recht bescheidenen Häusern, deren Besitzer sich kunstvolle Bemalungen ihres Mobiliars nicht leisten konnten, sorgte man für bunten Schmuck. Der Hausherr ließ von umherziehenden, preiswerten Wandermalern farbenprächtige Szenen aus der antiken Mythologie auf große, wandfüllende Stoffbehänge zaubern. Erst zum Ende des Jahrhunderts fand man Gefallen an schlicht gewachsten oder polierten Holzmöbeln. Diesen raren Stücken jagen heute leidenschaftliche Sammler und Antiquitätenhändler hinterher.

rinden. Das Bauholz wurde nicht abgelagert, sondern frisch geschlagen und weich, so wie es aus dem Wald kam, verarbeitet. Infolgedessen trocknete es erst im verbauten Zustand und verzog sich, sodass manches Haus mit den Jahren reichlich windschief aussah, was aber niemanden störte. Die Rinde fand Verwendung im Gerbereigewerbe.

Die Bauweise der gängigen Häuser im 16. Jh. besaß eine lange Tradition. Die handwerkliche Technik, die Holzbalken miteinander zu verbinden, blieb über Jahrhunderte fast gleich. Vielerorts wurde das Skelett des Hauses bereits beim Fällen vorgefertigt, indem man das Holz entsprechend zurechtschnitt und aufstellte. Der Zimmermann nummerierte dann die Einzelteile nach einem System, das sich zwischen dem 12. und 19. Jh. kaum änderte.

Bei Eichenholz achteten die Zimmerleute sehr genau darauf, dass das Kernholz – der harte, innere Teil des Baumes – nach außen wies. Witterungseinflüssen konnte es besser widerstehen als das äußere, weichere Splintholz. Dieses wäre in verhältnismäßig kurzer Zeit verrottet.

Nach der Nummerierung wurde das Hausskelett wieder auseinander genommen und auf die Baustelle gebracht. An den Streben und Balken jener Häuser aus dem 16. Jh., die bis heute erhalten geblieben sind, kann man die eingeschnitzten Nummern oft noch deutlich sehen.

Beim Bau der Häuser im 16. Jh. verwendete man vor allem in ländlichen Gebieten Materialien aus der näheren Umgebung. In dem auf diesem Gemälde gezeigten Dorf sind es Stroh, Holz und Stein.

Der Gemüsegarten

Sowohl in der Stadt als auch auf dem Land legte man größten Wert auf einen Gemüsegarten. Die darin gezogenen Gemüse und Kräuter bildeten einen beinahe unentbehrlichen Grundstock für die Ernährung der Familie.

Da ein Garten, die Domäne der Hausfrau, nur bei intensiver Pflege den gewünschten Ertrag abwarf, vermittelten sehr zahlreiche Handbücher das notwendige Fachwissen. Ein 1523 veröffentlichter Leitfaden für die Gartenarbeit gab den Rat: „Anfang März oder ein wenig früher ist es Zeit, dass die Hausfrau ihren Garten in Ordnung bringt und sich möglichst viele gute Sämereien und Kräuter besorgt, vor allem solche, die sich zum Kochen und Essen eignen. Die Beete müssen regelmäßig gejätet werden, denn sonst überwuchert das Unkraut die wertvollen Pflanzen."

Im Frühjahr musste die ganze Familie im Garten mit anpacken (links). Auf einer Planskizze legte man die Beetbepflanzung fest und markierte mit Buchstaben den Fruchtwechsel (unten).

Die Gartenpflege gestaltete sich nicht anders als heute. Die zunächst eng gesetzten Zwiebeln dünnte man aus, sobald sie etwa 30 cm hoch waren; Erbsen zog man an Reisern. Damit Rettiche und Rüben dicker wurden, entfernte man nach einigen Wochen des Wachstums ein paar Blätter. Den ertragsteigernden Fruchtwechsel planten die Frauen sorgfältig auf dem Papier (siehe Skizze unten). Das bedeutet, sie legten fest, in welcher Folge die wechselnde Bepflanzung der Beete stattfinden sollte. Damit wandten sie das jahrhundertealte Wissen an, dass man nicht jedes Jahr auf dasselbe Beet die gleiche Gemüsesorte setzen darf.

Der Winter mit seinen kalten, kurzen Tagen und der im Haus herrschenden Dunkelheit verdammte die ländliche Bevölkerung weitgehend zur Untätigkeit. Zwar wurde geschlachtet, Brennholz gehackt und aufgeschichtet, trotzdem gab es sehr viel weniger zu tun als im Frühjahr oder Sommer.

Das Holz abgerissener Häuser fand für Neubauten oftmals mehrfach Wiederverwendung. Dies lässt sich an nebeneinander stehenden Zahlengruppen erkennen. Baupläne, wie wir sie kennen, waren damals nicht üblich. Das Nummerierungssystem bildete nicht nur die fachliche Grundlage der Zimmerleute, sondern fungierte zugleich als eine Art Lehrbuch. Jeder angehende Zimmermann konnte daran ablesen, wie sein Vorgänger gebaut hatte, und musste es nur noch nachmachen.

Bei den Behausungen der Armen handelte es sich um erbärmliche Hütten. Oft bestanden sie nur aus einem Raum, in dem die gesamte Familie lebte. Ein Steuereintreiber aus Paris, der im Elsass Geld eintreiben musste, schrieb: „Es ist fast unmöglich, sich in dem einzigen vorhandenen Raum aufzuhalten, denn sie schlafen, essen darin, trocknen dort ihre Wäsche und lagern ihr Obst, was einen abscheulichen Gestank verursacht.“ In Venedig vegetierten die Armen auf leckgeschlagenen Booten, die am Kai ankerten.

Der Herd – häuslicher Mittelpunkt

Der Herd bestand aus einer gekachelten oder aus Stein gemauerten Feuerstelle im Fußboden. Die Hütten der Armen besaßen keinen Kamin. Der Rauch zog durch das mit Stroh gedeckte Dach ab. An den Dachsparren hingen Schinken oder Speckseiten, die langsam in dem abziehenden Rauch geräuchert wurden. Das Herdfeuer durfte nicht ausgehen, da das Feueranzünden sich umständlich und schwierig gestaltete. Die Glut glomm den ganzen Tag über. Am Abend scharrte man sie zusammen und bedeckte sie mit einem irdenen Deckel, um das Feuer auf Sparflamme zu halten. Wenn das Feuer versehentlich erlosch, musste es in der Regel mit der Herdglut eines Nachbarn wieder in Gang gebracht werden – eine äußerst gefährliche

Der kunstvoll gestaltete Kamin diente nicht nur zum Beheizen des Raums, sondern stellte auch ein Statussymbol dar.

Angelegenheit. Immer wieder passierte es, dass beim Transport der Glut Funken in das Strohdach stoben und das Haus niederbrannte.

Berechnungen zufolge verbrauchte ein Haushalt des 16. Jh. im Durchschnitt etwa 1,5 t Brennholz im Jahr, eine beträchtliche Ausgabe, die sich nicht alle Menschen leisten konnten.

Die ärmlichen Hütten besaßen nur winzige Öffnungen, in die leichte Holzgitter oder geöltes Gewebe eingesetzt wurden. So verhinderte man das Eindringen von Kälte und Wind. Diese Luken ließen allerdings auch kaum Licht ins Innere. Größere Fenster jedoch hätten zu viel Heizmaterial erfordert. Die damals ungeheuer kostspieligen Glasfenster blieben den sehr Reichen vorbehalten.

Als um 1580 im Norden Europas die ersten Bürgerhäuser mit verglasten Fenstern versehen wurden, betrachtete man diese nicht als Bestandteil der Hauskonstruktion, sondern als besonders teure Einrichtungsgegenstände. Man führte sie im Testament sogar separat auf, als mobile, nicht zum Haus gehörige Erbstücke.

Die Armen besaßen fast keine Einrichtungsgegenstände. Im Osten Frankreichs, z.B. in Burgund, schliefen die Bauern auf Stroh, das auf dem blanken Boden lag. Als Trennwand zum Vieh, das im selben Raum hauste, diente lediglich ein niedriger Wandschirm. Bettgestelle oder sonstiges Mobiliar gab es nicht. Ein Steuereinnehmer im englischen Warwickshire fand in einem Haus außer der morschen, windschiefen Haustür nichts, was er als Steuerzahlung hätte mitnehmen können.

In diesen armseligen Behausungen machte es gewiss keine Freude, Kinder aufzuziehen. In der Armut wie im Platzmangel ist wohl auch der Grund zu suchen, warum viele Eltern ihre erst halbwüchsigen Kinder als Dienstboten in Häuser der wirtschaftlich besser gestellten Familien schickten.

Für Menschen, die über mehr oder weniger Vermögen verfügten, bot das 16. Jh. in mancherlei Hinsicht viele Annehmlichkeiten. Der Lebensstandard der Armen sank allgemein drastisch, und ihre Löhne blieben unverändert. Das Einkommen der Grundbesitzer sowie das der Handel treibenden Oberschicht dagegen erhöhte sich merklich. Die Welle des Wohlstands erreichte sogar die Bauern.

Die Häuser der Arbeiter und Grundbesitzlosen verwahrlosten, während die Bessergestellten einen Großteil ihres neuen Reichtums in Hausbauten investierten. Ein Bauboom setzte ein, wie es ihn seit dem 14. Jh., vor dem Wüten der Pest in Europa, nicht mehr gegeben hatte.

Ein teurer Einkaufsbummel

Im Winter 1591 richtete Elisabeth Gräfin Shrewsbury ihr neues Haus in Hardwick im englischen Derbyshire ein. Innerhalb weniger Wochen gab sie fast 800 Pfund für Einrichtungs- sowie Haushaltsgegenstände aus. Das entsprach 35 Jahreslöhnen eines Zimmermanns.

Zu den vielen Gegenständen, welche die Gräfin erwarb, gehörten prunkvolle vergoldete Kerzenhalter, Salzfässer (darunter ein Doppelfass), Deckelkannen, einfache Töpfe und Schüsseln für das Gesinde, kostbare Silberschüsseln mit und ohne Deckel, Silberteller, einige wertvolle Pokale, mehrere Zuckerdosen, eine bauchige Flasche, drei Spritzfläschchen, ein Parfümtiegel, eine Menage, eine Waschschüssel mit Wasserkrug, eine große Porridgeschüssel (eine flache Schüssel mit Griff), einige große, verzierte Trinkschalen, drei Dutzend Goldringe, 42 m Samt, 36 m Satin, 45 m Damast, 68 m Leinen als Futterstoff, Silbergarn und 450 g Atlasseide für ihre Tochter. Außerdem wurde für die Gräfin eine Sänfte angefertigt mit gelbbraunen Seidensamtvorhängen, Schleifen aus edlem Taft, breiten Goldfransen und kleinen Fransen aus weicher, gelbbrauner Seide. Dazu kamen 17 luxuriöse Gobelins, die allein stolze 326 Pfund kosteten.

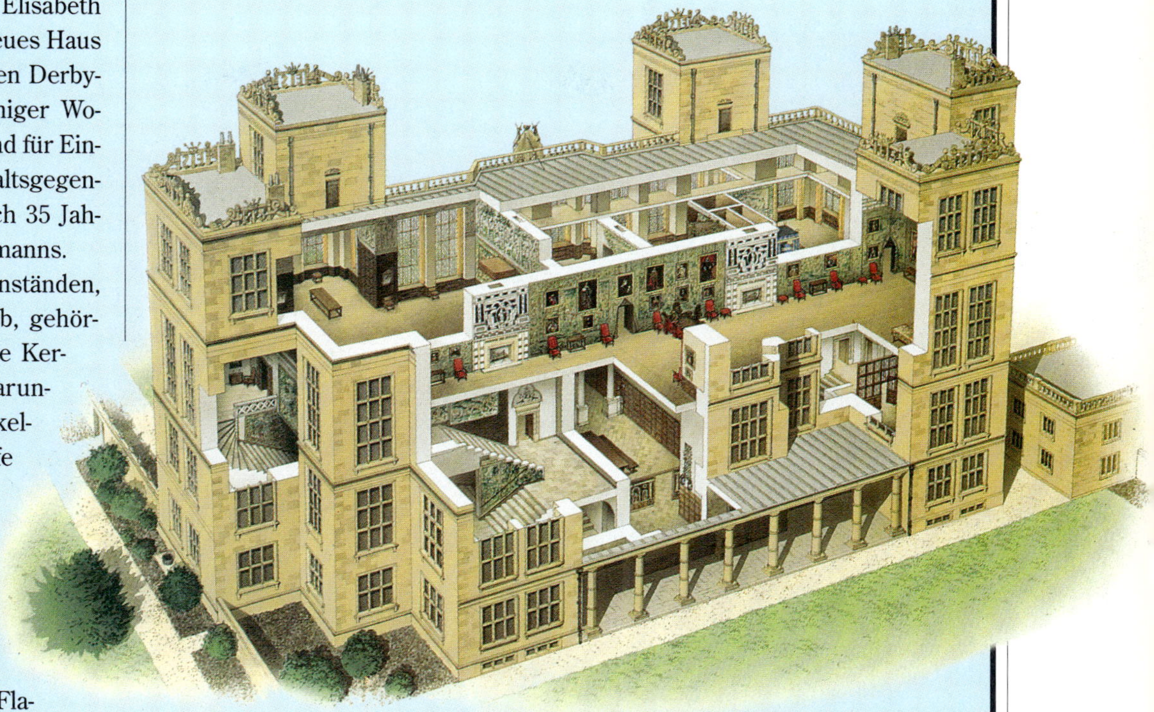

Oben: Hardwick Hall in Nordengland mit seinem riesigen Bleidach und den vielen Fenstern diente als prestigeträchtiges Jagdhaus.
Unten: Elisabeth von Shrewsbury, die das Haus erbauen ließ, war eine geschäftstüchtige Frau, die ein großes Vermögen zusammenraffte. Sie gab aber auch reichlich Geld für wohltätige Zwecke aus. Man sagte ihr nach, sie drangsaliere jeden Menschen, sei eine Klatschbase und Tyrannin.

Der stattliche offene Kamin des grünen Samtzimmers in Hardwick Hall ist mit seinen geometrischen Formen ein typisches Beispiel für Renaissancedekors im Norden Europas.

In der von dem Italiener Andrea Palladio (1508–1580) erbauten Villa Barbaro malte Paolo Veronese die Räume mit Szenerien aus, in denen die Familie Barbaro mit ihren Dienstboten und Schoßhunden auftritt.

Selbst aus den kleineren Bauernhäusern verbannte man das Vieh in eigens dafür errichtete Ställe. Teure Glasfenster mit dicken, warmen Vorhängen zählten nun fast schon zur Standardausstattung eines Hauses. Offene Kamine, die man seit dem frühen Mittelalter nur in Häusern sehr reicher Leute antreffen konnte, wurden etwas Alltägliches. Oft baute man sie nachträglich in ältere Gebäude ein. Man installierte sie nicht nur – wie bisher üblich – im Erdgeschoss, sondern auch in den Räumen der Obergeschosse. In Deutschland wurden holzbefeuerte Öfen in eine Zwischenwand gesetzt, sodass sie zwei Räume gleichzeitig beheizten. Außerdem sorgten Holztäfelungen an den Wänden für ein isolierendes Luftpolster und eine behagliche Atmosphäre.

Die durch Beheizung zusätzlich nutzbaren Zimmer im Obergeschoss boten weiteren Wohnraum. Dieses vergrößerte Platzangebot kam der neu aufkommenden Sehnsucht nach einer Individualsphäre sehr entgegen.

Ende des Jahrhunderts ersetzte man auch in ärmeren Häusern die aufgebockten Tische und Bänke durch Möbel, die mit Scharnieren miteinander verbunden waren.

Inneneinrichtung

Die Häuser der Bauernfamilien wiesen eine recht sparsame Möblierung auf. Um 1570 besaß ein Bauer in England „neben schönem Zinnzierrat auf seinem Wandbord drei oder vier Federbetten, ebenso viele Bettdecken und Wandteppiche,

Gebrauchsmöbel wie dieses englische Bett (rechts) oder den venezianischen Stuhl (unten) versah man mit aufwendigen Schnitzereien. Nur die Anlehn- und Liege- sowie die Sitzfläche blieben frei.

ein silbernes Salzfass, ein Dutzend Löffel und einen prächtigen Weinpokal" und – um die ganze Einrichtung noch zu verfeinern – vielleicht sogar „einen venezianischen Gobelin und drei Seidenkissen". Auf den heutigen Betrachter hätte die Einrichtung nicht besonders üppig gewirkt. Im Hauptraum beziehungsweise in der Diele, wo sich ein Herdfeuer, eventuell auch ein offener Kamin befand, stand ein großer Tisch. Um mit wenigen Handgriffen Platz schaffen zu können, baute man in kleineren Häusern den Tisch aus Böcken und einer lose aufliegenden Platte. Becher und andere Gefäße brachte man auf einem Wandbord unter. Der Schranktyp mit verschließbaren Türen entwickelte sich erst zum Ende des Jahrhunderts.

Betten, die früher meist in dem einzig beheizbaren Raum im Erdgeschoss standen, verfrachtete man nun in die Zimmer des Obergeschosses. Die neuen Schlafstätten garantierten jedoch noch lange keine Privatsphäre, denn in sehr vielen Schlafzimmern befanden sich mehrere Betten. Wer es sich leisten konnte, stattete sein Bett komfortabel mit dicken Daunendecken, Kopfkissen sowie Leinentüchern aus. Das zugleich kunstvoll und solide gearbeitete Bett mit seinen Vorhängen als Schutz vor Zugluft bot am Ende des Jahrhunderts eine Bequemlichkeit, auf die viele städtische und ländliche Familien in Europa nicht mehr verzichten wollten.

Zur modischen Ausstattung eines Hauses im 16. Jh. zählten Fenstervorhänge und Wandbehänge aus kräftig rot und gelb gestreiften Stoffen. Großer Beliebtheit erfreuten sich Friese aus sich wiederholenden geometrischen Mustern, die mit einer Schablone unter den Deckenbalken aufgemalt wurden. Einige Räume bekamen einen Anstrich in leuchtenden Farben. Am Ende des Jahrhunderts tauchten die ersten Tapeten auf, kleine rechteckige, rund einen halben Meter breite Papierbögen mit geometrischen Mustern.

Die Tapete an der Wand dieses Raums, in dem ein Bankett stattfindet, ist mit einem Muster versehen, das sich in ganz Europa großer Beliebtheit erfreute.

Dieses Gemälde zeigt den Bau eines Gebäudes, das nach einem Vorbild der klassischen Antike gestaltet wird.

Eine architektonische Revolution

Während in den Häusern des niederen Adels und der reich gewordenen Bauern neue Bequemlichkeiten Einzug hielten, erlebten die Bauten der Oberschicht eine gewaltige, geradezu revolutionäre Veränderung. Etwas so Beeindruckendes wie die Landhäuser des 16. Jh. hatte es seit der Blütezeit des Römischen Reichs nicht mehr gegeben.

Der fundamentale Wandel begann in Italien, wo schon im ausgehenden 15. Jh. pompöse Landsitze im florentinischen Umland gebaut wurden. Die strengen Planungsvorschriften, die das Bauen in italienischen Städten regelten, galten auf dem Land nicht. Die reichen Städter konnten also dort nach Lust und Laune bauen. Angeregt von den Idealen der Renaissance, die sich an der klassischen Antike

ZEITZEUGNIS

Ein Antrag wird genehmigt

Girolamo Chiericati, ein bedeutender Bürger der Stadt Vicenza, beantragte im März 1551 eine Planungsgenehmigung für seinen geplanten Stadtpalast wie folgt:

„Erfahrene Baumeister und geachtete Bürger haben mir geraten, die Fassade meines Hauses auf der Isola mit einem Portikus zu versehen, was für mich bequemer ist und eine Zierde für die ganze Stadt. Diesen Punkt habe ich sorgfältig überlegt, denn die Kosten sind beträchtlich höher als ohne Portikus; doch wegen der größeren Bequemlichkeit und der größeren Zierde für mich wie auch für die Öffentlichkeit wäre es mir eine besondere Freude und Belohnung, wenn mir die Genehmigung dazu durch den Beschluss der großartigen Stadt erteilt würde."

Der Antrag wurde genehmigt. Der Baumeister Palladio erbaute den Palast mit Portikus nach den Wünschen seines Auftraggebers.

Teil der Fassade des Palazzo Chiericati mit einem Teil des Säulenganges, dem Portikus, für den der Erbauer die oben angeführte Sondergenehmigung beantragen musste.

Juwel am Ufer der Indre

Das Schloss von Azay-le-Rideau am Ufer des Flusses Indre im Loiretal vereinigt zahlreiche baugeschichtliche Elemente des 16. Jh.

1518 begann Gilles Berthelot, bürgerlicher Schatzmeister des französischen Königs Franz I., zusammen mit seiner Frau Philippe mit dem Bau eines kleinen Palastes. Das Baugrundstück lag auf dem Gelände eines zerstörten mittelalterlichen Schlosses.

1527 wurde das Bauwerk, das sich noch heute dort erhebt, fertig gestellt. Im selben Jahr wurde Berthelot in einen gewaltigen Korruptionsskandal am königlichen Hof verwickelt, der ihn zwang, ins Exil zu gehen, wo er starb.

Der König beschlagnahmte das Schloss, das sein untreuer, ehemaliger Schatzmeister mit dem königlichen Wappen, dem Salamander, und dem Wahlspruch des Königs *Nutrisco et extinguo* (ich nähre und ich zerstöre) hatte schmücken lassen. Ein Motto, das den überheblichen, egoistischen Machtanspruch der Herrscher der Renaissance eindrucksvoll widerspiegelt.

Der Baustil des Schlosses ist zwischen Mittelalter und Neuzeit angesiedelt. Die inzwischen entwickelte Waffentechnik machte die Burg als strategisches Mittel der Kriegführung überflüssig. Die Türme, Burggräben und Wehrgänge galten jedoch nach wie vor als mächtige Symbole für Status und Adel. Für den Emporkömmling Berthelot gab es nichts Wichtigeres, als solche für jeden sichtbaren Signale zu setzen. In Azay-le-Rideau sind sie bis heute zu sehen – als pure Dekoration. Die Türme sind Türmchen, der Schlossgraben zeigt sich als romantische Kulisse und der einstmals trutzige Wehrgang ist eigentlich nur eine Art Sims.

Zu dem schönen Äußeren wollen die kargen Innenräume nicht so recht passen. Und mit den großen offenen Kaminen ließen sich wohl kaum die riesigen, quadratischen Räume, die ohne Korridor ineinander übergingen, heizen. In solchen Häusern legte man mehr Wert auf Repräsentation als auf Bequemlichkeit. Auf französischen Banketten der damaligen Zeit mussten sich die Speisenden im Winter mit Pelzen gegen die Kälte schützen und der Wein gefror in den Gläsern.

Das wie ein Abbild aus einem spätmittelalterlichen Stundenbuch wirkende Schloss von Azay sollte die Macht seines Besitzers demonstrieren.

orientierten, ließen sie Villen errichten, die das Bild eines traditionellen italienischen Stadtpalastes sozusagen umkehrten. In der Stadt wandten die Häuser ihre schmucklose Fassade der Straße zu. Der Innenhof dagegen, der Mittelpunkt des häuslichen Lebens, besaß eine phantasievolle Architektur. Die Fronten der neuen Landhäuser öffneten sich optisch nach außen und ermöglichten den Bewohnern einen ungehinderten Ausblick auf die Landschaft.

Die Entwürfe des hoch geschätzten italienischen Baumeisters Andrea Palladio folgten dem klassischen römischen Stil, der auf streng geometrischen Proportionen und einem Minimum an Details beruhte. Doch die klare Linie, die Palladio in die italienische Architektur einführte, gelangte erst ein Jahrhundert später in die Gebiete nördlich der Alpen. Dennoch verwandelte auch dort zunehmender Reichtum der Eigentümer großer Landgüter viele schlichte Landsitze in England und Frankreich in prunkvolle Residenzen. Sowohl die Schlösser an der Loire als auch die Herrenhäuser in England zeigen eine optische Öffnung nach außen.

Bei der Gestaltung stand die vergnügliche Zerstreuung der Bewohner und Gäste im Vordergrund. Eine Beschreibung des neuen Schlosses, das der Earl of Leicester 1575 in Kenilworth errichtete, vermittelt, was diese neuen Glitzerpaläste so reizvoll machte: „… jedes Gemach geräumig und hell erleuchtet und mit hoher Decke; außen gut proportioniert und angenehm anzusehen. Tagsüber sieht man auf allen Seiten das Glas funkeln, nachts schimmern hell die Kerzen, Feuer und Fackeln …“

Haushaltsroutine

Eine Mischung aus Pedanterie und Hygienemangel kennzeichnete den Haushalt des 16. Jh.

Zahllose Vorschriften reglementierten die im Haus lebenden Menschen auf Schritt und Tritt.

Im Gegensatz zur peniblen Ordnung nahm man es mit der persönlichen Körperpflege nicht so genau.

Unter dem Begriff Haushalt verstand man im 16. Jh. nicht nur die Familie, sondern häufig auch die im Haus lebenden Dienstboten. Von ihnen allen wurden tagtäglich bei der Erfüllung ihrer häuslichen Arbeiten Pünktlichkeit und Disziplin gefordert. Große Haushalte hatten ihre eigenen – oft schriftlich festgehaltenen – „Gesetze" samt entsprechenden Strafmaßnahmen. Das Reglement eines englischen Haushalts z. B. brächte uns heute auf die Barrikaden. Im Sommer mussten die Männer um 22 Uhr ins Bett und morgens um 6 Uhr aufstehen. Von September bis März schrieb der Stundenplan für das Schlafengehen 21 Uhr und für das Aufstehen 7 Uhr vor. Das Fleisch hatte pünktlich zum Mittag- oder Abendessen fertig zu sein. Falls die Mahlzeiten nicht rechtzeitig auf dem Tisch standen, zahlte der Koch eine Strafe von 6 Pennys, also etwa einen halben Tageslohn. Jeder männliche Dienstbote, den man bei einer Liebelei mit einer Magd ertappte, erhielt ebenfalls eine Geldstrafe von 6 Pennys. Fluchen kostete allgemein 1 Penny. Doch wenn man einem Kind „gottlose Reden oder unzüchtige Wörter" beibrachte, betrug die Geldbuße 4 Pennys. Der venezianische Baumeister Andrea Palladio schrieb: „Ein Haus ist nichts anderes als eine Stadt im Kleinen." Im Haus wie in der Stadt sahen sich die Menschen mit einer Fülle von Vorschriften konfrontiert, die ihr tägliches Leben rund um die Uhr reglementierte.

Jede Person im Haushalt musste die ihr zugewiesene Aufgabe zuverlässig erfüllen. Wie in diesem italienischen Haus übernahmen auch die Kinder kleine Pflichten. Hier hilft der Enkel seinem Großvater, das Kohlenbecken zu schüren.

Arme, kinderreiche Familien, die in einer solch verwahrlosten Umgebung lebten, dürften in ganz Europa kein ungewöhnlicher Anblick gewesen sein.

Der Tagesablauf

Bei Tagesanbruch regte sich das erste Leben im Haus. Die Bettvorhänge wurden zurückgezogen und die Holzläden geöffnet. Noch vom Bett aus – zwischen groben Leintüchern auf einer meist mit Wolle oder Federn gestopften Matratze liegend – wünschten der Hausherr und die Hausherrin den im Raum befindlichen Menschen einen guten Morgen. Merkwürdig fand das niemand, denn eine Intimsphäre, wie wir sie heute verstehen, kannte man noch nicht. In seinem Tagebuch schreibt Gilles de Gouberville, Gutsherr in Mesnil au Val in der Normandie, dass seine Pächter oder Nachbarn sich „mit den ersten Sonnenstrahlen", „vor meinem Erwachen" oder „bevor ich aufstand" in seinem Schlafgemach eingefunden hatten und auf seine Anweisungen warteten.

In der Küche oder der Halle bzw. Diele schürte man frühmorgens das Feuer, an dem die Dienstboten ein frisches Hemd für den Hausherrn wärmten. In Deutschland lag die Feuerstelle oft erhöht auf einem Podest, das aus Steinen so hoch gemauert war, dass man beim Kochen bequem davor stehen konnte. In anderen Gegenden des Kontinents saß der Koch auf einem niedrigen Hocker vor dem Herd. Rings um die Feuerstelle lagen griffbereit Küchengerätschaften wie häufig benutzte Töpfe, Bratrost, Schürhaken, Röstgabel und Bratspieße. Andere Töpfe, Kasserollen und Bratpfannen standen auf besonderen Gestellen. Fleisch wurde auf einer Anrichte aus massivem Holz zugeschnitten oder vorbereitet. Große Häuser besaßen neben einer aufwendig eingerichteten Küche häufig ein Brauhaus, eine Milchküche und mehrere Vorratskammern, die man mit eigenen zweckmäßigen Gerätschaften ausstattete.

Wasser und Reinlichkeit

Die Qualität des Trinkwassers brachte immer wieder Probleme mit sich. Verunreinigtes Wasser verursachte zahlreiche Krankheiten. Städte und Pfarrgemeinden erließen deshalb Jahr für Jahr strenge Bestimmungen zur Reinhaltung des Wassers. Wer beispielsweise Kleidungsstücke in Trinkwasser wusch oder geschlachtete Tiere darin säuberte, musste eine empfindliche Geldstrafe zahlen.

In vielen Städten gab es Wasserträger, die gegen eine kleine Gebühr Wasser in großen Behältern an die Haustür brachten. Gegen Ende des Jahrhunderts verfügte man in einigen Häusern im Osten Londons bereits über Wasserleitungen.

Wer Wasser weder geliefert noch über Rohre ins Haus geleitet bekam, musste auf Regenwasser zurückgreifen, das in Fässern aufgefangen wurde. Mit Brunnenwasser ging man vor allem in den Städten ein hohes gesundheitliches Risiko ein.

Im 16. Jh. verwendete man Wasser in erster Linie zum Trinken und Kochen. Zur Körperreinigung verbrauchte man nur wenig. Die im späten Mittelalter beliebten Gemeinschaftsbäder oder Schwitzstu-

Küchenszene: Die Kochtöpfe hängen über dem Herd, auf dem Tisch werden mit Mörser und Stößel Gewürze vorbereitet, ein Kind reinigt Töpfe.

In Städten, die nur wenige oder gar keine Wasserleitungen besaßen, übernahm der Wasserträger für die Haushalte eine lebenswichtige Aufgabe.

ben gerieten im 16. Jh. in Verruf. Viele hatten sich zu bordellartigen Badestuben entwickelt, in denen Körperlichkeit ziemlich ungeniert zur Schau gestellt wurde. Dies ließ sich weder mit der puritanischen Gesinnung der Engländer noch mit dem langsam aufkeimenden Gefühl für Intimsphäre auf dem Festland vereinen.

Der Drang nach körperlicher Reinlichkeit schien nicht sehr ausgeprägt zu sein. Seife wird in den Aufstellungen, die beim Tod eines Haushaltsvorstandes gemacht wurden (vor allem bei den Armen), nie erwähnt. Wenn es überhaupt Seife gab, stellte man in Nordeuropa eine nicht so gut duftende Seife aus Holzasche und Tierfett her, im Süden mischte man unter die Holzasche das besser riechende Olivenöl. Die Seife aus dem Süden wurde in kleinen Mengen für die Reichen des Nordens importiert, die sie bei gelegentlichen Bädern in einem Holzzuber benutzten. Man kannte Seife zwar in verschiedenen Formen, doch einem englischen Herrn vom Land unterlief ein lustiger Irrtum. Er schickte ein Fässchen Kaviar, das man ihm als Geschenk zugesandt hatte, zurück und teilte dem Spender leicht pikiert mit: „Die schwarze Seife, die Ihr uns geschickt habt, macht uns nicht sauber."

Für Reiche und Arme bestand die Körperpflege vorwiegend aus trockenem Abreiben mit Serviette oder Handtuch. Die Unwirksamkeit dieser Methode erklärt vielleicht die große Vorliebe, zumindest der Reichen, für Duftstoffe und Wohlgerüche.

Die Zähne rieb man mit einem in so genannter Zahnseife getränkten Leinenlappen ab. Diese Zahnseife bestand aus mit Honigessig gekochtem Weißwein. Zahnbelag wurde vom Barbier mit Scheidewasser beseitigt. Wenn er nicht die richtige Mischung benutzte, konnte diese gefährliche Mixtur auf Salpetersäurebasis die Zähne stark schädigen. Zum Ende des Jahrhunderts tauchten dann die ersten falschen Zähne aus Holz auf.

Aus unserer heutigen Sicht haarsträubende Verhältnisse herrschten bei den sanitären Einrichtungen. Ihre Notdurft verrichteten die Menschen über Kloakengruben, die man im Garten oder auch im Haus aushob. Über die Aborte legte man Bretter mit einem kleinen Loch darin. Diese Sitze wurden mit der Zeit so morsch, dass mitunter ein Benutzer einbrach und in den Fäkalien ertrank. Volle Gruben wurden geleert oder zugeschüttet. Sowohl in London als auch in Paris luden berufsmäßige „Kotkärrner" die menschlichen Fäkalien aus diesen Aborten auf Lastkähne, brachten sie auf der

Wenn man kein Wasser ins Haus holen konnte, musste man das schmutzige Geschirr ans Wasser bringen. Ein Stück flussaufwärts von den Tellerwäschern entfernt schöpft eine Frau Wasser.

A godly father sitting on a draught,
To do as neede, and nature hath us taught;
Mumbled (as was his maner) certen prayr's,
And unto him the Devil straight repayr's:
And boldly to revile him he begins,
Alledging that such prayr's are deadly sins;
And that it shewd, he was devoyd of grace,
To speake to God, from so unmeete a place.
The reverent man, though at the first dismaid;
Yet strong in faith, to Satan thus he said.
Thou damned spirit, wicked, false & lying,
Dispairing thine own good, & ours envying:
Ech take his due, and me thou canst not hurt,
To God my pray'r I meant, to thee the durt.
Pure prayr ascends to him that high doth sit,
Down fals the filth,[58] for fiends of hel more fit.

Seiner Zeit voraus: ein WC

Schon um 1580 konnten Wohlhabende das von dem Engländer Sir John Harington erfundene Wasserklosett benutzen. Dem feinsinnigen, kultivierten Harington nahm der unerträgliche Gestank, der auch in den prachtvollsten Häusern herrschte, fast den Atem. Im Privatkabinett der englischen Königin mochten die Toilettenstühle (Nachttöpfe in Kisten) zwar mit Atlasseide und Samt überzogen sein, sie verbreiteten dennoch nach Gebrauch einen bestialischen Gestank. Als Sir Harington sich in einem Buch darüber spöttisch ausließ, verbannte man ihn vom Hof.

Sir John Haringtons spaßhafte Verse beschreiben, dass es keine Sünde sei, auf dem Abort zu beten. Schließlich würden die Gebete zum Himmel emporsteigen und der Kot auf den Satan fallen.

Seine praktische Erfindung wies alle Merkmale eines Wasserklosetts auf: Wasserbehälter, Toilettenschüssel mit Sitz, Abflussrinne und Abwasserbehälter. Als Toilettenpapier empfahl Harington eine oder zwei Buchseiten aus den langen, langweiligen Chroniken.

Harington eilte seiner Zeit weit voraus. Seine einfallsreiche Erfindung setzte sich nicht allgemein durch, obwohl die englische Königin Elisabeth I. ein Wasserklosett nach dem Prinzip Haringtons im Richmond Palace installieren ließ. Für diese visionäre Erfindung reichte die Wasserversorgung in den meisten Häusern nicht aus. Selbst das förmlich im Wasser gebaute Venedig konnte das System nicht übernehmen. Die Stadt litt im Hochsommer an Wasserknappheit, weil die Lagune austrocknete.

Themse bzw. Seine flussaufwärts, um sie dort in Gemüsegärten zu verteilen. Auf dem Land dienten häufig zwischen den Grundstücken gezogene Gräben als offene, unzureichende Kanalisation.

Bei aller mangelhaften Körperpflege legte man auf Wohlgerüche durchaus großen Wert. In vielen Häusern stellte man duftende Blumen in jedes Zimmer. In England bezahlte man einem Mann 10 Pfund im Jahr, nur damit er den Versammlungsraum des Kronrats fegte und mit Blumen schmückte. Im Winter streuten die Menschen in ganz Europa Stroh und im Sommer Blumen und Kräuter auf ihre Fußböden. Eine Sitte, die sich lange hielt: Noch 1613 empfahl ein französischer Arzt, den Fußboden mit „Rosmarin, Minze, Oregano, Majoran, Lavendel, Salbei und ähnlichen Kräutern“ zu bestreuen. Wurden diese zertreten, erfüllte ihr Duft das ganze Haus.

Die Infantin Isabel, Tochter Philipps II. von Spanien, besaß einen kleinen Affen als Schoßtier.

Tierische Hausbewohner

In den ärmeren Gebieten Europas lebten die Bauern mit ihrem Vieh unter einem Dach. In den Städten zogen Geflügelhalter Suppenhühner in den Dachkammern ihrer Häuser; Metzger hielten Hunderte von Schweinen in ihren Hinterhöfen. Katzen galten nach wie vor als Nutztiere, die man nicht fütterte, damit sie mehr Mäuse fingen.

Nachdem die Europäer des Mittelalters den Hund zumeist als schmutzigen Köter betrachtet hatten, begann er nun seine neuzeitliche Laufbahn als Freund und Begleiter. Den Hunden ging es gut, am französischen Hof schliefen sie sogar im Bett ihres Frauchens. Bei Tisch saßen sie auf deren Schoß und erhielten die köstlichsten Bissen. Hunde begleiteten ihre Besitzer sogar in die Kirche, sehr zum Ärger der Kirchenoberen.

Kleidung und Kosmetik

Zu Beginn des 16. Jh. besaß kein europäisches Land eine Vormachtstellung in der Mode. Der Adel wie auch das aufsteigende Bürgertum schmückten sich mit phantasievollen Modeschöpfungen. Dann aber übernahm Spanien mit seinen unbequemen Kleidungsstücken das Modediktat.

Prunksucht und Eitelkeit trieben im Europa des beginnenden 16. Jh. die skurrilsten Modeblüten hervor. Was nicht verwundert. Die Kleidung diente nun nicht mehr nur dem Adel zur Selbstdarstellung, sondern auch dem aufstrebenden Bürgertum. Während Bauern, kleine Gewerbetreibende und Besitzlose sich weiterhin mit schlichter, ja langweiliger Bekleidung begnügen mussten, boomte der Handel mit immens teuren Stoffen für die Ausstaffierung der Reichen. Diese stellten mit ihren modischen Gewändern ihren gesellschaftlichen Rang zur Schau.

Dem „Mode- und Prunksuchtsteufel" setzte man Kleiderordnungen oder so genannte Aufwandsgesetze entgegen. Sie sollten die standesgemäße Form der Kleidung bestimmen und für die Aufrechterhaltung der gesellschaftlichen Hierarchie sorgen. Der Augsburger Reichstag verabschiedete 1530 eine detaillierte Regelung zur Standeskleidung, um den ausufernden Modeerscheinungen rigoros Einhalt zu gebieten.

Die Engländer allerdings eilten den Deutschen voraus. Das englische Parlament erließ bereits 1510 eine umfassende Kleiderordnung für alle Gesellschaftsschichten – vom Hochadel bis zu den Dienstboten. So durften Herzöge golddurchwirkte Stoffe tragen, ein Baron musste mit gold- und silberbestickten Stoffen vorlieb nehmen. Niederem Adel erlaubte man nur samtene Gewänder. Herren, deren Einkommen über 100 Pfund im Jahr betrug, wurde lediglich das Tragen von Samtwämsern gestattet, für ihre Gewänder und Mäntel schrieb man Atlasseide oder Damast vor. Bauern und Dienstboten wurden für Wams und Mantel nur Stoffe zugebilligt, die nicht mehr als 2 Schilling pro Meter kosteten; für den Hosenstoff veranschlagte man magere 10 Pennys pro Meter.

Bei Verstoß gegen diese Kleidervorschriften erwartete die Vornehmen eine deftige Geldbuße. Die auf der gesellschaftlichen Leiter ganz unten Stehenden, wie die Dienstboten, wurden drei Tage lang in den Stock gelegt – in ein Holzgestell, das Hände, Füße und Hals des Verurteilten umschloss.

Macht und Mode – Armut und Lumpen

Den ausgefeilten Kleiderordnungen schenkte kaum jemand in Europa Beachtung, auch wenn immer wieder neue Bestimmungen erlassen wurden. Mit aller Macht drängten die Neureichen nach gesellschaftlicher Anerkennung. Und nichts schien besser geeignet zu sein als die Kleidung, um mit ihrem neuen „geldadeligen" Stand prahlen zu können.

Die Armen freilich hatten ganz andere Sorgen. Sie konnten froh sein, wenn sie überhaupt etwas einigermaßen Ansehnliches zum Anziehen besaßen. Die gesamte Garderobe eines Barbiers aus dem englischen Worcester wurde bei seinem Tod auf den Gegenwert von 1 Pfund geschätzt, das

Barmherzige Menschen versuchten mit Kleiderspenden die Not der Bettelarmen zu lindern. Hemden nahmen diese dankbar an.

Der französische König Franz I. (1494–1547) trägt eine Rüstung, die noch an die mittelalterliche Rittertradition erinnert. Jedes Detail seines Gewandes wie auch die Ausstaffierung des Pferdes spiegeln seine königliche Machtfülle wider.

entsprach etwa seinem Monatslohn. Einige der Allerärmsten trugen Tag für Tag ein und dasselbe Gewand. Viele Männer beispielsweise verfügten noch nicht einmal über ein Hemd zum Wechseln.

Ihre Kleidungsstücke nähten diese armen Menschen selber. Manchmal verwendeten sie – vor allem für Hemden – naturfarbenes oder weiß gebleichtes Leinen aus selbst angebautem Flachs. Häufiger aber wurden Wollstoffe verarbeitet. Meist lieferten die eigenen Schafe die Wolle, die gewaschen, gekämmt und auf dem Spinnrad versponnen wurde. Das Färben mit Pflanzenfarben übernahm entweder die Hausfrau selbst, oder sie brachte – wenn sie es bezahlen konnte – die geschorene und gewaschene Wolle zum Färber.

Das Weben wurde in der Regel einem Fachmann überlassen. Aus dem gewebten Tuch fertigten die Frauen dann aber selber die robuste, einfach geschnittene und schmucklose Alltagskleidung an. Diese flickte und stopfte man, solange es nur ging.

Die etwas betuchteren Bauern haben sicher auch Sonntagskleider besessen und diese vom Schneider in der nächsten Stadt herstellen lassen. Diese Stücke verfügten über Schmuckelemente wie Bänder, Bordüren und Stickereien.

Mit der Kleidung der ärmeren Frauen ließ sich wenig Staat machen. Zum einen wegen der groben Stoffe, zum anderen wies sie einen sehr plumpen Schnitt auf. Viele Frauen trugen ein kurzes Obergewand und einen langen bauschigen Rock, über den sie eine Art Kleiderschürze zogen. Diese schnürte man mit Bändern um den Leib und ließ das Oberteil locker darüber fallen. Als Kopfbedeckung diente eine schlichte Haube oder ein den Kopf und die Schulter verhüllendes Tuch.

Der überwiegende Teil der weiblichen Bevölkerung konnte sich im Durchschnitt alle zwei Jahre ein Paar Schuhe und ein Unterkleid sowie alle drei Jahre ein Kleid leisten.

Die übliche Fußbekleidung der Bauern bestand aus einem Stück Leder, das mit Riemen um den Knöchel befestigt wurde. Dieser sohlenlose Bauernschuh, Bundschuh genannt, erlangte um die Jahrhundertwende geschichtlichen Ruhm als Namensgeber, Sinnbild und Feldzeichen der aufständischen Bauernbünde, die zwischen 1493 und 1517 in Südwestdeutschland für ihre Rechte kämpften.

Die Frauenmode stellte sich weniger pompös als die der Männer dar. Zumindest im Alltag bevorzugten Frauen schlicht zugeschnittene Kleider.

Stilvolle Kleidung

Kennzeichen der Mode in der zweiten Hälfte des 16. Jh. bildete die Halskrause, die von Männern wie Frauen getragen wurde.

Wer auf Kleidung als Statussymbol Wert legte, musste zum Ankleiden einige Zeit und Mühe aufwenden. Die Zeichnungen unten belegen dies. Bis auf die schlichten bäuerlichen Gewänder gab es nur wenige Kleidungsstücke, die man leicht anziehen konnte.

Selbst Kinder mussten sich der aufwendigen, zum Teil sehr unbequemen Kleidermode ihrer Eltern unterwerfen. Erst im folgenden Jahrhundert kam eine etwas besser auf die Bedürfnisse der Kinder zugeschnittene Bekleidung auf.

Margaret Layton (oben links), Tochter eines wohlhabenden englischen Lebensmittelhändlers, trägt ein reich verziertes Wams (oben rechts).

In einem überlieferten Bericht eines französischen Internatsschülers aus dem Jahr 1586 heißt es: „Nach dem Aufwachen stand ich auf. Ich zog mein Wams und ein Ka-

1. Als Unterbekleidung trug man ein Hemd. Die in dichte Falten gelegte Krause ist hier am Halsbund angenäht.

2. Das Wams wurde mit Schnüren an der Pluderhose befestigt. Das Unterfutter bauschte (pluderte) sich durch die Schlitze.

3. Nach dem Zuknöpfen des Wamses zog man die Hosenschnüre fest und verdeckte sie mit den Wamsschößchen.

4. Die Strümpfe reichten bis über das Knie. Man nähte sie nicht wie früher aus Stoff, sondern strickte sie aus Wolle oder Seide.

misol (Unterwams) an. Ich setzte mich auf den Stuhl, nahm Hose und Strümpfe, streifte sie über; dann zog ich die Schuhe an, befestigte die Hose mit Schnüren am Wams, band die Strümpfe mit Strumpfbändern über dem Knie fest. Dann legte ich den Gürtel um, kämmte das Haar, setzte mir sorgfältig mein Barett auf, zog die Robe an, dann ging ich aus dem Schlafzimmer." Die erwähnte Robe ist ein Kleidungsstück, das ihn als Schüler auswies. Lehrlinge oder junge Männer trugen sie nicht mehr.

Die Kleidungsstücke des Jungen hatten offenbar einen schlichten Schnitt. Er konnte sie trotz der Verschnürungen allein anziehen. Erwachsene, vor allem die Frauen, benötigten für ihre sehr aufwendig gearbeiteten Gewänder meist die Hilfe eines Dienstboten. In jedem vornehmen Haushalt gab es dafür spezielle Ankleidefrauen.

Auch die Männer kamen ohne fremde Hilfe nicht aus. Besonders nachdem sich aus der am Hemd befestigten Halskrause ein arg unhandlicher eigenständiger Kragen entwickelt hatte. Man nannte diesen Kröse, *gran gola* (spanisch: großer Hals) oder bezeichnenderweise Mühlsteinkragen.

Sir Walter Raleigh (1552–1618), Seefahrer, trägt solch einen modischen Kragen auf dem Gemälde (unten), das ihn zusammen mit seinem Sohn zeigt. Dem Jungen hat man einen feinen weißen Schulterkragen umgelegt. 1623 verbot man in Spanien die Halskrause wegen des enormen Verbrauchs an Spitze.

Sir Walter Raleigh trägt die kurze Oberschenkelhose, während sein Sohn mit einer etwas längeren, gestreiften Hose bekleidet ist, die langsam in Mode kam.

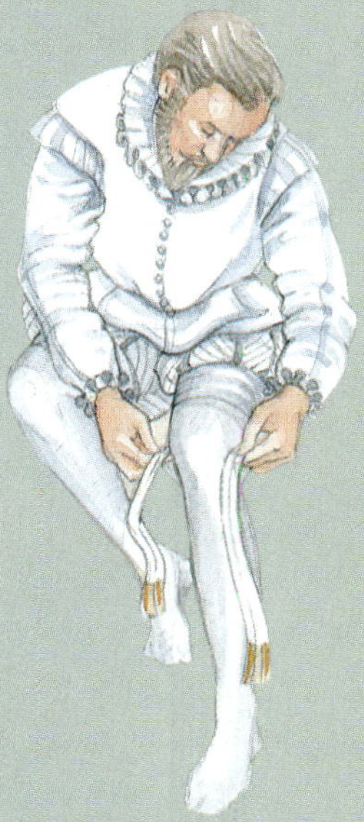

5. Seidene Strumpfbänder, auch Kniegürtel genannt, gaben den Strümpfen Halt. Goldene oder bunte Quasten dienten zur Zierde.

6. Ein ärmelloses Wams aus Leder (Lederkoller) mit wulstigen Schulterringen oder Achselpuffen vervollständigte die Garderobe.

Wie sich die Mächtigen kleideten

Am Hof Heinrichs IV. in Frankreich hieß es, dass „ein Mann nicht als reich gilt, wenn er nicht 25 bis 30 Gewänder verschiedener Machart besitzt und täglich ein anderes anlegt". Doch nicht nur die Anzahl der Kleider, sondern vor allem deren Ausstattung betonten den gesellschaftlichen Stellenwert. Man versuchte, mit jedem Knopf, mit jeder Spitze, mit jedem Wams Rang und Einfluss bei Hof in der Öffentlichkeit darzustellen. Dieser Wettbewerb der Eitelkeiten erklärt das Tempo, in dem sich immer wieder neue Modeströmungen entwickelten und in den höfischen Kreisen im Europa des 16. Jh. übertriebene, geradezu skurrile Formen annahmen.

Die Mode mochte noch so häufig wechseln, zwei Grundzüge blieben im Verlauf des Jahrhunderts erhalten: Zum einen betonte die Männerkleidung der Oberschicht stets Stärke, Macht und Reichtum. Dafür standen die voluminös ausgepolsterten Schultern und die stark betonten primären Geschlechtsmerkmale, die man in eine Schamkapsel „verpackte". Dieser beutel- oder kapselförmige Latz der Männerhose wurde mit Schlitzen und sogar Schleifen aus Futterstoff verziert. Manchen diente die Braguette, wie dieser Latz auf Französisch heißt, sogar als Tasche.

Zum anderen verdammte man die Frauen der höfischen Gesellschaft vor allem mit dem Auftauchen der spanischen Mode zur Unbeweglichkeit. Dafür sorgte z. B. der ausladende Tonnenrock, der von einem kegelförmigen, mit Leim und Holzreifen gestützten Unterrock getragen wurde. Um die Brust zu verbergen, arbeitete man in das eng anliegende, vorne spitz zulaufende Mieder Bleiplatten ein. Das hochgeschlossene Mieder endete mit einer Spitzenkrause. Weit gepuffte und wattierte Ärmel liefen zum Handgelenk hin in einen engen Spitzenbund aus. Die Füße der Frauen steckten in Pantoffeln, deren Sohle aus einem hohen Holzsockel bestand. Alles in allem verwandelte die Mode Frauen in lebende Kleiderständer.

Auf einem Ball im Louvre 1581 kleideten sich die Mitglieder des französischen Hofes nach der neuesten Mode. Die Männer tragen die Mühlsteinhalskrause und gepolsterte Wämser, die Frauen Reifröcke, die ihre Hüften und Wespentaillen betonen.

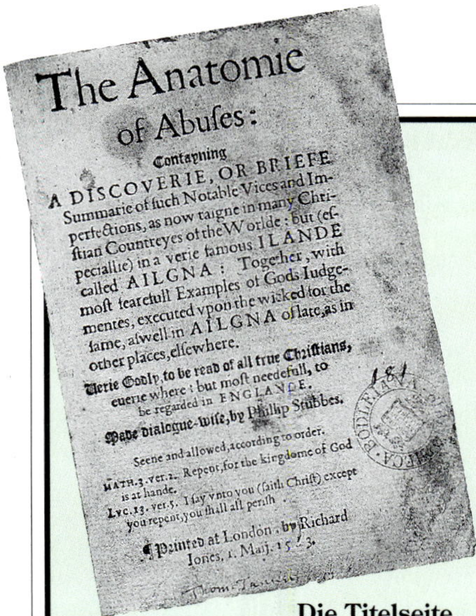
The Anatomie of Abuses:
Contayning
A DISCOVERIE, OR BRIEFE Summarie of such Notable Vices and Imperfections, as now raigne in many Christian Countreyes of the Worlde: but (especiallie) in a verie famous ILANDE called AILGNA: Together, with most fearfull Examples of Gods Iudgementes, executed vpon the wicked for the same, aswell in AILGNA of late, as in other places, elsewhere.
Verie Godly, to be read of all true Christians, euerie where: but most needefull, to be regarded in ENGLANDE.
Made dialogue-wise, by Phillip Stubbes.
Seene and allowed, according to order.
Math. 3. ver. 2. Repent, for the kingdome of God is at hande.
Luc. 13. ver. 5. I say vnto you (saith Christ) except you repent, you shall all perish.
Printed at London by Richard Jones. 1. Maij. 1583.

Die Titelseite dieses Buches zählt boshaft und penibel die Modetorheiten auf.

ZEITZEUGNIS

Ein Modekritiker

Sachlich denkende, uneitle Menschen störten damals an der modischen Kleidung das Übertriebene und Unmäßige. Widerspruch regte sich besonders im puritanischen England. Philip Stubbes, ein Geistlicher, schrieb das Buch *The Anatomie of Abuses* (Die Anatomie des Missbrauchs), das 1583 erschien und erzieherisch wirken sollte. Er prangerte darin die Auswüchse der Mode mit harten Worten an:

„Die Wämser sind nicht weniger monströs als der Rest, denn es ist jetzt Mode, sie bis zum halben Oberschenkel zu tragen, und weil sie so fest wattiert und ausgepolstert und genäht sind, können sich die Menschen kaum bücken … kein Kleidungsstück war bislang erfunden, das den Körper des Mannes mehr verzerrte als diese Wämser …, die mit vier, fünf oder sechs Pfund Watte ausgestopft sind."

Im gleichen Maß wie man Rot und Gelb als herrschaftliche Farben bevorzugte, mied man Blau. Diese Farbe stand für harte Arbeit und Machtlosigkeit, denn die arbeitende Bevölkerung trug überwiegend blaue Kleidung. Gefärbt wurde diese mit dem seit Urzeiten bekannten Indigo. Der aus einer mediterranen Staude (Waid genannt) gewonnene, waschechte blaue Farbstoff kostete wenig und ließ sich leicht handhaben. Die Abneigung des Adels und der Wohlhabenden gegen blaue Gewänder hielt sich bis ins 18. Jh. hinein.

Die Farbgebung der Kleidung im 16. Jh. ist jedoch differenziert zu betrachten. Man kann sie keineswegs als nur farbenprächtig oder nur düster und schwarz bezeichnen. In der zweiten Hälfte des Jahrhunderts gewann die Farbe Schwarz durch das spanische Modediktat an Bedeutung. Dieser Trend griff auf ganz Europa über. Die von den auf der Höhe ihrer Macht stehenden Spaniern besetzten Niederlande übernahmen gehor-

In Begleitung ihrer Magd sucht eine junge Frau ihre Schneiderin zur Anprobe auf. Ein Gehilfe schneidet am Tisch Stoff zu.

Das Rollenbild von Mann und Frau kommt in diesen beiden Porträts deutlich zum Ausdruck. Die Kleidung dieses Edelmannes (links) signalisiert Extravaganz und männliches Selbstbewusstsein. Bei der flämischen Frau (ganz links) sind es Häuslichkeit und Zurückhaltung.

sam die düsteren Gewänder. Italiens Mode dagegen erhielt sich mit Farbkombinationen von Hell und Dunkel einen Ausdruck von Heiterkeit.

In diesem Jahrhundert gab die Mode der Extravaganz und dem Imponiergehabe der Oberschicht ebenso viel Raum wie der Nüchternheit der Kaufleute und Protestanten. Der Trend der zweiten Jahrhunderthälfte zeichnet sich schon in diesem kleinen Bericht ab: 1578 kam der geistreiche Franzose Bussy d'Amboise an den königlichen Hof im Louvre, er war „ganz schlicht und bescheiden gekleidet, in seinem Gefolge aber befanden sich sechs Pagen mit goldbestickten Gewändern, und er verkündete lauthals, die Zeit sei gekommen, in der die Menschen mit dem geringsten Ansehen die am prunkvollsten Gekleideten wären".

Kosmetik – das Tüpfelchen auf dem I

Keine Mode ohne Kosmetik: Ein französischer Schönheitsberater damaliger Zeit, Maître André le Fournier, empfahl für das Gesicht einen Auszug aus weißen Rosen und Seerosen zur Aufhellung der Haut. Blässe hielt man für vornehm, zeigte sie doch, dass man den Müßiggang der Reichen pflegen konnte. Den gewünschten Tupfer Wangenrot lieferte die Wurzel der Ochsenzunge.

Fourniers Rezept für Feuchtigkeit spendende Gesichtscreme: „Man vermische Auszüge von Rosmarin-, Rosen- und Lilienblättern mit Rindertalg." Auch gegen spärlichen Haarwuchs hatte Fournier ein Mittel parat: „Man nehme 300 Schnecken, hole sie aus ihren Häusern und koche sie lange. Dann füge man Lorbeerblatt, Honig, Safran und venezianische Seife hinzu. Die Mischung verwende man als Haarwaschmittel und achte darauf, dass man alle unangenehmen Reste sorgfältig auskämme." (Zur Nachahmung nicht unbedingt zu empfehlen!)

Körpergerüche beseitigte man im 16. Jh. selten durch Waschen mit Wasser und Seife. Vielmehr überdeckte man sie mit allerlei Duftwässerchen. Man sprühte sich damit ein, hängte parfümierte Lederstücke in die Räume oder steckte sie sich in die Tasche. Es gab sogar duftende Handschuhe. Der Franzose Montaigne schrieb: „Ich brauche meinen buschigen Schnurrbart nur mit meinen Handschuhen zu berühren, dann bleibt der feine, gute Duft den ganzen Tag erhalten."

Feine Wohlgerüche: Man schätzte parfümiertes Haaröl oder legte Myrtenzweige in die hölzerne Kleidertruhe.

Der Aufschwung der Stadt

Venedig bildete nur eines der vielen städtischen Machtzentren des 16. Jh. Europaweit setzte eine Welle der Verstädterung ein. Das bedeutete, die Landbevölkerung zog massenweise in die Städte. Diese entwickelten sich zum ungestümen Schrittmacher für Wirtschaft und Kultur. Aus der Finanzkraft der Städte, ihren Arbeitsmöglichkeiten für viele Menschen und dem neuen Wohlstand der Kaufleute sprudelten die Quellen, die das zum Teil selbstherrliche Lebensgefühl des 16. Jh. speisten.

Königliche Höfe

In Spanien, Frankreich und England standen die einflussreichen königlichen Höfe im glanzvollen Mittelpunkt des gesellschaftlichen und kulturellen Lebens. Mit ihnen wetteiferten die zahlreichen mehr oder weniger großen Höfe der europäischen Fürsten und Herzöge.

Wie stellte man sich im Europa des 16. Jh. den idealen Höfling vor? Die Antwort gab der italienische Schriftsteller und Politiker Graf Baldassare Castiglione (1478–1529). Ein Jahr vor seinem Tod erschien sein höfischer Bildungsroman *Der Hofmann*. Mit diesem Buch wurde Castiglione zu einer Art Knigge des höfischen Lebens. Als zentrale Figur seines Werks beschrieb er einen Mann, der sich durch Mut und Tapferkeit auszeichnete, außerdem wahrhaftige Frömmigkeit und einen guten Geschmack in Kunst und Literatur an den Tag legte. Höflichkeit und Anstand gehörten zu seinen selbstverständlichen Tugenden. Dem vorbildlichen Hofmann lag sehr viel daran, dass Frauen in der höfischen Kultur eine den Männern ebenbürtige Rolle spielen durften. Ihnen gegenüber hatte der ideale Höfling sich respektvoll und anständig zu verhalten.

Gemessen wurde Castigliones Hofmann auch an der Wertschätzung, die er bei seinem Fürsten fand. Die erhabene Vollkommenheit des Hofmanns schloss ein, dass er nie Zeichen einer Anstrengung zu erkennen gab und „jederzeit eine gewisse Verachtung und Gleichgültigkeit" gegenüber der Mühsal des Alltags zeigte.

Das Buch mit seinen feinsinnigen Benimmregeln fand in ganz Europa weite Verbreitung.

Franz I. von Frankreich und seine Söhne im Kreis seiner Höflinge und Berater.

Höfische Etikette

Für die Realität des höfischen Alltags schien Castigliones Hofmann jedoch nicht geschaffen zu sein. Der Darstellung des Ranges und der Einhaltung der verschiedenen Zeremonielle gab man gegenüber allen anderen Bedürfnissen unbarmherzigen Vorrang. Behutsames Bemühen um individuelle Eigenschaften und Verhaltensweisen wurde meist von einem starren Schema höfischer Rangordnung und höfischen Rituals schon im Keim erstickt. Der Souverän, also König, Königin, Fürst oder Herzog, stand über allen. Sein Status als Ranghöchster blieb unantastbar. Für einen Höfling kam es darauf an, die Gunst des Herrschers zu erlangen und zu erhalten. Dafür taugten feine Manieren oder sensibles Verhalten allerdings nur wenig. Um bei diesem Drahtseilakt nicht abzustürzen, sponnen die Höflinge ein Netz von Intrigen.

Die Kammerfrau Blanche Perry (links) musste ihrer Königin, Elisabeth I. von England, rund um die Uhr zur Verfügung stehen.

Spaniens König Philipp II. demonstrierte seine Einzigartigkeit, indem er sich selten in der Öffentlichkeit sehen ließ. Der von seiner göttlichen Sendung überzeugte Monarch umhüllte sich mit dem Nimbus der „Macht des Unsichtbaren“, die sein Volk jedoch durch seine Höflinge und Berater tagtäglich zu spüren bekam.

In Frankreich und England dagegen umgaben die Monarchen sich ständig mit einer großen Schar von Höflingen. Diese unterlagen der unerbittlichen Hofetikette, die ihnen jedes Detail ihres Lebens und Verhaltens vorschrieb. In England z. B. galt es als oberstes Gebot, dass ein Höfling seiner Königin „ohne Wenn und Aber ergeben zu dienen hatte“. Dies führte dazu, dass sogar große, mächtige Persönlichkeiten des Königreichs stundenlang vor der Monarchin auf den Knien lagen, wenn diese sich mit ihnen unterhielt. Sie durften es nicht wagen, sich zu rühren.

Selbst als bereits der Tod Elisabeth I. zeichnete, beharrte sie auf ihrem unantastbaren Status. Ermattet saß sie im Kreis ihrer Berater und massierte unentwegt mit dem Finger ihr verfaultes Zahnfleisch. Robert Cecil, ihr oberster Minister, nahm schließlich seinen ganzen Mut zusammen und sagte: „Majestät, um das Volk zu beruhigen, *müssen* Sie zu Bett gehen.“ „Kleiner Mann“, antwortete die Königin, „das Wort *müssen* wird Herrschern gegenüber nicht gebraucht.“

Der Umgangston und die Verhaltensweise an einem königlichen oder fürstlichen Hof richteten sich nach dem Wesen des Herrschers. Die Atmosphäre am herzoglichen Hof im italienischen Urbino z. B. war noch geprägt von der feinen Bildung und dem aufgeschlossenen Charakter des 1506 verstorbenen Herzogs Federico Montefeltro. Dort schuf Castiglione sein Werk *Der Hofmann*.

Am Hof des englischen Königs Heinrich VIII., des Vaters von Elisabeth I., dagegen verbreitete ein Klima neurotischer und schonungsloser Grausamkeit Angst und Schrecken. Strenge und Kälte schwebten durch die Räume des Escorials, des Hofs des argwöhnischen Philipps II. von Spanien.

Graf Baldassare Castiglione (links) und Niccolò Machiavelli (rechts) förderten die höfisch-politische Kultur. Castiglione propagierte Rücksichtnahme und Toleranz im höfischen Leben. Machiavelli zeigte Regierenden einen realpolitischen Weg für die Staatsführung auf.

Weltmeister des Pragmatismus

Während Castiglione in seinem Roman die Welt des Hofs beschrieb, wie sie sein sollte, verlegte sich der italienische Schriftsteller und Staatstheoretiker Niccolò Machiavelli (1469–1527) darauf, die Welt so zu beschreiben, wie sie sich in der rauen Wirklichkeit tatsächlich darstellte. Sein 1532 veröffentlichtes Werk *Der Fürst* beruhte auf dem Gedanken, dass die Folgen politischen Handelns oft unkalkulierbar sind. Da kein Mensch die politische Zukunft vorhersagen könne, müsse man ständig auf Veränderungen gefasst sein. Unter dieser Prämisse sei ein streng moralisches System völlig ungeeignet, diese Wechselhaftigkeiten in den Griff zu bekommen. Ein Fürst könne nur erfolgreich regieren, wenn er private Moral nicht zum Maßstab seiner politischen Entscheidungen mache. Und auch keinem Höfling würde es gelingen, sich so den Weg durch den bösartigen Dschungel von Intrigen und Betrug zu bahnen, der den Hof des 16. Jh. überwucherte. Machiavellis Forderung: Der Herrscher müsse seine Macht pragmatisch und nicht moralisch einwandfrei gebrauchen.

Machiavellis Argumentation basiert zum Teil auf der Lektüre klassischer Geschichtsschreiber. *Der Fürst* jedoch, das erste Werk, das die Gewaltausübung im Staat offen behandelt, stellt die Theorie auf, das Streben nach einer stabilen Regierung sei ein Zweck, der jedes Mittel rechtfertige.

Das Forum für Castigliones und Machiavellis Gedankengut bildete die höfische Welt. Dadurch beschränkte sich der Kreis, der solchen Ausführungen überhaupt folgen konnte und wollte, auf recht wenige Personen. Am Hof der Tudors in England z.B. gab es höchstens 200 Interessenten (Adlige und vornehme Herren). Die englische Bevölkerung, in der Werke wie *Der Hofmann* oder *Der Fürst* naturgemäß auf wenig Interesse stießen, wuchs im Lauf des 16. Jh. von knapp über 2 Mio. auf 4 Mio. an. Und in Venedig fanden sich nach Ausbruch der Pest um die Mitte des Jahrhunderts nur 15 Personen, die man allgemein für fähig hielt, die genannten Bücher inhaltlich zu verstehen.

Während der Regierungszeit König Philipps II. erklomm Spanien den Gipfel der politischen und wirtschaftlichen Macht. In jungen Jahren ließ der Monarch sich gern mit Insignien ritterlicher Macht – wie Rüstung und Schwert – abbilden.

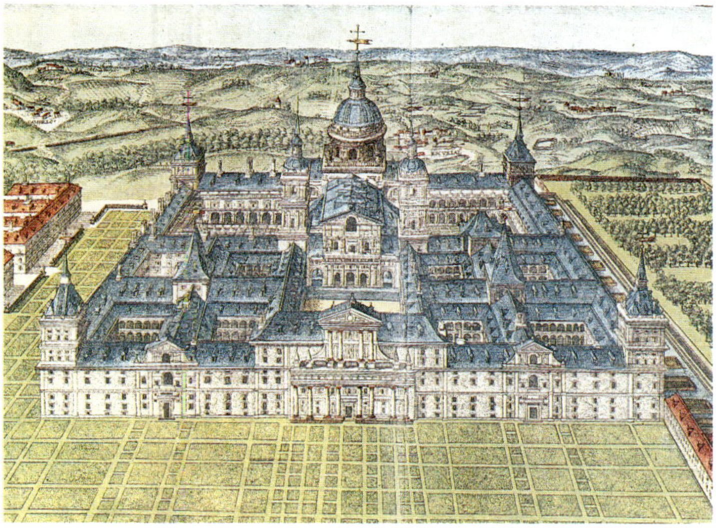

Vom Escorial aus verwaltete Philipp II. sein Reich. Die weitläufige Anlage aus grauem Granit, 50 km vor den Toren Madrids gelegen, bot die klösterliche Abgeschiedenheit, die der spanische König für sich in Anspruch nahm.

Intrigen und Ränke

Hinter glanzvollen Fassaden verbargen sich Intrige, Unsicherheit, Misstrauen und Verrat. Jeder Höfling musste sich in jedem Moment seines höfischen Daseins darüber im Klaren sein, dass die Erfolgsleiter, die er erklommen hatte, ständig wackelte und er jederzeit abstürzen konnte. Sir Walter Raleigh, ein erfolgreicher Höfling in der Regierungszeit Elisabeths I., erfuhr dies am eigenen Leib. Der nachfolgende König, Jakob I., ließ ihn wegen Verrats ins Gefängnis werfen. Raleighs bittere Erkenntnis lautete: „Sage dem Hof, er glänze und strahle wie verfaultes Holz …"

Die Angehörigen der Aristokratie besaßen das verbriefte Recht, Zutritt zum Souverän zu erhalten. Man nahm es als ganz selbstverständlich an, dass der Adel dem Mittelpunkt der Regierung am nächsten stehen musste. Kauf- und Geschäftsleute dagegen genossen nur selten das Privileg, an den Hof kommen zu dürfen. Und dafür benötigten sie eine ausdrückliche Einladung.

WIE ES DAMALS WAR

Ein Höfling in Mantua

1508 ernannte Isabella d'Este, Marquise von Mantua, Mario Equicola zu ihrem Sekretär. Die Marquise, Schwester des Herzogs von Ferrara, gehörte zu den führenden Förderinnen des humanistischen Denkens ihrer Zeit. Mangelnde Kenntnisse in Latein verwehrten ihr jedoch, diese Rolle perfekt zu spielen. Ihr 38-jähriger Sekretär half ihr mit einer täglichen Lateinstunde, dieses Defizit aufzuholen.

Mit ihm zusammen erörterte sie auch die Ausgestaltung ihrer Privatgemächer. Equicola dachte sich kunstvolle allegorische Einrichtungspläne für Isabella aus, die sie Besuchern erläutern und damit ihre gute Bildung unter Beweis stellen konnte. So bauten Isabella und ihr treuer Berater nach und nach eine riesige Sammlung von Antiquitäten und antiken Kunstgegenständen auf.

Mario Equicola unterrichtet seine Schülerin in Latein.

Da sich Equicola als vertrauenswürdiger Mensch erwies, vertrat er bald Isabellas Interessen in den unterschiedlichsten Bereichen. Er knüpfte Kontakte zu Dichtern und Gelehrten, die sie in ihren Kreis einbezog. Und er trug auch Isabellas private Wünsche ihrem Gemahl Francesco Gonzaga und ihrem Bruder am Hof von Ferrara vor.

Eine Stunde am Tag widmete er der ethischen Unterweisung des jungen Erben von Mantua, Federico Gonzaga. In den Abendstunden nahm Equicola an den literarischen Spielen der Hofdamen teil. Zusammen verfassten sie witzige, romantische Briefe an Isabellas umschwärmten Sohn Federico.

Nur die Geburt entschied über solche Vorrechte, aus denen Adlige auch persönliche Qualifikationen ableiteten. Der Italiener Stefano Guazzo, ein Adliger aus Monferrat, meinte 1584: „Weil wir von guter Abstammung sind, sind wir einfach die Besten."

Bei Hof ein und aus gehen, wie er wollte, durfte dennoch keiner. Der Zugang unterlag strengen Kontrollen. Jeder königliche Palast bestand aus einem Gewirr von Kammern und bewachten Eingängen. Sie bildeten die Barrikaden, hinter denen sich der Souverän zurückzog und die nur seine Günstlinge überwinden konnten.

Personen, die Pöstchen, Vergünstigungen oder Handelsverträge ergattern wollten, belagerten die hohen Staatsbeamten. Diese wurden manchmal dermaßen bedrängt, dass sie aufs Land flohen, um sich von dem Ansturm der Bittsteller zu erholen.

In dieser subtilen höfischen Ränkeschmiede half manchem nur die Zuflucht zum Galgenhumor: Als Sir Roger Williams, ein ergebener, aber dennoch selbstbewusster Soldat, von Elisabeth I. eine Gunst erbat, bemerkte diese spitz, seine Stiefel würden erbärmlich stinken. „Nein, Madam, es ist mein Anliegen, das stinkt", konterte er lächelnd.

Die Mächtigen unterhielten ein Netz von Spionen, Erpressern, Folterknechten und Informanten, denn nur das versetzte sie in die Lage, über die Vorgänge am Hof auf dem Laufenden zu bleiben. Unter dem Deckmantel höfischer Eleganz versteckten sich größte Skrupellosigkeit und Grausamkeit.

Die Höflinge mochten sich von idyllischen Gedichten und harmlosen Spielen zerstreuen lassen, doch ihre Gier nach Macht und Einfluss kannte keine Grenzen. Spione standen oft als Diplomaten im Dienst der Regierung. Gegen Ende des Jahrhunderts gab Sir Francis Walsingham, der Anführer der Spione Elisabeths I., 2000 Pfund im Jahr für das Betreiben seiner Spionagenetze aus. Walsinghams „Beobachter" belauerten eifrig Spione anderer Königshäuser. So fassten sie 1580 an der schottischen Grenze einen bedeutenden spanischen Höfling, der sich als Zahnheilkundiger getarnt hatte.

ZEITZEUGNIS

Der Schrecken der Folter

Der katholische Priester Eustace White wurde 1591 in England verhaftet und ins Gefängnis von Marshalsea in Südlondon gebracht. Er beschrieb seine Erfahrungen so:

„Ich wurde über dem Boden an die Wand gehängt, meine Handfesseln an einer Öse befestigt, die so hoch lag, dass ich sie vom Hocker aus erreichen konnte. Nachdem man den Hocker entfernt hatte, hing ich dort von 8 Uhr morgens bis 4 Uhr nachmittags, ohne Erleichterung oder Bequemlichkeit. Nur Topcliffe (der grausame Foltermeister der englischen Königin) kam zu mir herein und erzählte mir vorwurfsvoll, die Spanier seien durch die Schuld der Franzosen nach Southwark gekommen."

Oben: Nachdem ein Verdächtiger auf der Streckbank gefoltert wurde, verkündete das Gericht dem erschöpften Gefangenen das Todesurteil. Rechts: Niederschrift des Urteils.

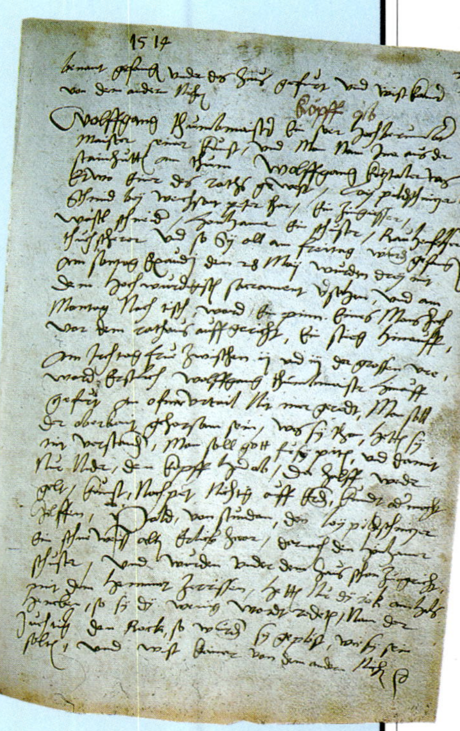

Hinter einem Spiegel versteckt fanden sie verräterische Briefe. Solche Briefe schrieb man mit unsichtbarer Tinte, einer Mischung aus Orangensaft, Zwiebelsaft, Milch und Urin. Den spanischen Spion folterte man, dann wurde er hingerichtet.

Höfischer Zeitvertreib

Neben der intriganten und grausamen Seite gab es im höfischen Leben auch eine heitere: Musik, Tanz, Spiele, Turniere, Kartenspiele, Pantomimen, Festbankette und Zeremonien sorgten an allen Höfen für Unterhaltung. Jagd und verschiedene Wettkämpfe ergänzten das Programm. Höflinge schrieben Verse, komponierten, übten sich in Fremdsprachen und befassten sich ausgiebig mit Literatur.

Das in unzähligen Facetten schillernde Leben an den königlichen Höfen Europas bringt ein französischer Zeitgenosse so auf den Punkt: „Der Hof, das Spiegelbild von Pomp und menschlichen Eitelkeiten, verlangt von jedem, der ihn erobern möchte, ein hohes Maß an Vornehmheit, die sich von der Ästhetik bis zur Moral erstreckt. Was gebraucht wird, ist mehr als ein Theaterstück, es ist eine Disziplin, durch die man lernt, wie man die Gnade der Mächtigen erlangt."

Oben: Das Gemälde zeigt ein 1565 im Vatikan stattfindendes Turnier. Die hohen geistlichen Herren feierten genauso prunkvoll wie der weltliche Adel. Unten: Der französische Hof vergnügt sich in einem kunstvoll gestalteten Garten. Hier blühten nicht nur die Blumen, sondern auch der höfische Klatsch.

Kaufleute und Abenteurer

Die Kaufleute des 16. Jh. scheuten kein Risiko. Auch jenseits der Grenzen Europas knüpften sie in aller Herren Länder ihre Handelsbeziehungen. Mit Waren aus Indien oder Südamerika belieferten sie die heimischen Märkte, die wirtschaftlichen Mittelpunkte der europäischen Städte.

Risikobereitschaft und Unternehmergeist der Kaufleute ließen das Europa des 16. Jh. auf dem Gebiet des Handels schneller zusammenwachsen. Die heimischen Marktplätze bildeten ein dichtes Netz kleiner und großer Handelszentren. Der Markt gehörte zum pulsierenden Wirtschaftsleben einer jeden europäischen Stadt. Zuerst auf Plätzen der Stadt angesiedelt, vergrößerten sich die Märkte von Jahr zu Jahr und angrenzende Straßenzüge wurden in das Marktgeschehen mit einbezogen. Bald reichte auch dieses Platzangebot nicht mehr aus, sodass man notgedrungen mit den Märkten vor die Tore der Stadt zog.

Die Hauptaufgabe dieser Märkte lag zunächst in der Versorgung der Bevölkerung mit den Gütern des täglichen Bedarfs. So lockten vor allem die landwirtschaftlichen Produkte Scharen von Käufern an. Fast alle Bauern aus der näheren Umgebung boten

Die Stadt Hamburg errichtete für ihre Börse 1588 ein eigenes Haus. Es wurde rasch zum Anziehungspunkt für die kleinen und großen Kaufleute.

Frisches Obst und Gemüse zählten zu den begehrtesten Artikeln auf dem Markt.

hier ihre Erzeugnisse an. In Kleinstädten hielt man ein- oder zweimal in der Woche Markt ab. Großstädte kamen ohne einen täglich stattfindenden Markt nicht aus. Nur so ließ sich die einigermaßen geregelte Versorgung der ständig wachsenden Stadtbevölkerung mit Nahrungsmitteln garantieren.

Die Märkte der damaligen Zeit unterschieden sich kaum von unseren heutigen. Eine Marktordnung – es gab z.B. nummerierte Stellplätze – sorgte für einen weitgehend reibungslosen Marktverlauf. Diese Plätze konnte man auch kaufen oder pachten. Der Stand wurde aus Böcken mit lose aufgelegten Tischplatten aufgebaut. Eine gestreifte Markise schützte die Ware vor Sonne und Regen.

Der Lebensmittelhandel

Die Lieferkapazität der heimischen bäuerlichen „Produzenten" reichte bei weitem nicht aus, um den unersättlichen Nahrungsmittelbedarf der Städte zu decken. Man sah sich deshalb gezwungen, etwa ein Sechstel der benötigten Lebensmittel zu importieren. Die Italiener besannen sich auf ihre uralten Handelsverbindungen. Ihre Städte wurden wie schon zur Römerzeit mit ägyptischem Getreide beliefert. Als weitere italienische Kornkammer dienten die fruchtbaren Ebenen Thessaliens im Norden Griechenlands. Die südeuropäischen Abnehmer des Getreides hatten eine harte Konkurrenz: Konstantinopel (heute Istanbul) mit seinen 700000 Einwohnern – eine der Megametropolen damaliger Zeit – benötigte Nahrungsmittel ohne Ende.

Auch nördlich der Alpen musste man sich nach auswärtigen Getreidelieferanten umschauen. Das damals deutsche Pommern (heute in Polen gelegen) sah sich in der Lage, große Mengen an Getreide zu produzieren. Die Exporte gingen u.a. nach England, wo London mit seinen 200000 Einwohnern den größten Abnehmer darstellte.

Waren gegen Naturalien oder Geld

Kaufen und Verkaufen basierten weitgehend auf der Grundlage eines privaten, sehr unterschiedlich ausgeprägten Unternehmertums. Vor allem bei den kleinen, alltäglichen Geschäften überwog noch der übliche Tauschhandel. Landwirtschaftliche Erzeugnisse wechselten ihren Besitzer gegen handwerklich gefertigte Güter. So bezahlten Bauern Geräte wie Pflugschar oder Sense in Naturalien. Geld benötigten diese Landwirte nur zum Entrichten der Steuern oder irgendwelcher Gebühren. Von solch einer Handelsidylle konnten Kaufleute nur träumen. Für sie drehte sich alles ums Geld.

Um Waren aus anderen Regionen oder Ländern erst einmal herbeischaffen zu können, fielen enorm hohe Transport- und Reisekosten an. Man kann sich gut vorstellen, wie strapaziös das Leben eines Kaufmanns verlief. „Ich habe so wenig Ruhe gehabt", beklagte sich ein Kaufmann aus Basel um 1580, „dass ich meinen vom Sattel aufgeriebenen Hintern immer noch spüre."

Trotz des mühseligen Geschäfts florierte der Handel. Europaweit etablierten sich nach und nach große Handelsmessen mit sehr unterschiedlichen Schwerpunkten. Pferde, Handelsartikel und wichtiges Verkehrsmittel, wurden zu Verkaufsschlagern. Pferdemessen im holländischen Bergen op Zoom

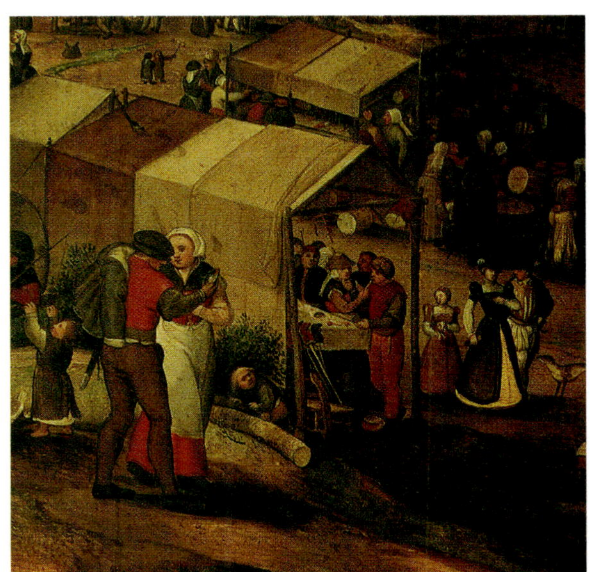

Ein Markttag bot allen Bevölkerungsschichten willkommene Abwechslung und Unterhaltung.

In den zahllosen kleinen Handwerksbetrieben des 16. Jh. wickelte man sowohl die Herstellung als auch den Verkauf der Ware in der Werkstatt ab.

oder auch in Dänemark boten herrliche Vollblutpferde zum Verkauf an.

Die Städte, zum Anziehungspunkt eines neu entwickelten internationalen Handels geworden, führten ein erstaunlich modernes Wirtschaftsleben. Nicht nur der Handel mit Waren, sondern auch mit Dienstleistungen kam in Schwung. Nürnberg z. B. konnte mit Vermittlern von Haushaltshilfen aufwarten. Und in Paris arbeiteten Grundstücks- und Häusermakler, zu deren Kunden viele Adlige zählten.

Geld regiert(e) die Welt

Die großen Messen von Chambery in Savoyen oder im norditalienischen Piacenza hatten sich zu Brennpunkten der Finanzwelt dieses Jahrhunderts gemausert. Güter wie Pferde, Stoffe oder Nahrungsmittel suchte man vergeblich – hier gab es nur die Ware Geld und nochmals Geld. Anfangs teilte sich ein kleiner illustrer Kreis von höchstens 60 Bankiers und Handelsleuten das Geschäft mit dem Mammon.

Im 16. Jh. kristallisierten sich bestimmte Plätze für Handelsgeschäfte heraus. Insbesondere entstanden Börsen, die jedoch noch nicht in festen Häusern untergebracht waren. Diese Treffpunkte für Geschäftsleute aus aller Welt glichen anfangs einem Markt für Informationen, zur Selbstdarstellung der Kaufleute und für Geschäfte aller Art. Den Devisen- und Warenbörsen, wie man sie heute kennt, ähnelten sie wenig. Das Börsenleben spielte sich z. B. auf den Stufen der Kathedrale von Sevilla, unter den Arkaden der Rialtobrücke Venedigs oder auf dem Fischmarkt in Frankfurt am Main ab.

Dort bemühten sich in großen, dichten Scharen die lärmenden, aufgeregten Handelsleute um ihre Karriere in der aufblühenden Wirtschaft. Sie trieben Geldmittel auf, machten Spekulationsverkäufe und tauschten Wirtschaftsnachrichten aus. Und alle handelten nach dem Motto eines Genueser Kaufmanns: „Geld darf nicht müßig liegen bleiben.“

Investition hieß das Gebot der Stunde. Dazu streckten die Kaufleute ihre Fühler in alle Welt aus. In einem Juweliergeschäft in London konnte man zum Ende des 16. Jh. Smaragde aus Kolumbien, Topase aus Brasilien, Chrysoberylle und Saphire aus Ceylon (heute Sri Lanka), indische Rubine und Diamanten sowie Lapislazuli und Türkise aus Persien erstehen. Investitionen in wertvolle Waren blieben angesichts weiter und gefährlicher Transportwege risikoreich, warfen aber – wenn alles gut lief – sehr hohe Gewinne ab. Vor allem englische Kaufleute ließen sich in ihren Aktivitäten nicht bremsen: Über den arktischen Hafen Archangelsk trieben sie Han-

Im 16. Jh. zählten Bergwerke – wie die hier gezeigte Kupfermine – zu den technisch fortschrittlichsten Betrieben. Wasserräder und Pumpen bewegten Förderkörbe oder den Blasebalg der Schmelzöfen.

Das Kauffahrteischiff – ein Instrument des Handels

Europäische Handelsschiffe befuhren bereits im 16. Jh. alle Weltmeere. Technischer Fortschritt ermöglichte den Bau großer, jedoch langsamer Schiffe. Sie erleichterten zwar den Transport sperriger Güter, in vielen Häfen aber musste die Fahrrinne erweitert werden.

Das Fassungsvermögen des gesamten Hohlraums eines Schiffs misst man in Bruttoregistertonnen, abgekürzt BRT (eine Registertonne = etwa 2,8 m^3).

Venedig ließ syrische Baumwolle mit 1000-BRT-Schiffen über das östliche Mittelmeer in seine Republik schaffen. Portugiesische Karracken (bewaffnete Handelsschiffe) von 2000 BRT konnten bis zu 800 Menschen an Bord nehmen.

1587 kaperten die Engländer das riesige portugiesische Schiff *Madre de Dios*. Es gelang ihnen aber nicht, die kostbare Beute die Themse hinaufzuschleppen, da der Koloss zu viel Tiefgang hatte. Abgetakelt blieb er in der Themsemündung liegen.

Um die Mitte des 16. Jh. setzte sich ein kleinerer, damit wendigerer Schiffstyp durch. Vor allem die Holländer bauten diese schnelleren Frachtschiffe und wussten sie gut an den Mann zu bringen. Sie schufen damit eine solide Basis für einen stetig wachsenden Wohlstand in ihrem Land.

Die Konstruktion und der Bau der Holzschiffe verlangten hohes handwerkliches Können.

del von Russland bis zum östlichen Mittelmeerraum. Und in Südamerika verkauften sie ohne Bedenken afrikanische Sklaven.

Wie kompliziert der Handel sich gestaltete, belegt folgendes Beispiel: 1505 gab der venezianische Kaufmann Michiel da Lezze dem Kapitän seines Schiffs die Anweisung, die geladenen Silbermünzen in Tunis gegen Goldstaub einzutauschen. Diese Ladung müsse er dann nach Valencia in Spanien bringen und das Gold dort einschmelzen und zu Münzen prägen lassen. Falls jedoch in Valencia Wolle billig geboten werde, solle er mit dem Goldstaub so viel davon kaufen, wie das Schiff fasse. Wenn aber sowohl das Einschmelzen als auch die Wolle zu teuer seien, solle er den tunesischen Goldstaub doch besser vollständig nach Venedig bringen. Wie der Kapitän diesen schwierigen Auftrag seines Brotherren ausführte, ist allerdings nicht überliefert.

Jakob Fugger, der Reiche genannt, steht hier im Kontor seines Hauptbuchhalters Matthias Schwarz. Fugger galt als der größte, einflussreichste Bankier seiner Zeit.

Im Zug des wirtschaftlichen Aufschwungs entwickelten sich die Bergwerke in Europa zu großen, industrieähnlichen Unternehmen. Unter der Leitung des Augsburger Kaufmanns und Bankiers Jakob Fugger (1459–1525) entstanden Silberminen in Böhmen und im Harz, Kupferbergwerke in den Tiroler Alpen sowie Salz- und Bleibergwerke in Polen.

Alle diese neuen wirtschaftlichen Entwicklungen des 16. Jh. dürfen jedoch nicht darüber hinwegtäuschen, dass Europas Gesicht und wirtschaftliches Gebaren nach wie vor von der Landwirtschaft geprägt wurden. Für die Mehrzahl der Menschen spielte Geld oder gar der Handel damit noch keine dominierende Rolle.

Feste, Spiele und Theater

„Man soll die Feste feiern, wie sie fallen" – das ließen sich die Menschen im 16. Jh. nicht zweimal sagen. Ob christlicher Feiertag oder Familienfest, jeder Anlass kam gerade recht, um Not, Elend und den täglichen Kampf ums Dasein wenigstens für ein paar Stunden zu vergessen.

In einer Welt gesellschaftlicher Zwänge wie Rangordnung oder Kleidervorschriften und härtesten Existenzkampfes bedeutete Feiern eine heilsame Erholung von allen erdrückenden Sorgen. Unterhaltung wirkte wie ein Druck ausgleichendes Ventil. Der breiten Bevölkerung gelüstete es daher nach Darbietungen, die aus heutiger Sicht die Grenzen des guten Geschmacks durchbrachen. Hahnwerfen, Bären- oder Stierhetze skizzieren beredt das „Unterhaltungsprogramm" dieser Zeit.

In Rom jagte man Schweine unter dem Gejohle elegant gekleideter Zuschauer durch die Straßen. Vielerorts trieb man Stiere durch die Stadt, bevor man sie auf einem abgesperrten Platz tötete. Vor den in Rage geratenen Tieren liefen die jungen Männer her, um so ihren Mut zu beweisen. In Spanien dienten blutige Stierkämpfe den jungen Adligen als Mutprobe, bei der sie ihre Kraft und Gewandtheit zur Schau stellen konnten. Im Jahr 1567 verbot Papst Pius V. (1504–1572) den Stierkampf. Als Strafe drohte er mit Exkommunizierung. Doch die strenggläubigen Katholiken Spaniens beeindruckte dieser Erlass wenig, sie ignorierten ihn weitgehend.

Maifeier in einem flämischen Dorf. Es wird gefeiert, gewürfelt, flaniert, gegessen und getrunken. Männer und Frauen tanzen fröhlich um den Maibaum, während vom ausgelassenen Spiel erschöpfte Kinder in den Armen der Mutter fest einschlafen.

Die Ausgelassenheit einer Feier schlug oft schnell in Aggression um. Wüste Schlägereien hatten nicht selten schwere Verletzungen zur Folge.

Viele Gewalttätigkeiten an Tier und Mensch wurden damals in ganz Europa geflissentlich übersehen. Die Behörden ließen den Topf der Emotionen brodeln, aber möglichst nicht überkochen. Einhalt geboten sie nur, wenn die ungestümen Veranstaltungen zu viele Todesopfer forderten oder die öffentliche Ordnung ernsthaft gefährdet schien.

Feste feiern – Lebensfreude für alle

Anlass zum Feiern gaben nicht nur Geburt, Hochzeit, Beerdigung und die im Kalender festgelegten Feiertage wie Ostern, Pfingsten, Weihnachten, Neujahr, das Dreikönigsfest oder der Karneval. Viele andere Gelegenheiten wurden beim Schopf gepackt, sei es das Namensfest des Schutzheiligen der Dorfkirche oder eine öffentliche Hinrichtung.

Jedes Ereignis bot einen guten Grund für Ausschweifungen, zum Essen, zum Trinken, zum Geld Ausgeben und um sich herauszuputzen. Ein englischer Reisender stellte in Neapel fest, dass „ein armer Mann im Alltag nur sehr wenig braucht, um sich zu kleiden. An Festtagen freilich, ja da wirft er sich wahrhaftig in Schale, trägt ein über und über mit Spitzen besetztes Wams, feuerrote Strümpfe und riesengroße Schnallen an den Schuhen." An Festtagen wurde auch das Haus geschmückt mit allem, was sonst in den Schränken verborgen lag.

Sportliche Wettkämpfe standen an diesen besonderen Tagen im Mittelpunkt. Männer, Frauen und Kinder beteiligten sich begeistert am Hoch- und Weitsprung oder am Weitwurf mit Kieselsteinen. Gesellige Spiele wie Kegeln, Bockspringen, Blindekuh oder Verstecken schufen weitere Abwechslung. Bei schlechtem Wetter musste man sich mit Schach, Backgammon, Dame, Billard oder Kartenspielen begnügen. Musik und Tanz gehörten zum Freizeitvergnügen aller Gesellschaftsschichten. An Festtagen verwandelten sich die öffentlichen Plätze der Städte und Dörfer in riesige „Vergnügungsparks", in denen die Stimmung überschäumte.

Die Festlichkeiten zur Wintersonnenwende gerieten im Allgemeinen üppiger als die zur Sommersonnenwende, dem Mittsommertag. Der Termin dafür lag kurz vor der Ernte, die Vorräte gingen zur Neige und mussten geschont werden. Wenn auch das leibliche Wohl etwas zu kurz kam, so sparte man nicht an übermütigem, wildem Spiel und ausgelassenem Tanz. Ein lutherischer Pfarrer aus Estland berichtete um die Mitte des 16. Jh. entsetzt: „Am Vorabend des Mittsommers wurden im ganzen Land Freudenfeuer angezündet. Um die hoch flackernden Flammen tanzten die

Der Karneval in Venedig mit seinem frivolen Ruf zog schon im 16. Jh. scharenweise die Touristen aus ganz Europa magisch an.

Gaukler tanzen vor gut betuchten Höflingen, die in einer teuren Kutsche zum Flussufer gefahren sind.

Menschen, sie sangen und tanzten voller Freude, und die Dudelsäcke kamen zum Einsatz. Viele Fuhren Bier wurden herbeigebracht – welches Durcheinander, welcher Tumult, welche Streitereien, ja sogar Mord und Totschlag dort doch stattfanden.“

Der Karneval im Januar oder Februar bot der Stadtbevölkerung die willkommene Gelegenheit, sich einmal richtig auszutoben. Alle Hemmungen verschwanden hinter den Verkleidungen und Gesichtsmasken, die Anonymität ermöglichten.

Der Karneval, ein Wort, das in seiner volkstümlichen Deutung mit *carne vale!* – Fleisch, lebe wohl! – übersetzt wird, entfesselte geradezu die Lust auf Fleisch. Bevor man in die fleischlose Fastenzeit eintrat, rollten Karren, auf denen mit Würsten behängte Figuren standen, durch die Straßen. Jede Wurst, jeden Brocken Fleisch verspeiste man in den Karnevalstagen besonders genüsslich. Ein sinnlicher Taumel weckte alle Lebensgeister.

Nachprüfbare Geburtsdaten zeigen, dass die Karnevalszeit offensichtlich das sexuelle Verlangen steigerte. Die Welt stand Kopf und gönnte jedem eine Atempause im gnadenlosen Kampf ums Dasein. Im Karneval durften König Alkohol und Vizekönig Gewalt freizügig ihre Zepter schwingen.

Besucher Venedigs berichteten, dass sich während der Karnevalszeit die Anzahl der ungeklärten Todesfälle drastisch erhöhte. 1580 schlug in der französischen Stadt Romans das närrische Treiben in ein Massaker um. Auslöser bildete ein Banner mit dem Spruch: „Die Reichen der Stadt leben auf Kosten der Armen.“

Das Ehepaar vertreibt sich die Zeit mit dem beliebten Backgammon. Am Tischrand sitzt ein südamerikanischer Papagei, der interessiert zuschaut.

Der Maibaum

Über den Ursprung des Brauchs, einen Maibaum aufzustellen, ist man sich nicht einig. Man vermutet seine Wurzeln in der Baumverehrung germanischer Zeit. Bis heute betrachtet man den Maibaum als Symbol der Fruchtbarkeit und göttlichen Segens.

Als Maibaum, der traditionell am 1. Mai aufgestellt wurde, verwendete man im 16. Jh. noch überwiegend einen frisch gefällten, belaubten Baum. In der Münchner Residenz findet sich eine Wandmalerei aus dem Jahr 1585, die bereits einen dicken Mast mit Figuren und grünem Wipfelkranz, also schon einen Figurenbaum, zeigt.

Bei allen Gesellschaftsschichten in Stadt und Land erfreute sich im 16. Jh. die Maifeier großer Beliebtheit. Mit dem 1. Mai, dem Fest der Freude über die neu erwachende Natur, verband man allerlei Bräuche und Schabernack.

So errichteten junge Männer in Frankreich während der Nacht vom 30. April zum 1. Mai vor den Häusern aller Mädchen im heiratsfähigen Alter einen Maibaum. Von der jeweils verwendeten Baumart ließ sich ablesen, wie die einheimischen Burschen das jeweilige Mädchen einschätzten: Dornige Pflanzen bedeuteten Stolz und Kratzbürstigkeit, der sehr stark duftende Holunder, dessen weiches Holz schon beim Abbrechen wenig Widerstand bot, wurde vor dem Haus eines Mädchens aufgestellt, das man für leichtfertig hielt. Einem völlig sittenlosen Mädchen kippte man Abfälle vor die Haustür.

Am 1. Mai gingen blumenbekränzte Kinder mit Körben voller Kuchen und Obst von Tür zu Tür. Sie überreichten diese Nahrungsmittel und bekamen dafür eine kleine Münze oder Süßigkeiten.

Diese Szene auf einem französischen Gobelin zeigt einen Flöte spielenden Hirten und Landvolk, das um den Maibaum tanzt.

Makabre Volksbelustigung

Die öffentliche Vollstreckung von Strafgerichtsurteilen galt als Quelle des Amüsements. Ob Folter oder Hinrichtung, immer fanden sich Scharen von Gaffern ein, die dem Geschehen mit wonnigem Schauer zusahen. Wer sich etwas zuschulden kommen ließ, fand vor den Augen des Volkes keine Gnade. Bei leichten Vergehen – wenn z. B. ein alter Mann ein junges Mädchen heiratete – begnügte man sich mit der unterhaltsamen Demütigung des Paares. Man schlug vor ihrem Haus auf Töpfe und Pfannen und grölte zotige Lieder.

Zum wahren Volksfest gerieten Ereignisse wie diese: Einem Priester, der gegen die Kirchenregeln verstoßen hatte, wurde in einem öffentlichen Spießrutenlauf das Gewand in Fetzen vom Leib gerissen. Schwerverbrecher peitschte man unter dem Beifall des Publikums durch die Stadt, um sie dann auf höchst bestialische Weise hinzurichten. Und 1554 musste in der französischen Stadt Montpellier ein zum Tod Verurteilter vor seiner Hinrichtung sein Verbrechen in Versform fassen und in der Öffentlichkeit vortragen. So merkwürdig uns das auch erscheinen mag, das alles galt damals als geschätzte, spaßige Unterhaltung.

Lustig fand man auch sportliche Aktivitäten, die ein Zeitgenosse kritisierte: „Mit dem Zersplittern der Schienbeine und dem Brechen der Beine ist das Spiel weder gesittet noch in irgendeiner Weise gesundheitsfördernd. Es ist ein teuflischer Zeitvertreib, eine blutige und mörderische Sache.“ Die Rede ist von einem fußballartigen Spiel, das zwar allgemein verdammt, aber dennoch häufig gespielt wurde. Dieses Spiel war genauso gewalttätig wie die damals beliebten Sportarten Ringen, Schienbeintreten oder Kämpfe mit dem Breitschwert.

Die Passion von Luzern

Im 16. Jh. führte man auf dem Kornmarkt der schweizerischen Stadt Luzern jedes Jahr ein Passions- oder Mysterienspiel auf. Mitglieder der Zünfte stellten in dieser Vorstellung die Personen der Bibel dar. Die Spielfläche bot den Zuschauern ein abwechslungsreiches Bild. Gottvater saß auf einem erhöht gebauten Thron. Vor einem großen Kreuz standen Jesus und einige seiner Jünger. In einer Ecke wusch Pilatus sich die Hände, daneben betraten die Heiligen Drei Könige einen strohgedeckten Stall. Züngelnde Flammen, die den Höllenschlund symbolisieren sollten, fehlten ebenso wenig wie der mit blauer Farbe quer über den Platz gemalte Fluss Jordan und das auf einer Säule ruhende Goldene Kalb.

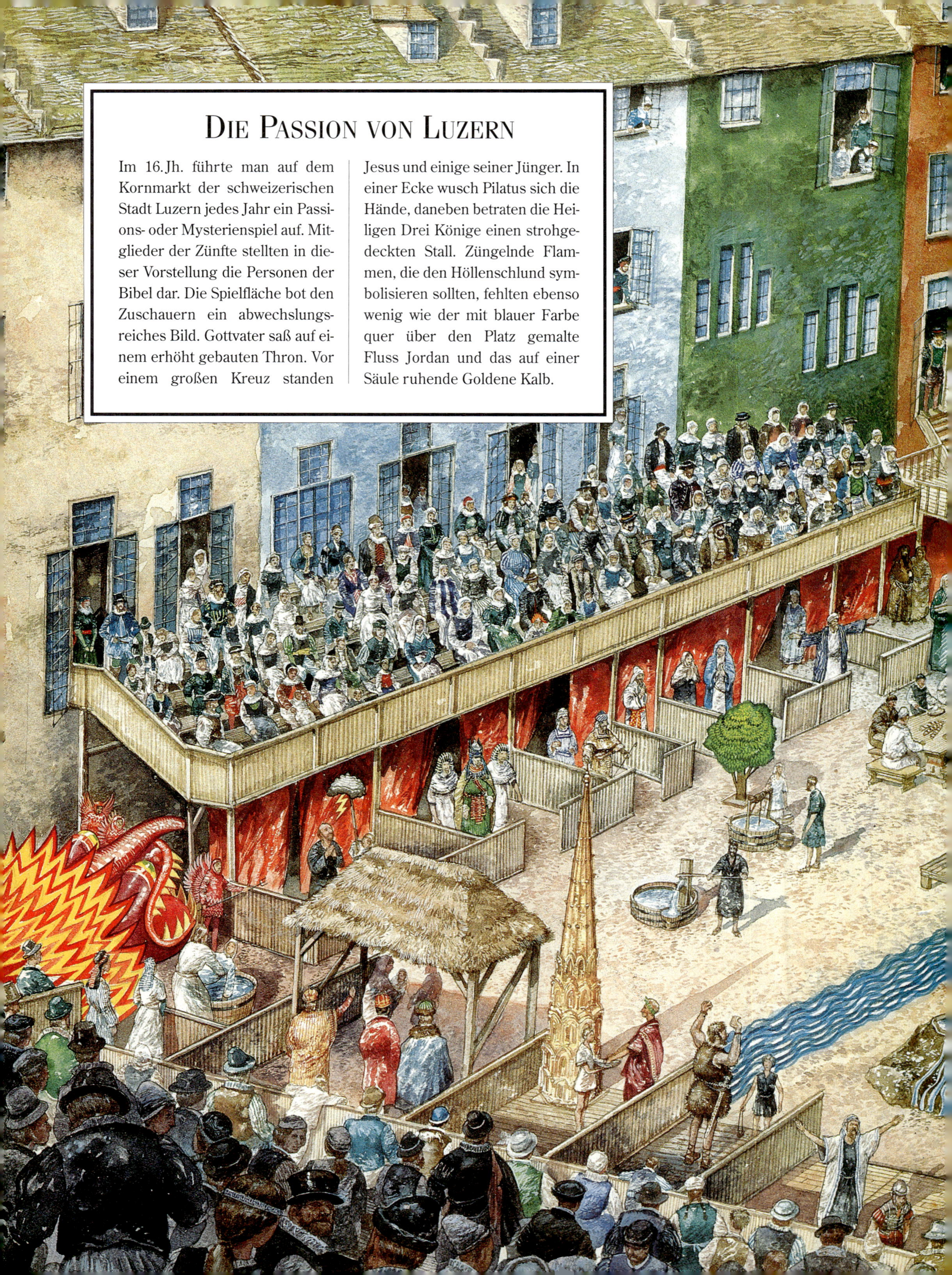

Commedia dell'Arte

In der Mitte des 16. Jh. entstand in Italien eine neue Form des komischen Theaters, die *commedia dell'arte*. Im Gegensatz zur *commedia erudita*, einem literarischen Theater, das überwiegend von Amateurschauspielern aufgeführt wurde, handelte es sich bei der *commedia dell'arte* um professionelles Theater. Die Berufsschauspieler der *commedia dell'arte* führten sehr witzige, satirische, oft auch obszöne Stücke auf, in denen nur die Grundzüge der Handlung festlagen. Ihre Lebendigkeit erhielten die Stücke durch scheinbar improvisierte Dialoge. Tatsächlich beruhten die Spielvorlagen jedoch auf genauen Absprachen der Darsteller. Selbst die nicht vorformulierten Textpassagen bestanden weitgehend aus feststehenden Formeln der Rhetorik, einem Lernfach in der Ausbildung zum Berufsschauspieler.

Isabella Andreini (Mitte des Bildes) war der Star der italienischen Truppe Gelosi, die in Paris das Publikum jahrelang begeisterte.

Die italienischen Schauspielertruppen, die oft aus einer ganzen Familie bestanden, zogen mit diesen unterhaltsamen Stücken durch Europa. Sie spielten vor allem auf Marktplätzen, wo sie viele dankbare Zuschauer fanden.

Alles Theater

Im Lauf des 16. Jh. entwickelte sich in den Ländern Europas eine vielfältige Theaterlandschaft. In Italien entstand in Venedig und der Lombardei die *commedia dell'arte*, die mit Stegreifkomödien brillierte. *Autos sacramentales*, Stücke mit religiösen Inhalten, durchsetzt mit komischen Szenen, dominierten in Spanien. An Frankreichs Königshof spielte man gern Tragödien von Etienne Jodelle (1532–1573) wie *Cleopâtre captive* (Die gefangene Kleopatra). In England etablierte sich das *Elisabethanische Theater* mit Volksstücken, die dem Bedürfnis der Londoner Bevölkerung, und zwar aller Stände, nach spannender Unterhaltung und Informationen über die höfische Welt, Klatsch, Sensationen und Nervenkitzel Rechnung trugen. Typisch dafür ist eine Anweisung, die im Textbuch des längst vergessenen Stückes *Die Schlacht von Alcazar* stand: „Drei Phiolen (bauchiges Glasgefäß mit langem Hals) Blut und Schafsgeschlinge (Innereien des Tieres) besorgen."

Das 1599 erbaute Globe Theatre in London brannte 1613 während einer Aufführung von Shakespeares Drama *Heinrich VIII.* ab.

Um die Mitte des Jahrhunderts bereisten englische Berufsschauspielertruppen ganz Europa. Die aus 10–18 Mitgliedern bestehenden Gruppen führten englische Stücke mit vielen Applaus heischenden Effekten auf. Weil die Darsteller nur Englisch sprachen, stellten sie Mimik, Gestik und Kostüme in den Vordergrund ihres Rollenspiels, um die Inhalte der Stücke verständlich zu machen.

Die Possen der *Englischen Komödianten* brachten Anregungen für das langweilige, moralisierende Schuldrama, das in höheren Schulen und deutschen Universitäten als Unterrichtsmittel eingesetzt wurde. Diese literarische Form diente anfangs zum Erlernen der lateinischen Sprache und zur Verbesserung der Rhetorik, wurde dann aber von Martin Luther und Philipp Melanchthon zur Thematisierung konfessioneller Auseinandersetzungen benutzt, und zwar nur in deutscher Sprache. Neben dem protestantischen gab es auch ein katholisches Schuldrama.

Mit seinen durchaus moralisierenden, aber wesentlich unterhaltsameren Stücken steuerte der Nürnberger Schuhmacher und Poet Hans Sachs (1494–1576) in der ersten Hälfte des 16. Jh. einen individuellen

Mit riesigem Aufwand stellte man in Florenz zur Unterhaltung des Adels eine Seeschlacht nach. Als Vorlage dienten ähnliche Spektakel, die während der römischen Antike im Kolosseum in Rom stattfanden.

Beitrag zur Theaterkultur bei. In seinen 63 *Tragedien* und 65 *Komedien*, wie er seine umfangreichen Stücke selbst nannte, verarbeitete er Stoffe aus der Bibel, der Antike und alten Volksbüchern. Ihre humorvolle Gestaltung und volkstümliche Sprache fanden großen Anklang beim Publikum. Als Oberhaupt der damals berühmten Nürnberger Meistersingerschule dichtete Sachs über 4000 Meisterlieder, die eine weite Verbreitung fanden.

Außer der *commedia dell' arte* brachte das 16. Jh. einen weiteren, heute noch leuchtenden Stern am Himmel der europäischen Theaterkultur hervor: William Shakespeare (1564–1616), Dramatiker und Schauspieler. Über die beruflichen Anfänge Shakespeares, Sohn eines Handschuhmachers, weiß man wenig. Belegt ist, dass er mit Schauspielertruppen des *Elisabethanischen Theaters* sehr erfolgreich auftrat. Die genauen Daten der Uraufführungen seiner Stücke sind nicht bekannt. 1597 kaufte er in Stratford on Avon ein Haus und 1599 erwarb er einige Anteile am *Globe Theatre*.

Eine umherziehende Schauspielertruppe baut vor den Toren einer Stadt eine mobile Bühne für die Vorstellung auf.

In den Straßen und Gassen

Eng, laut und voller übler Gerüche, so lassen sich die meisten Straßen der Städte des 16. Jh. beschreiben. Die Karren der Bauern und Händler mussten sich zwischen den geschäftig eilenden Menschen oder den Arbeits- und Verkaufstischen der Handwerker hindurchzwängen.

Reisende, die sich im 16. Jh. einer europäischen Stadt näherten, erblickten schon aus der Ferne die Stadtmauer mit ihren Türmen und Toren. Sie umschloss Stadtanlagen ganz unterschiedlicher Art. Manche deutsche Städte beispielsweise, die aus dörflichen Ursiedlungen entstanden sind, zeigten aus der Vogelperspektive ringförmig angelegte Straßen. Wie die Jahresringe eines Baumes umfassten sie den Ortskern. Von dort aus führten größere Straßen wie gekrümmte Speichen eines Rades zu den Stadttoren. Dies ist heute z. B. noch im bayerischen Nördlingen zu erkennen. Im Zentrum der Altstadt standen (und stehen noch) das Rathaus und die St.-Georgskirche. Von hier aus gelangte man zu den in verschiedenen Richtungen liegenden fünf Stadttoren.

Andere Stadtbilder in Deutschland wurden ganz markant durch zwei im Achsenkreuz verlaufende Straßen geprägt. Die im Umriss in Quadratform angelegte Stadt Rottweil etwa teilte man durch solch ein Achsenkreuz in vier Stadtviertel. Aber auch streng geordnete Straßennetze, wie das seit antiker Zeit bekannte Schachbrettmuster, gab es in vielen Städten. Eine im 16. Jh. erbaute Siedlung weist nicht

Rechts: Florenz wies um 1530 – wie viele Städte in Europa – eine dichte Bebauung auf.
Unten: Die Äcker reichten im 16. Jh. bis zum Stadtrand, wie hier am Beispiel von London zu sehen ist.

nur dieses regelmäßige Bild auf, sondern gleichzeitig eine Besonderheit: die Fuggerei in Augsburg, unweit vom damaligen Stadtkern erbaut.

Zwischen 1516 und 1519 stifteten der enorm reiche Augsburger Bankier und Kaufmann Jakob Fugger und seine Brüder das Geld zum Bau der ersten Sozialsiedlung der Welt. In den 52 zweigeschossigen einfachen Häusern lebten Arme in Zweizimmerwohnungen. Die Jahresmiete soll einen Gulden betragen haben, nach heutigem Wert wären das ungefähr 1,70 DM. Die Fuggerei bildet bis in unsere Tage eine kleine Stadt in der Stadt.

Aus heutiger Sicht boten nur wenige Städte im damaligen Europa „Großstadtformat". Einwohnerzahlen von 500 bis 2000 waren die Regel. Selbst die Handelsmetropole Nürnberg bevölkerten nicht mehr als 30 000 Menschen. Ausnahmen bildeten London, Paris oder Neapel mit ihren mehreren Hunderttausend Einwohnern.

Wie hier in Paris öffneten sich die Läden mit ihren Verkaufstheken ebenso wie die Werkstätten der Handwerker zur Straße hin.

Handel auf den Marktplätzen

Von den Torstraßen her erschloss sich die Stadt. Sie führten auf die Plätze, auf denen sich der Warentausch, der wichtigste Faktor des städtischen Wirtschaftslebens, abspielte. In den größeren Städten gab es spezialisierte Märkte wie den Kornmarkt, Fischmarkt, Holzmarkt oder den Kohlenmarkt, deren Standorte noch heute durch entsprechende Straßen- oder Ortsbezeichnungen überliefert sind.

Das Marktgeschehen unterlag strengen Regeln. Vor allem sollten immer wieder erneuerte Verbote den so genannten Fürkauf verhindern. Gerissene Großhändler kauften nämlich die Waren aus dem Umland direkt beim Erzeuger auf. Das lebenswichtige Getreide oder das Vieh kam so entweder gar nicht auf den Markt oder die Händler diktierten die Preise.

In der Landesordnung von Bayern aus dem 16. Jh. ist dem Fürkauf viel Raum gewidmet. 1516 wird darin streng festgelegt, dass jeglicher Fürkauf „verpotten (verboten) sein und bleiben" müsse. Jedoch ließen sich die Spekulationsgeschäfte damit nicht eindämmen. Die Händler kauften dann auch noch auf den Märkten Lebensmittel auf, um sie sofort zu einem höheren Preis weiterzuveräußern. Daraufhin erklärte 1557 der bayerische Landesherr Herzog Albrecht V. (1528–1579) wütend, solche Machenschaften würden nur leichtfertige Personen begehen, um ihrem Müßiggang und der Völlerei noch besser frönen zu können. Und das seien keine „aufrichtigen Gewerbsleute".

Doch weder die herzogliche Schimpfkanonade noch Haftstrafen lösten das Problem. Der Fürkauf und ähnliches „spekulatives Wirtschaftsgebaren" trieben weiterhin in ganz Europa ihre Gewinn bringenden Blüten. Um dem Not leidenden Teil der Bevölkerung das schwere Los ein wenig zu erleichtern, durften mancherorts die ärmeren Käufer in aller Herrgottsfrühe als Erste auf dem Markt einkaufen. Dies hatte aber lediglich zur Folge, dass die Händler hochwertigere Waren zurückhielten, bis die kaufkräftigeren Kunden auftauchten.

Handeln und Wandeln auf den Strassen

Die ohnehin schmalen Straßen oder Gassen der Städte des 16. Jh. wurden noch enger, wenn die Anwohner versuchten, ihren Geschäftsraum zu vergrößern, indem sie die Straße mit einbezogen. Läden oder Werkstätten, die sich im Erdgeschoss des Hauses befanden, öffneten sich zur Straße hin. Geschäftsleute schoben häufig ihre Verkaufstische oder -theken ins Freie. Handwerker lagerten Arbeitsmaterial oder Bauholz vor ihrer Werkstatt oder boten dort ihre Ware feil.

Das Handwerk, das die Stadtwelt des 16. Jh. prägte, hatte viele Gesichter. Die Trennung von Produktion und Verkauf gewann immer stärker an Bedeutung. Viele Kleinhandwerker mussten sich mit dem so genannten Verlagssystem arrangieren. Das bedeutete: Kapitelkräftige Großhändler lieferten die Rohstoffe oder anderes Material, Handwerker fertigten daraus bestimmte Produkte und die Händler übernahmen den Verkauf.

Es handelte sich hierbei um eine frühe Form der Massenproduktion, die vor allem bei Textilien und Kriegsgütern zum Einsatz kam. Von einer Selbstständigkeit des Handwerkers und einem soliden Betrieb mit Meister, Gesellen und Lehrlingen konnte da keine Rede sein. Den Kräften des Marktes ausgeliefert – abhängig von Angebot und Nachfrage –, kämpften unzählige einzelne Handwerker mit ihrer Familie ums Überleben.

Einkaufen oder ein Stadtbummel machte im 16. Jh. gewiss wenig Spaß. Allgegenwärtiger Lärm, Schmutz und Gestank drangsalierten die menschlichen Sinne. Es gab weder Kanalisation noch Müllabfuhr. Abfall und Brauchwasser wurden einfach auf die Straße gekippt, wo sich im besten Fall eine Abflussrinne befand, aus welcher der Regen den Unrat wegspülte. Selbst in größeren Städten wurden oft im Hof oder in Pferchen vor den Häusern Schweine oder Geflügel gehalten. Regengüsse verwandelten die meist ungepflasterten und staubigen Wege regelmäßig in Schlammbahnen. Nur wenige Reiche entkamen dieser lauten und schmutzigen Welt, indem sie sich in Sänften befördern ließen oder in exklusive Stadtgärten zurückzogen.

Nach Sonnenuntergang lag die Stadt im Dunklen. Wer jetzt auf die Straße ging, musste ein Licht bei sich tragen; in Hamburg z. B. war jeder Einwohner dazu verpflichtet. In vielen Städten herrschte für Hausbesitzer eine Beleuchtungspflicht. Doch die Lichtquellen – Öllampen und Kerzen – brachten nur wenig Helligkeit und kosteten viel Geld. Auch das Hantieren mit der Lichtputzschere, um die Dochte am Brennen zu halten, gestaltete sich sehr umständlich. Außerdem mussten die stets offenen Flammen wegen der Feuergefahr sorgfältig bewacht werden. So richtete sich das Leben in der Stadt fast vollständig nach dem von der Natur gegebenen Tag- und Nachtrhythmus.

Es brennt, es brennt!

Dieser Ruf hallte im 16. Jh. nicht selten durch die Gassen einer Stadt. Die Brandursachen lagen auf der Hand. In jedem Haus brannte offenes Feuer, sei es im Herd oder in der Öllampe. Leicht entflammbare Materialien wie Holz und Stroh zählten auch in den Städten zu den gängigen Baustoffen. Und die drangvolle Enge unten auf der Straße setzte sich nach oben hin fort. In den Obergeschossen der Häuser wurden Wohn- und Lagerraum gewonnen, indem man die Stockwerke durch so genannte Vorkragungen vergrößerte. Im Fall eines Brands fand das Feuer also reichlich Nahrung und konnte sich rasch ausbreiten. Verheerende Feuersbrünste legten ganze Straßenzüge, manchmal die gesamte Stadt, in Schutt und Asche. 1505 traf München eine Brandkatastrophe, 1506 brannte Paderborn nieder und 1593 versank Köln in einem Flammenmeer.

An diversen Feuerschutzverordnungen fehlte es nicht. Sie empfahlen recht ausführlich, wie man im Haushalt oder in einer Werkstatt, z. B. in einer Schmiede, mit dem offenen Feuer umzugehen hatte. Doch Leichtsinn und Unachtsamkeit ließen die Flammen immer wieder zerstörerisch lodern. Jeder Mensch, ob jung oder alt, hatte die Pflicht, bei Entdeckung eines Brands „zu rennen, zu wecken, zu lärmen, zu rufen, Glocken zu läuten oder die Trommel zu rühren oder ins Feuerhorn zu blasen“. Selbst wenn es unter dem eigenen Dach brannte,

Oben: Gegen Ende des 16. Jh. begann Hamburg die Seehandelsmetropole Antwerpen zu überflügeln. Ganz oben: Der Kupferstich von Matthäus Merian zeigt Nürnberg in seiner Blütezeit als Handelsstadt.

mussten die Hausbewohner zuerst das Feuer „beschreien“, bevor sie sich an die Rettung ihres Hab und Guts machen konnten. Und dabei galt es, sich zu beeilen, denn die Feuerbekämpfung funktionierte noch wie im Mittelalter: Mithilfe von Karren schaffte man in großen hölzernen Bottichen das Wasser herbei. Dieses wurde dann im Ledereimer von Mann zu Mann gereicht. Zwar besaßen manche deutsche Städte Feuerspritzen, die in Nürnberg hergestellt wurden, doch über ihren wirkungsvollen Einsatz ist so gut wie nichts bekannt. Erst um die Mitte des nächsten Jahrhunderts tauchte – wiederum in Nürnberg – die Hautsch'sche Feuerspritze auf, die angeblich sehr gute Dienste leistete. Über lange Zeit jedoch bildeten die von Männern der Stadt „bedienten“ Feuereimer die zuverlässigste „Feuerwehr“.

Oben: Im Namen der spanischen Krone ließ Herzog Alba (1507–1582) in dem niederländischen Küstenstädtchen Haarlem 1573 zahllose Protestanten öffentlich hinrichten. Unten: Der Holzschnitt zeigt Köln im Jahr 1531 mit dem im Bau befindlichen Dom.

Städtische Gastlichkeit

In den Wirtshäusern der Stadt nahmen Marktbesucher gemütlich ihr Mittagsmahl ein und Reisende erholten sich von den überstandenen Strapazen. So sahen es zumindest die Münchner Wirte. Doch die deutsche Gastlichkeit schien man nicht überall zu pflegen, will man einem Bericht des niederländischen Humanisten Erasmus von Rotterdam glauben: „Wenn du nachmittags um 4 Uhr ankommst, so wirst du doch kaum vor 9, 10 Uhr abends etwas zu essen bekommen.“ Und als er sich einmal über den schlechten Wein beschwerte, bekam er zu hören: „Hier sind Grafen eingekehrt, kein einziger hat sich beschwert … Wem's hier nicht ansteht, der suche sich eben ein anderes Haus.“

Wasser für die Stadt

Nicht nur die Wasserversorgung für das Löschen eines Brands stellte ein Problem dar. Fast jeder in der Stadt musste sich tagtäglich um das feuchte Nass für den Haushalt kümmern. Den Anschluss eines Hauses an eine Wasserleitung, die Wasser von einer höher gelegenen Quelle heranführte, wertete man als fürstlichen Luxus, den nur wenige genießen konnten. Als der sächsische Kurfürst dem Theologen Philipp Melanchthon in dessen Wittenberger Haus eine Wasserleitung legen ließ, war dies ein Zeichen höchster Wertschätzung.

Einige Häuser hatten eigene Brunnen, die jedoch keineswegs sauberes Grundwasser lieferten, denn es wurde häufig von den Fäkalien der benachbarten Abortgruben verseucht und bildete somit eine ständige Quelle für Krankheiten.

Die meisten Stadtbewohner bezogen ihr Wasser aus öffentlichen Brunnen, die sich über die ganze Stadt verteilten. Einen besonderen Komfort boten die an eine Quellwasserleitung angeschlossenen Laufbrunnen. Die Ziehbrunnen dagegen wurden vom Grundwasser gespeist. So waren die Nürnberger besonders stolz auf ihren bereits im 14. Jh. errichteten Laufbrunnen, den sie *Schönen Brunnen* tauften. Dieser steht heute noch auf dem Nürnberger Hauptmarkt; allerdings wurde er im Lauf der Zeit so oft erneuert, dass wohl kaum ein Stein vom ursprünglichen Brunnen stammt.

Wir sprechen heute im übertragenen Sinn von Brunnenvergiftern, wenn jemand das Allgemeinwohl gefährdet. Im 16. Jh. konnte die reale Tat des Brunnenvergiftens eine leidvolle Katastrophe auslösen.

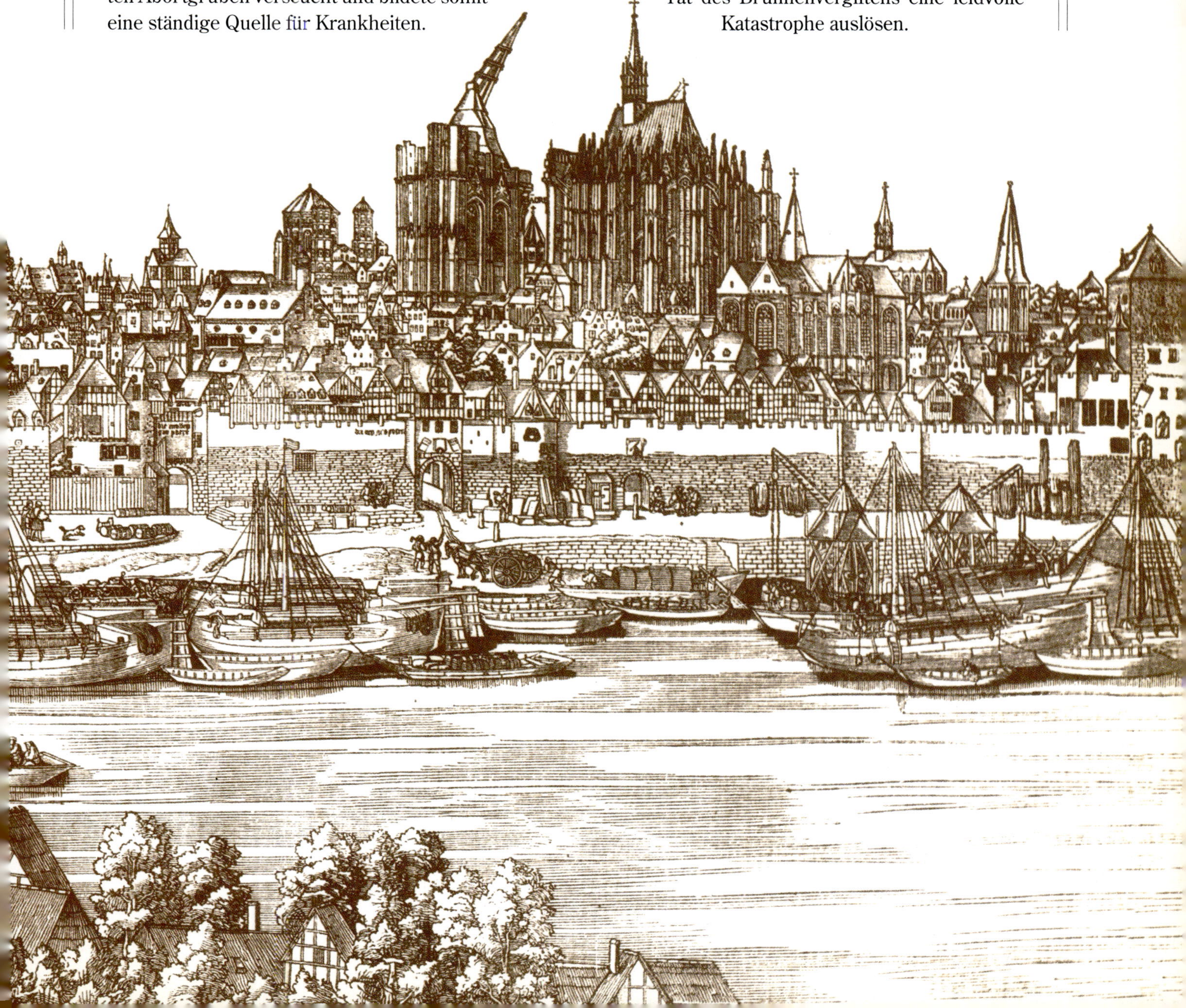

Brücken – die Strassen über den Fluss

Brücken gehörten zu allen Zeiten zu den wichtigsten Verkehrsadern, insbesondere für Städte, die sich auf beiden Seiten eines Flusses entwickelt hatten. Von den Holzbrücken, die seit dem Mittelalter mit erstaunlicher technischer Perfektion erbaut wurden, kennen wir die meisten nur von den Holzschnitten oder Kupferstichen des 16. Jh. So hat z. B. Albrecht Dürer den Trockensteg am Hallertor in Nürnberg verewigt. Dieser überdachte Flussübergang zählte zu den schönsten Holzbrücken der Zeit.

Zwischen 1588 und 1592 ersetzte man in Venedig die alte Holzkonstruktion der schon damals berühmten Rialtobrücke durch einen Bogenbau aus Stein. Dieser ist heute noch zu bewundern und auch das Leben und Treiben auf diesem Übergang über den Canal Grande haben wohl nichts an Regsamkeit und Abwechslungsreichtum verloren.

Viele Stadtbrücken entwickelten sich zu Einkaufsstraßen mit Läden und Verkaufsständen. Auf manchen Brücken befanden sich sogar Aufbauten, in denen Menschen wohnten und arbeiteten.

Auf der Strasse ermordet

Allerlei lichtscheues Gesindel trieb sich im 16. Jh. in den Gassen der Städte herum. Doch der Mord, der sich am 14. Mai 1610 in Paris bei strahlender Sonne mitten auf der Straße vor den Augen unzähliger Passanten abspielte, versetzte Europa in Aufregung.

An diesem Tag fuhr der französische König Heinrich IV. mit sieben weiteren Personen in einem offenen Wagen durch die Straßen von Paris. Er wollte seinen erkrankten Kanzler besuchen. Der Kutscher lenkte das Gefährt in die engen von Menschen überfüllte Rue de la Ferronnerie. Durch das Gedränge kam das Gefährt nicht weiter und musste stehen bleiben. Da passierte es: Ein Mann sprang auf ein Hinterrad des Wagens und versetzte dem König mit einem Dolch zwei tödliche Stiche in die Brust.

Eine ganze Reihe von Historikern ist der Meinung, dass dieses Attentat einem Menschen den Tod brachte, der das 16. Jh. – was den Kampf zwischen Katholiken und Protestanten betraf – entscheidend mitgeprägt hatte. Sein Tod spielte der „katholischen Seite“ alle Trümpfe in die Hand.

Arbeiter wehren sich

1539 gab es in der französischen Stadt Lyon 100 Druckereien, in denen etwa 1000 Leute arbeiteten. Es handelte sich also um kleine Werkstätten, in denen wahrscheinlich nur jeweils zwei oder drei Druckpressen standen.

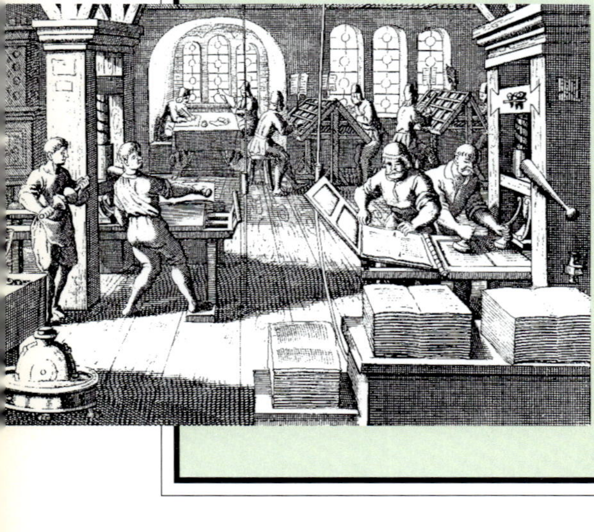

Der Konkurrenz- und damit der Kostendruck machten sich schnell bemerkbar, sodass die Druckereibesitzer an allem sparen mussten. Sie verringerten die Löhne und verlängerten die Arbeitszeit. Zudem verpflegten sie die Arbeiter nicht mehr, sondern zahlten eine Art Essensgeld in bar aus. Sie stellten mehr Lehrlinge ein und verlangten von ihnen, die Arbeit der besser bezahlten Gesellen zu tun, obwohl dies gegen die städtischen Bestimmungen verstieß.

Durch ein Überangebot an Arbeitskräften und die große Anzahl der Druckereien sanken die Löhne der Arbeiter des Druckgewerbes. Zugleich verschlechterten sich ihre Arbeitsbedingungen.

Für die Arbeiter wurde die Situation so unerträglich, dass sie die Arbeit verweigerten, heute würde man sagen: sie streikten.

Arbeiter, die an dem „Arbeitskampf“ nicht teilnehmen wollten, verprügelte man kräftig und bezeichnete sie als Gauner und Schurken. Die Streikenden druckten eigene Flugblätter und verteilten sie überall in der Stadt.

Die Druckereibesitzer jedoch hatten sich mit ihren Kapitalgebern, den reichen Bürgern der Stadt, verbündet. Es gelang innerhalb weniger Wochen, diesen ersten Ansatz eines Arbeitskampfes im Keim zu ersticken. So gingen die Arbeiter bald wieder ohne Widerspruch an ihre Arbeit.

LEBEN AUF DEM LAND

Obwohl sich vor allem in den Städten bereits die Neuzeit ankündigte, blieb das Europa des 16. Jh. nach wie vor ländlich geprägt. Die Lebensweise auf dem Land hatte sich seit dem Mittelalter nicht wesentlich verändert. Das obige Gemälde von Pieter Bruegel d. Ä. zeigt eine Momentaufnahme dieser Epoche. Nur der vierrädrige Karren verrät sich als neuzeitliches Vehikel. Zugleich gibt er einen Hinweis auf langsam reifenden Wohlstand, der bessere Lebensbedingungen schuf und der Landwirtschaft Investitionen ermöglichte.

Unterwegs auf allen Strassen

Auf den Straßen und Flüssen des 16. Jh. herrschte reger Verkehr. In Kutschen und Karren holperten Menschen und Güter über Landwege, die noch aus der Römerzeit stammten. Boote und Kähne schipperten in versandeten Fahrrinnen. Kaufleute forderten daher bessere Verkehrswege.

Ohne Zweifel gestaltete sich das Reisen oder der Transport von Gütern im 16. Jh. beschwerlich. Aber die Verbindungen zu Land und zu Wasser funktionierten dennoch ausgezeichnet. Selbst in die entlegensten Gegenden gelangten zuverlässig Waren und Nachrichten. So hatte z. B. der Krämer James Backhouse in seinem Laden in der Kleinstadt Kirkby Lonsdale im Nordwesten Englands regelmäßig französische Strumpfbänder und spanische Seide auf Lager. Umschlagplätze für die Waren bildeten die großen Handelsstädte in Norditalien und den Niederlanden.

Ausländische Waren verdrängten jedoch keineswegs die heimischen Erzeugnisse, vor allem nicht jene des täglichen Bedarfs wie Lebensmittel oder Haushaltsgegenstände. Im Umkreis der Städte fand ein reger Warenverkehr statt. Die Bauern schafften ihre landwirtschaftlichen Produkte zu Fuß in großen Tragekörben oder per Karren in die Stadt, um sie dort auf dem Markt feilzubieten.

Das Reisen in schwankenden Karren auf den schlechten Straßen machte müde. Eine Rast an einem kleinen Fluss erfrischte Mensch und Tier.

Der Hof auf Reisen

Europäische Monarchen befanden sich oft auf Reisen. Begleitet wurden sie von ihrem gesamten Hofstaat. Wenn Elisabeth I. sich mit ihrem Gefolge auf den Weg zu einer Rundreise machte, lief dies wie ein großer Festumzug ab:

Vorneweg schritten die Dienstboten der Königin und zwei ihrer Leibwächter. Es folgten Stallmeister und Haushofmeister, dann Mitglieder des Kronrats und der Erzbischof von Canterbury mit 50 Reitern. Lord Burghley und Sir Francis Walsingham, beide höchste Staatsbeamte, ritten der königlichen Kutsche voraus, in der Majestät allein saß. Es folgten Oberstallmeister Robert Dudley, weitere Mitglieder des Kronrats, 24 Hofdamen, 50 Angehörige der Königlichen Wache mit zwei Ersatzkutschen. Über 300 Karren, mehr als 300 Packpferde und Maultiere schlossen sich an. Sie transportierten das königliche Reisegepäck, z.B. das Prunkbett, die Sitzbadewanne, Kleidung, Schmuck und Bettwäsche. Der Tross legte rund 20 km am Tag zurück. Die Reisegesellschaft übernachtete in einem Quartier, das der Zeremonienmeister zuvor sorgfältig inspiziert hatte.

Links: Kaiser Karl V. auf einer Rundreise durch Frankreich. Unten: Eine 1574 gezeichnete Landkarte der Grafschaft Norfolk in England.

Reisen, um zu arbeiten

Die wenigsten Menschen im 16. Jh. reisten zum Vergnügen. Auch in dieser Zeit musste man der Arbeit hinterherlaufen. Die Kinder aus den ärmsten Regionen Europas, z.B. den Alpen oder Pyrenäen, strömten zu Tausenden in die Städte, in der Hoffnung, Lohn und Brot zu finden, um die eigenen Lebensverhältnisse zu verbessern. In Venedig gab es zahllose Kellner, Lastenträger, fliegende Händler, Lagerarbeiter, Künstler, Studenten, Bettler und Huren. Alle stammten sie aus Alpendörfern und jeder versuchte in der reichen Metropole eine neue Heimat zu finden und sein Glück zu machen.

Andere Männer und Frauen unternahmen die lange Reise von ihrem Dorf nach Venedig jedes Jahr. Sie verdingten sich im Sommer als Saisonarbeiter auf den Reisfeldern der norditalienischen Ebenen. Ihnen ging es vor allem darum, möglichst viel Bargeld zu verdienen. Vor ihrer Rückkehr kauften sie dringend benötigte Haushaltsartikel, gönnten sich aber auch das eine oder andere Luxusgut. Nach einem guten Jahr kehrten sie voll beladen in ihre Dörfer zurück, wo die Daheimgebliebenen die Viehherden versorgt hatten.

Die Verkehrsmittel des 16. Jh. boten nur wenig Komfort. Selbst Wohlhabende mussten sich häufig mit unbequemen Karren zufrieden geben.

GEFÄHRLICHE SEEREISEN

Der englische Admiral Sir Francis Drake umsegelte 1577–1580 die Erde. Auf seinen vielen Kaper- und Eroberungsfahrten mussten zahllose Matrosen seiner Mannschaft ihr Leben lassen. Nicht nur Wind und Wetter oder Kampfhandlungen rafften die Menschen dahin, sondern vor allem Krankheiten, die durch Vitaminmangel und fauliges Trinkwasser hervorgerufen wurden.

Reisen über Stock und Stein

In allen Ländern beklagten sich die Menschen über das unzureichende Wegenetz. Die Hauptstraßen, die von den für sie zuständigen Behörden ausgebessert und instand gesetzt wurden, stammten oft noch aus der Römerzeit.

Kleine Straßen erwiesen sich häufig als unbefahrbar, weil Regen oder Schnee sie in tiefen Morast verwandelte. Und bei trockenem Wetter verhinderten Felsbrocken und riesige Schlaglöcher, dass ein Karren unversehrt passieren konnte.

Die Reisenden hatten tatsächlich viel Grund zum Klagen. Durch das unaufhaltsam wachsende Verkehrsaufkommen jedoch kam man mit den Ausbesserungsarbeiten oder dem Bau neuer Straßen nicht nach.

Auf dem langen Fußmarsch zum Markt macht dieser Bauer eine Rast. In der aus Weidenruten gefertigten Kiepe transportiert er einen jungen Hahn.

Zu den wichtigsten Verkehrsadern des 16. Jh. zählten die Alpenpässe, die Norditalien mit den Märkten in Deutschland und Frankreich verbanden. Die viel benutzten Fernstraßen berührten zahlreiche Alpentäler, deren Bewohner reichen Nutzen aus dieser geographischen Lage zogen. Mancherorts boten die Einheimischen den Reisenden ihre Dienste – Radwechsel, Versorgung der Pferde oder Essen und Trinken – rund um die Uhr an. Das alles natürlich nur gegen entsprechende, nicht gerade mäßige Bezahlung. Auch in der kalten Jahreszeit, selbst im tiefsten Winter, riss der Strom der Reisenden und der Waren nicht ab. So florierte das Geschäft das ganze Jahr über.

Am 16. Dezember 1537 beispielsweise übernahm ein Transportunternehmen in Genf 132 Ballen Stoff und versprach, sie in knapp drei Wochen in der Stadt Ivrea auf der italienischen Seite der Alpen abzuliefern. Die Ware traf sogar noch früher ein, weil man sie einfach auf Schlitten gepackt hatte, mit denen man tatsächlich schneller als im Sommer vorankam.

Die italienischen Anrainer der Alpenpässe hielten diese für sie so lukrativen und für ganz Europa wirtschaftlich bedeutenden Alpenrouten instand. Man besserte sie nicht nur regelmäßig aus, sondern erweiterte sie auch, um voll beladenen schweren Fuhrwerken den Weg zu ebnen.

In weiten südeuropäischen Regionen dagegen sahen die Reise- und Transportwege jämmerlich aus. Hier quälten sich die Menschen auf schmalen, holprigen, ungepflasterten Pfaden voran. Für diese unwegsamen Gelände blieb der Maulesel einziges Transportmittel. Rund 100 kg Last konnte jedes Tier tragen. Die Anzahl dieser Lastenträger stieg im Lauf des Jahrhunderts merklich an. Auf dem Rücken der genügsamen Vierbeiner gelangten z. B. das Gold und Silber der Neuen Welt über Spanien ins übrige Europa und somit in die Truhen des Adels und der erfolgreichen Geschäftsleute.

Für Mensch und Tier verlief der Transport auf dem Wasserweg oft bequemer und schneller als auf den schlechten Straßen.

Die Kunst des Segelns

Um den Kurs des Schiffes zu bestimmen, beobachtet der Seemann die Sterne (ganz links). Das erste englische Buch über Navigation (links) wurde 1576 veröffentlicht.

Von alters her steuerten Seeleute ihre Schiffe tagsüber nach dem Stand der Sonne, nachts richteten sie sich nach den Sternen. Im Lauf der Zeit entwickelte man dann verschiedene nautische Geräte und Seekarten, die das Navigieren wesentlich sicherer machten.

Die Schiffe des 16. Jh. führten auf ihren Fahrten über die Weltmeere einen Magnetkompass mit. Diesen verwendete man in Europa bereits seit dem 12. Jh.

Zur Ausrüstung gehörte auch ein Astrolabium, ein astronomisches Instrument zur Messung von Winkelabständen z. B. zum Horizont oder dem Himmelsäquator. Es kann als Vorgänger des Sextanten betrachtet werden.

Beobachtung der Himmelskörper und Messungen fanden eine revolutionäre Ergänzung in den Karten, die Mercator 1569 den Seefahrern in die Hand gab. Mercator hatte die Erde „vermessen". Seine Karten enthielten erstmals Projektionslinien, mit deren Hilfe man jeden Punkt auf der Erdoberfläche berechnen konnte.

Als hilfreich erwies sich auch das Log, ein simples Gerät zur Messung der Schiffsgeschwindigkeit. Dieses Log bestand aus einem mit Blei beschwerten Holzstück, das an einer mit Knoten versehenen Leine befestigt war. Die Leine wurde am Bug des Schiffes ins Wasser geworfen, dann zählte ein Matrose die Knoten, die während der Laufzeit des Logglases (Sanduhr) am Schiff vorbeiliefen, bis das Brettchen das Heck erreicht hatte.

Für eine weite Verbreitung soliden nautischen Wissens sorgten im 16. Jh. auch neue Bücher und Schriften über Navigation.

Wasserwege

Flüsse und Kanäle besaßen als Ergänzung des Verkehrsnetzes eine herausragende Bedeutung. Vor allem für die Beförderung schwerer, sperriger Güter erwiesen sie sich als unentbehrlich. Im Vergleich zum Landweg kosteten Transporte auf dem Wasser häufig erheblich weniger, insbesondere auf langen Strecken. Dies hatte natürlich Auswirkungen auf den Verkaufspreis. Für Korn, das per Schiff verfrachtet wurde, musste man nur halb so viel bezahlen wie für das auf dem Landweg herbeigeschaffte Getreide.

In Frankreich war die Rhone die wirtschaftliche Lebensader. Riesige Mengen an Wein sowie Kohle für die Gießereien in Marseille wurden flussabwärts nach Süden befördert. Im Gegenzug gelangten flussaufwärts Salz und andere Handelswaren in den Norden.

Dank des Geographen und Kartographen Gerhard Kremer (1512–1594), genannt Mercator, besaßen Land- und Seekarten eine verlässliche Qualität.

DÖRFLICHES LEBEN

Die Dorfgemeinschaft bot dem Einzelnen festen Halt im täglichen Kampf ums Dasein. Jedes Dorf bildete eine in sich geschlossene Welt, in der man allem Fremden – und dazu gehörten schon die Bewohner des nächsten Ortes – mit Misstrauen begegnete.

Das Leben der ländlichen Bevölkerung spielte sich im 16. Jh. im wahrsten Sinn des Wortes in engen Grenzen ab. Eine damals in Europa weit verbreitete Sitte macht dies deutlich: Einmal im Jahr schritten die Dorfbewohner die Grenzen ihrer Gemeinde ab und ermunterten die Kinder, mit Stöcken auf die Grenzsteine zu schlagen. Auf diese Weise sollten sie sich den Grenzverlauf genau einprägen.

Von Kindesbeinen an bildete für jeden auf dem Land Lebenden das Heimatdorf eine Welt, der man vertraute und die man bis ins letzte Detail kannte. Jedes Feld hatte einen Namen, kein Auf oder Ab im Schicksal einer Familie blieb ein Geheimnis, und man wusste genau, nach welchen Sitten und Gebräuchen jeder zu leben hatte.

Menschen, die jenseits der eigenen geschlossenen Gemeinschaft lebten, betrachtete man mit äußerstem Misstrauen. So meinten z. B. die Bewohner des burgundischen Dorfes Minot, dass aus dem nur 4 km entfernten Nachbardorf Moitron „keine guten Menschen kommen“.

Dialekt, Bauweise der Häuser, landwirtschaftliche Methoden, sogar die Namen, alles besaß einen erkennbaren ortsgebundenen Charakter. Als 1580 der Arbeiter John Ellis in das Dorf Myddle in Shropshire zog, nannte man den Zugereisten bis an sein Lebensende beharrlich John Hanmer. So hieß sein Geburtsort, in dem er bis zu seinem Umzug gelebt hatte. Unter seinem neuen Namen gründete John Ellis das Geschlecht der Hanmers, das dann zwei Jahrhunderte lang in Myddle ansässig blieb.

AN DER ARMUTSGRENZE

Im Europa des 16. Jh. zählte der Golddukat zu den gängigsten Zahlungsmitteln. 1284 wurde er in Venedig eingeführt, wog 3,5 g und besaß einen Feingehalt von 0,986 g Gold. Ein Professor der Universität Padua z. B. verdiente 600 Dukaten jährlich, der Wachmann vor der Münze in Venedig wurde mit 20 Dukaten im Jahr bezahlt. Im italienischen Dorf Tizzo belief sich der jährliche Ernteerlös auf durchschnittlich 14 Dukaten pro Kopf, das gesamte Gemeindekapital betrug 56 Dukaten.

In welchem Maß sich das häusliche Leben vor den Augen der dörflichen Gemeinschaft abspielte, belegt eine alte Chronik von Myddle aus dem Jahr 1701. Darin berichtet ihr Verfasser, der Dorfbewohner Richard Gough, ausführlich über Skandale ebenso wie Ehebrüche oder andere Vergehen, die in den vorangegangenen zwei Jahrhunderten geschahen. Einen auffallend breiten Raum aber nimmt die Darstellung privater Streitigkeiten und familiärer Ereignisse ein. Aus unserer Sicht fallen diese „intimen" Berichte unter die Rubrik Tratsch und Klatsch. Die Dorfgemeinschaften des 16. Jh. betrachteten es jedoch als ihr gutes Recht, das moralische Verhalten ihrer Mitglieder zu überwachen. Damit sorgten sie für die Einhaltung der bestehenden gesellschaftlichen Normen.

Keiner fand es z. B. ungewöhnlich, wenn jemand der Kirchenbehörde hinterbrachte, dass in seinem Dorf ein 17-jähriger Junge noch immer gemeinsam mit seiner Mutter in einem Bett schlief. Das empfand man trotz der beengten Raumverhältnisse damals (wie heute) als unsittlich. Man genierte sich auch überhaupt nicht, durch das Fenster die Hausbewohner zu beobachten.

Jeder tatsächliche oder vermeintlich erfolgte Verstoß gegen die herrschende Sitte und Moral wurde öffentlich gemacht und unnachgiebig geahndet. Die Bestrafung regelte jedes Dorf meist auf seine eigene Weise. Ein Mädchen, dem man unmoralisches Verhalten vorwarf, wurde beispielsweise

Der Schein trügt. Der Schnee deckt nur für kurze Zeit seinen weißen Mantel über die morastigen Wege und übel riechenden Wasserpfützen des armen Dorfes. In den Familien haben die bedrückenden Sorgen des Alltags im Winter nichts von ihrer Härte verloren. Jedes erreichbare Stück Brennholz wird eingesammelt, um die Stuben warm zu halten.

Das Kalenderjahr bot viele Gelegenheiten zum Feiern, eine willkommene Abwechslung vom harten Alltag. Speis und Trank, Tanz und Musik festigten die dörfliche Gemeinschaft.

gezwungen, während des Gottesdienstes, nur mit einem weißen Tuch bekleidet, stehend auszuharren. In England durfte ein Dorfschutzmann ohne weiteres in jedes Haus eindringen, in dem nach seiner Vermutung Ehebruch begangen wurde. Ertappte er die Bewohner bei einer Missetat, konnte er sie der Obrigkeit vorführen oder ins Gefängnis werfen.

Nachbarschaftshilfe

Das Zusammenleben in einer so engen Gemeinschaft brachte aber auch Vorteile mit sich. Alle Gemeindemitglieder konnten ihr Vieh in die Wälder und auf die Weiden des Dorfes treiben, unabhängig davon, wem sie gehörten. Man erwartete aber, dass jeder nur das in Anspruch nahm, was ihm aufgrund seiner Stellung im Dorf auch zustand. Allerdings sollte kein guter Nachbar die Tiere eines anderen benachteiligen und etwa von seinen Weiden vertreiben. So ganz scheint es hierbei mit der Nachbarschaftshilfe jedoch nicht geklappt zu haben, denn Berichte jener Zeit verzeichnen zahlreiche Beschwerden über die ungerechte Nutzung von Weideflächen.

Dennoch erwiesen sich die Dorfbewohner des 16. Jh. als „Weltmeister im Teilen“. Da die meisten Kleinbauern keinen eigenen Pflug besaßen, verwendeten mehrere zusammen ein Gerät. Eine Art Benutzungsplan garantierte den reibungslosen Ablauf der landwirtschaftlichen Arbeit.

Man verlieh auch Geld, was zur Folge hatte, dass jedes Dorf ein verzwicktes Geflecht von kleinen Schulden und Darlehen aufwies. So konnten Notsituationen aufgefangen und Investitionen für Hausbau oder Ähnliches erleichtert werden.

Alles bleibt in der Familie

Im Europa des 16. Jh. lebte die Bevölkerung außerhalb der Städte in mehr oder weniger großen dörflichen Gemeinschaften. Häufig bestand ein Dorf ausschließlich aus Mitgliedern ein und derselben Familie. Alle trugen den gleichen Nachnamen. Sie lebten in der Regel zusammen unter einem Dach.

Bei der Familie Legare aus der Provinz Nivernais in Zentralfrankreich handelte es sich um solch eine dorfbildende Großfamilie. Sie bewohnte ein Haus, dessen Gemeinschaftsraum eine Abmessung von 25 × 10 m hatte. Nur dieser eine Raum ließ sich während der kalten Jahreszeit beheizen. Ob Familienleben, Schulunterricht oder Dorfversammlungen, alles spielte sich in dieser kleinen Halle ab.

Hier fand auch die Wahl des Gemeindevorstehers statt, der selbstverständlich aus dem Kreis der Familie gewählt wurde. Er behielt sein Amt auf Lebenszeit, sein Wort galt als unumstößliches Gesetz.

Die Verteilung des Besitzes regelte man in diesen „Familiendörfern“ peinlich genau. Jedes männliche Mitglied der Gemeinde besaß Landanteile. Man kaufte sie einem aus der Verwandtschaft ab oder erbte sie von seinem Vater.

Es sollte alles in der Familie bleiben. Dies galt aber auch für Dörfer, die aus mehreren Familien bestanden. So berichtete ein französischer Reisender, François de Belleforêt, 1575 über ein kleines Dorf im Limousin: „Die Mitglieder der Familien heiraten ausnahmslos untereinander. So bleiben die gemeinsam erworbenen Besitztümer vollständig in derselben Familie.“

Eigentum verpflichtet

Die führenden Mitglieder einer Dorfgemeinschaft, z. B. die Gutsherren und die Großbauern, mussten einer ganzen Reihe nachbarschaftlicher Verpflichtungen nachkommen. So erwartete man, dass ein Gutsbesitzer nicht die volle Pacht von einem Pächter forderte, wenn dieser sie – z. B. wegen einer schlechten Ernte – nicht aufbringen konnte. Man ging auch davon aus, dass er alteingesessenen Familien sehr langfristige Pachtverträge gab, um ihnen Sicherheit zu bieten. Es galt als gegeben, dass er den Dorfbewohnern Arbeit als Dienstboten verschaffte, Leumundszeugnisse ausstellte oder Kleidungsstücke an Bedürftige verschenkte.

Gutsherren hatten die Pflicht, Hilfe in jeder Form zu leisten. Dazu gehörte auch eine Unterstützung dieser Art: In einem deutschen Dorf klagte man die Pächterin eines kleinen Hofes der Hexerei an. Ihr Gutsherr hatte in der zuständigen Behörde einen guten, einflussreichen Freund. Dem schrieb er, die Frau sei zwar seelisch gestört, jedoch nicht bösartig. Und er forderte von ihm mit Nachdruck, dafür zu sorgen, dass die Beschuldigung sofort zurückgenommen werde. Jeder Dorfbewohner erwartete eben, dass er sich auf seinen Pachtherren verlassen konnte.

Im Winter schnitt man mit einem Messer die Ruten von den Weiden, um sie als Brennholz zu verwenden.

ZEITZEUGNIS

Die Weltordnung wankt

Ein Wanderprediger bildete eine willkommene Abwechslung im eintönigen bäuerlichen Alltag. Wenn er das Wort Gottes redegewandt verkündete, entzündete er oft ein Pulverfass der Gefühle. Ein Chronist berichtete von einem Prediger, den man den Pfeifer von Niklashausen nannte: „Er kam als Kuhhirte und Trommler in das bayerische Dorf Niklashausen. Seine glühende Ansprache machte auf die Dorfbewohner einen überwältigenden Eindruck. Er predigte eindringlich, das ganze Land versinke in einem Morast von Sünde. Wenn das Volk nicht bereit wäre, zu bereuen und Buße zu tun, werde Gott der Allmächtige das ganze Land vernichten. Jungfrau Maria sei ihm im Traum erschienen und habe ihn dazu ausersehen, diese Botschaft zu verkünden.

Daraufhin strömten die Menschen in Scharen nach Niklashausen, um in der dortigen Kirche zu beten. Der Pfeifer von Niklashausen griff in seinen Predigten leidenschaftlich Obrigkeit und Geistlichkeit an. Die Pilger verfassten sogar ein eigenes ‚Kampflied': ‚Wir wollen's Gott im Himmel klagen, dass wir die Pfaffen nit dürfen totschlagen, Kyrie eleison.' Sie sangen es genauso inbrünstig wie ihre Kirchenlieder."

Wanderprediger aller Konfessionen zogen durch ganz Europa.

Myddle, Shropshire

Wie das Walddorf Myddle in der Grafschaft Shropshire in Mittelengland im ausgehenden 16. Jh. aussah, konnte dank alter Berichte rekonstruiert werden. Auch wie sich das Leben und die Arbeit der Menschen gestalteten, ist historisch belegt. Beispiele, die auf diesem Bild zu sehen sind, werden auf der folgenden Seite erläutert.

Geschichten aus dem Dorf Myddle

Das Dorf Myddle in der englischen Grafschaft Shropshire im Jahr 1587.

Das Bild, das auf der vorangegangenen Seite farbig zu sehen ist, zeigt das Dorf Myddle, seine Felder und die mit Hecken eingefassten Weiden. Im Hintergrund erstreckt sich der Gemeindewald.

Die Nummerierung in obiger Abbildung führt den Betrachter zu einzelnen interessanten Punkten des Dorfes.

1 An dem Weg, der sich westlich von Myddle nach Marton schlängelt, steht die Kate des walisischen Wanderarbeiters Evan Jones. Auf der Suche nach Arbeit war er nach Myddle gelangt und geblieben. Da seine Arbeitskraft im Dorf gebraucht wurde, hatte man ihn bereitwillig aufgenommen.

2 In diesem kleinen Bauernhaus wohnte die Familie Tyler. Ein Mitglied dieser Familie, William Tyler, wird in einer Chronik so beschrieben: „Er war ein gemein aussehender Kerl, mit glattem Haar und scharf geschnittenem Gesicht.“ Er beging Ehebruch mit der Frau seines Nachbarn und zeugte mit dieser ein Kind. Später verging er sich an seiner Tochter, die ebenfalls ein Kind von ihm gebar. William verschuldete sich unaufhaltsam und kam ins Gefängnis. Als alter Mann betrank er sich täglich und stahl häufig seinen Nachbarn Schafe oder Holz.

3 Der Pächter dieses Hauses, er hieß John Gossage, galt ebenfalls als Trunkenbold und Wüstling. Mit 16 Jahren zeugte er ein uneheliches Kind. Später wurde er wegen Geldfälscherei festgenommen. Mit Unterstützung des Gefängnisaufsehers von Shrewsbury, Edward Meriden, kam er frei. Gossage verkaufte ihm seinen Besitz unter der Bedingung, dass Meriden ihn bis ans Ende seines Lebens versorgte.

4 In dieser mittelalterlichen Kirche mit ihrem Steinturm und einer hölzernen Turmspitze traf sich die gesamte Gemeinde zum Gottesdienst. Auf dem kleinen Friedhof bettete man die Verstorbenen zur letzten Ruhe.

5 Neben der Kirche steht das Pfarrhaus. Zu dem Anwesen gehören ein Küchengebäude, eine geräumige Scheune, einige Ställe, ein Garten und ein Hühnerhof.

6 Die Familie Gittins wohnte in Shrewsbury, bevor sie ins Dorf Myddle zog und den Adlerhof *(Eagle Farm)* kaufte. Die Gittins hatten in der Stadt als Gerber viel Geld verdient. Richard Gittins, das Familienoberhaupt, „baute das Haus neu, das Bauholz dafür kaufte er auf einer Holzauktion in Myddlewood“. Sein Sohn Richard heiratete die hübsche Alice vom Burghof *(Castle Farm)*. Die beiden jüngeren Söhne gingen zurück nach Shrewsbury und arbeiteten dort als Schulmeister und Gerber.

7 Alan Chaloner, der Schmied, heiratete Elizabeth, die Tochter der Tylers (2). Während die Familie seiner Frau als faul verschrien war, konnte der junge, fleißige Alan von seiner Hände Arbeit ausnehmend gut leben. 1552 erbaute er an der Dorfstraße eine Schmiede und ein Haus mit einem großen Gemüse- und Obstgarten. Er und Elizabeth zogen sieben Kinder groß.

8 In diesem Haus lebte die Witwe Ann Matthews. Ihr verstorbener Mann züchtete Blaubarsche. Sie besaß nach dem Tod ihres Gatten 1 Kalb, 2 Ochsen, 1 Pferd, 1 Schwein und einige Hühner.

9 Von der 1308 aus rotem Sandstein erbauten Burg Myddle stand im 16. Jh. nur noch eine Ruine. Die Burg wurde einst zum Schutz vor Übergriffen der Waliser errichtet. Um 1510 erbte sie der „wilde Humphrey Kinaston“. Doch sie nutzte ihm wenig. Übermäßiger Alkoholgenuss stürzte ihn in Schulden, sodass er schließlich in einer Höhle hausen musste.

10 Das größte Haus im Ort, den um 1545 erbauten Burghof *(Castle Farm)*, bewirtschaftete der Pächter Richard More. Als er dann 1553 starb, bestand sein stattlicher Besitz aus 13 Rindern, 9 Kühen, 5 Kälbern, 5 Zugtieren, 6 Ochsen, 1 Fohlen, 1 Stute, 31 Schafen und ein paar Schweinen. Nach seinem Tod übernahm zunächst ein Waliser den Hof, der dann bald von Morgan ap Probart gepachtet wurde. Zu dem recht großen Hof gehörten im Wald gelegene Weideflächen und viel Ackerland. Probart adoptierte Alice, eine Verwandte, die er zu seiner Erbin machte. Das attraktive Mädchen heiratete Richard Gittins vom Adlerhof (6).

Zum Haus eines Landarbeiters in der Toskana gehörte meist ein Garten, in dem oft viele Obstbäume standen.

Das Dorf feiert

Unter dem Schutz ihres Gutsherrn ließ es sich in vielen Dörfern Europas einigermaßen gut leben – auch wenn die Bedrohung durch Hunger und Krankheit damit nicht aus der Welt geschafft wurde. Aus den Aufzeichnungen, die Gilles Picot de Gouberville, Feudalherr im Dorf Mesnil au Val in der Normandie, von 1549 bis 1562 machte, lässt sich dies ersehen. Die Vereinbarungen, die ein pflichtbewusster Gutsbesitzer traf, sorgten dafür, dass beide Seiten zufrieden sein konnten. In der Regel gab es weder brutale ausbeuterische Bedingungen noch solche voller salbungsvoller Moral.

In jedem Dorf blieb auch Zeit zum Feiern. Das Patronatsfest der Dorfkirche, die Schafschur, die Ernte und alle christlichen Feiertage boten willkommenen Anlass für Festlichkeiten. Mancherorts zog sich das fröhliche Treiben über zwei oder drei Tage hin. In einigen Gegenden organisierten die jungen Männer weihevolle Kirchenfeste so, dass sie zu einem übermütigen Dorffest mit Wettkampf und allerlei Spielen ausuferten.

Die Dorfspiele boten draufgängerischen Burschen Gelegenheit, ihre Kraft und Gewandtheit vor den Dorfschönheiten zu präsentieren. Man nutzte auch die ausgelassenen Feste, um handgreiflich frühere Streitigkeiten auszutragen. Wie der Karneval in der Stadt dienten die derben Verhaltensweisen dazu, den Druck loszuwerden, den das dörfliche Leben voller täglicher schwerer Arbeit und anderer Belastungen auf den Einzelnen ausübte.

In England veranstalteten die jungen Leute gelegentlich in einem leer stehenden Haus ein lärmendes Fest, um die Puritaner im Dorf zu schockieren. Einen beliebten Zeitvertreib bildete auch das Aufführen selbst geschriebener Stücke. Darin machten sie sich über hoch gestellte Persönlichkeiten lustig oder deckten die moralischen Schwächen eines Dorfmädchens auf. Diese – wenn auch laienhaften – Aufführungen erinnern an William Shakespeares *Sommernachtstraum*, in dem damals die „groben Handwerker" ähnliche Rüpelspiele dem Publikum darboten – an denen wir uns heute noch erfreuen.

MICHAELIS

Nach der Ernte zum Herbstbeginn feierte man am 29. September den Tag des heiligen Erzengels Michael, Sieger über den Satan und Beschützer der Kirche. Sein Name bedeutet „Wer ist Gott?". Schon damals, wie heute, briet man eine Gans. Vielleicht, weil ein Sprichwort sagt: „Isst man an Michaelis eine Gans, so braucht man das ganze Jahr kein Geld." An diesem Festtag wurde nicht auf dem Feld gearbeitet, nicht gesponnen. Die Bauern luden ihre Knechte zu einem guten Essen ein.

Das Leben auf dem Bauernhof

Kleine Bauernhöfe prägten das Bild der europäischen Landwirtschaft im 16. Jh. Man arbeitete unproduktiv, weil man oft sogar grundlegende Regeln des Anbaus nicht kannte. Aberglaube bestimmte weitaus stärker die ländliche Arbeit als fundierte Sachkenntnis.

Stadtmenschen bauten sich im 16. Jh. vom Landleben ein Traumbild auf, um ihrer eigenen Welt der Intrigen und Geschäftemacherei zu entfliehen. Als Robin, Earl of Essex, von Spanien nach England zurückkehrte, schrieb er an Deck des Schiffes dieses Gedicht. Sehnsuchtsvoll pries er darin das Leben auf dem Land, das er sich als unendlich beglückende Idylle ausmalte:

„Glücklich, wer sein Leben in einsamer Verlassenheit beschließen könnte, wo er, fern von Gesellschaft, Liebe, Hass und weltlich gesinnten Menschen, sicher und zufrieden zur Ruhe gehen könnte, um wieder zu erwachen und Gottes Lob auszusprechen; mit Hagebutten, Mehlbeeren und Brombeeren verbrächte er zufrieden seine Tage in Beschaulichkeit, und fromme Gedanken würden ihn erheitern. Wenn er stürbe, wäre ein Gebüsch sein Grab, dort könnte der unschuldige Robin neben der Drossel Ruhe finden. Wie glücklich wäre er."

Diese idealisierte Vorstellung setzte sich in den Köpfen des städtischen Adels, der Höflinge, wohlhabender Geschäftsleute, aber auch vieler Künstler und Schriftsteller fest. Man verdrängte einfach die harte Wirklichkeit der ländlichen Bevölkerung, um für sich selbst einen Zufluchtsort zu schaffen, wenn auch nur in der reinen Phantasie. Damit allerdings tat sich eine immer größer werdende Kluft zwischen Stadt und Land auf.

Eigentlich hätten sie es besser wissen müssen, denn ein stattlicher Teil der Landbewohner strömte auf der Suche nach Arbeit in die Städte. Nur wenige machten dort ihr Glück. Die meisten brachten sich genauso mühselig über die Runden wie die daheim im Dorf Gebliebenen. Kein Landbewohner betrachtete sein Leben als erträumenswerte Idylle.

Maler des 16. Jh. stellten das Landleben gern als Idylle dar. Doch diese für höfische Augen bestimmte idealisierte Welt hatte mit der harten Wirklichkeit der Bauern nichts zu tun.

Doch unabhängig vom persönlichen Schicksal der Dorfbewohner hatte die Landwirtschaft im 16. Jh. eine hochpolitische Bedeutung. Als wichtigster Nahrungsmittellieferant musste sie einwandfrei funktionieren, sei es im Frieden oder im Krieg.

Als politische und religiöse Auseinandersetzungen Europa erschütterten, sorgte die Obrigkeit dafür, dass der Ackerbau ohne Unterbrechung weiterging. In Kent stellte man eine Bürgerwehr auf, als die spanische Armada 1588 vor der englischen Nordseeküste kreuzte. Ungeachtet dieser massiven Bedrohung des Landes schickte man die Männer während der Erntezeit nach Hause, damit sie ihr Korn schneiden konnten. Und auf dem Höhepunkt der Religionskriege in Frankreich um 1560 ernteten die Bewohner der beiden benachbarten, aber sich bekämpfenden Gemeinden Reims und Epernay in der Champagne ihre Trauben in den Weinbergen unter dem Schutz bewaffneter Wachtruppen.

Jagdhunde beschnüffeln den erlegten Keiler. Bald werden Knechte eintreffen, um das Tier zum Ausweiden auf den Hof zu bringen.

Mensch und Natur

Trotz der existenziellen Bedeutung der Landwirtschaft gab es im Europa des 16. Jh. verhältnismäßig wenig kultivierte Flächen. Weite Landstriche bestanden aus Sümpfen oder Waldgebieten. Viele Tierarten, darunter Wildschweine und Wölfe, besiedelten diese unberührten Lebensräume. Sie lebten in enger Nachbarschaft mit den Menschen.

Der französische Gutsherr Gilles Picot de Gouberville erzählt z. B., dass sich in der Normandie Wildschweine am Abend vor der Ernte über das Getreide hermachten. Eine Bache, ein Wildschweinweibchen, kam sogar in seinen mitten im Dorf gelegenen Obstgarten und fraß dort genüsslich Äpfel. Gouberville berichtet auch, dass Wölfe seine Hunde verletzten, einige seiner Lämmer rissen und sich ein Mutterschaf aus der Koppel neben seinem Gutshaus holten, völlig unbeeindruckt von der Nähe der Menschen. Diese wiederum

Ochsen ziehen einen hölzernen Pflug. Einer der wenigen Metallteile an diesem landwirtschaftlichen Gerät ist die Pflugschar.

Selbst im eisig kalten Winter geht die mühevolle tägliche Arbeit des Bauern weiter. Die Haustiere müssen versorgt und die landwirtschaftlichen Geräte repariert werden.

machten ihrerseits Jagd auf die Wildtiere, sie schossen Rebhühner und fingen Reiher oder Ringeltauben mit Netzen.

Arbeit im Rhythmus der Jahreszeiten

Die Jahreszeiten bestimmten Leben und Arbeit der Landbevölkerung. Im Januar und Februar wurde das Ackerland gepflügt, geeggt und mit Mist gedüngt. Sobald der Boden frostfrei war, pflanzte man Obstbäume, Beerensträucher oder Hecken. An alten Obstbäumen führte man den Frühjahrsschnitt aus. Im März und April bestellte man die Weizen- und Roggenfelder, säte Hafer und Gerste. Auch im Gemüsegarten hatte die Bauersfrau alle Hände voll zu tun. Im April lichtete man das Unterholz in den umliegenden Wäldern aus. Im Mai kümmerten sich die Schäfer intensiv um die Lämmer, die jetzt von ihrer Mutter entwöhnt werden mussten. Im Juni wur-

DIENSTVERPFLICHTUNGEN

Jeder Pächter eines Hofes musste seine Arbeitskraft dem Gutsherrn zur Verfügung stellen. Um 1500 umfasste diese Dienstpflicht nur wenige Tage im Jahr. 1550 forderte man schon einen Tag in der Woche und 1600 verlangte der Gutsherr drei Tage pro Woche. Der Pächter brauchte die Arbeiten für den Gutsherrn nicht selbst auszuführen, er durfte Knechte und Mägde dafür abstellen.

Der Bauer trägt das Korn zur Aussaat in einer Art Schürze (links). Landwirtschaftliche Ratgeber (unten) fanden eine weite Verbreitung.

den die Schafe gewaschen und geschoren. In diesem Monat fielen auch das Kalken und Düngen der Felder an.

Ohne Pause folgte eine Arbeit auf die andere. Im Juli begann die Heuernte. Kurz vor der Getreideernte hatte man gerade noch Zeit, das im vorangegangenen Winter geschlagene Holz aus dem Wald zu holen. Die Getreideernte begann im August und zog sich bis weit in den September hinein. Anschließend musste der Winterroggen gesät werden. Danach konnte man Weizen und Gerste dreschen. In Apfelweingegenden nahm im Herbst das Entsaften der Äpfel viel Zeit in Anspruch.

Der November und Dezember brachten erneute Baumschnittarbeiten und Bodenvorbereitungen mit sich. Nach einer kurzen Verschnaufpause begann nach Weihnachten der Kreislauf von neuem.

Nur mit der Hände Arbeit

Die bäuerliche Existenz blieb im 16. Jh. weitgehend abhängig von der Arbeitskraft der Menschen. Bis auf Wind- und Wassermühlen oder Zugtiere standen nur unzulängliche landwirtschaftliche Geräte zur Verfügung. Hinzu kam, dass mangelndes Wissen ein produktives Wirtschaften hemmte. Grundlage der Anbaumethoden bildeten Volksweisheiten, die von einer Generation zur anderen weitergegeben wurden. Ackerbau und Viehzucht standen damals auf keinem Lehrplan einer Universität. Das praktische Wissen der Bauern sollte man zwar nicht unterschätzen, dennoch beherrschte Aberglaube das Feld. In England z. B. stand für jeden fest, dass ein Schafbock nur dann männliche Lämmer zeugen könne, wenn beim Deckakt der Wind von Norden weht. Hennen sollten immer eine ungerade Zahl von Eiern ausbrüten, nur so brächten sie kräftige Küken hervor.

In Sprichwörtern fanden auch Probleme der Bauern ihren volkstümlichen Ausdruck. „Das ist nicht auf seinem Mist gewachsen“ bezog sich beispielsweise auf einen Bauern, der Mist als Dünger kaufen musste, weil ihm eigener nicht zur Verfügung stand. Dies weist auf die recht schwierige Beschaffung des Düngers für die Felder hin. Man musste jeden Flecken der kultivierten Flächen für den Getreideanbau nutzen. Für das Vieh, das den Mist, den Dünger, produzierte, blieb wenig Platz. So fehlte es ständig an Dung.

Die Redensart „Hunger ist der beste Koch“ verwendete man bereits seit dem 13. Jh. An Aktualität hatte sie nichts verloren, denn die Landbevölkerung durfte nicht wählerisch sein, wenn es ums Essen ging. Sie konnte froh sein, wenn sie satt wurde.

Unwissenheit führte auch dazu, dass man das Vieh grausam behandelte und es sich u. a. dadurch in schlechtem Zustand befand. Ein Fachmann empfahl, Schweine zum Mästen in „einem so engen Raum zu halten, dass sie nicht umherlaufen, sondern immer auf dem Bauch liegen müssen … Wenn das Schwein zufriedenstellend gemästet ist, hetzt man es ein bisschen mit Hunden, die Maulkörbe tragen.“ Mit solchen Ratschlägen ließ sich eigentlich keine erfolgreiche Viehzucht betreiben.

Langsam kam der Fortschritt

In jedem europäischen Land erschienen im Lauf des Jahrhunderts etliche landwirtschaftliche Handbücher. Die Verfasser versuchten, die Bauern von ihren traditionellen Arbeitsweisen wegzubringen. Einer beklagte sich: „Die Bauern richten ihre Methoden nur nach denen ihrer Väter, nie bedienen sie sich eines neuen Geräts“, sondern bleiben „ganz in ihrem alten Trott“.

Manche der Ratgeberautoren besaßen allerdings wenig Überzeugungskraft, da sie mit Platitüden aufwarteten, über die ein Bauer nur schmunzeln konnte, z. B.: „Bevor ein guter Bauer seinen Boden unter den Pflug nimmt, ist es seine Aufgabe, die Beschaffenheit seines Bodens genau zu untersuchen und festzustellen, welche Eigenschaften und Zusammensetzung er hat.“ Dies riet Gervase Markham, ein englischer Autor, seinen Lesern in dem Buch *Farewell to Husbandry* (Abschied von der Landwirtschaft).

Doch Neuerungen setzten sich in manchen Gegenden sehr erfolgreich durch, etwa im Umkreis italienischer und niederländischer Großstädte. Hier entwickelte man Düngemethoden, mit deren Hilfe sich die Ernteerträge deutlich steigern ließen. Die Städte London und Paris brachten ihre riesigen Mengen organischer Abfälle auf dem Flussweg zu den am Ufer gelegenen Bauernhöfen, wo der wertvolle Dünger auf den Feldern verteilt wurde.

Solche Neuerungen hatten jedoch bei weitem keine flächendeckende Popularität erreichen können. Die Bauern der Alpendörfer und im waldreichen Europa besaßen dafür noch keinen Sinn. Die Verwendung von Rüben als Winterfutter für das Vieh, eine Maßnahme, die sich ab 1590 von Holland aus recht schnell verbreitete, bedeutete immerhin schon einen guten Schritt in die richtige Richtung.

Misstrauisch beäugte man die mehrfachen Reisernten, welche die Venezianer in der Poebene zustande brachten. Im Gegensatz zu der kleinen geschlossenen Welt eines Bauernhofes schufteten dort Tausende von Arbeitern wie Sklaven auf riesigen Höfen.

Dass sich in der seit Jahrhunderten unverändert betriebenen Landwirtschaft einiges ändern musste, kam vielen europäischen Bauern nicht ins Bewusstsein. Sie plagten sich auf ihren Höfen ab und hangelten sich durch allerlei Nebeneinkünfte, wie das Betreiben einer Getreidemühle oder Taverne, mehr schlecht als recht über die Runden.

Auch im 16. Jh. duldete die Weinlese keinen Aufschub; Männer, Frauen und Kinder mussten alle fleißig mit anpacken.

DIE WELT DES GEISTES

Das Geistesleben unterlag im 16. Jh. einem raschen Wandel. Dieser zwang den Menschen zu einer völlig neuen Bestimmung seines Standortes: „Wer bin ich, wie ist mein Verhältnis zur Welt und meine Einstellung zu Gott?“ Die einen begrüßten diese Fragen als Aufbruch in eine fortschrittliche Zukunft, die anderen sahen darin nur eine Aufforderung zur Zerschlagung der alten gesellschaftlichen Ordnung. Ein Jahrhundert also, das mit seinen revolutionären Zweifeln zum fundamentalen Baustein der Neuzeit wurde.

Religion im Widerstreit

Die Auseinandersetzungen der Konfessionen auch mit Mitteln der Gewalt belasteten die Menschen des 16. Jh. Die christlichen Religionen bedeuteten für jeden eine Hilfe im täglichen Kampf ums Überleben, aber die Kontroversen schürten die Ängste und riefen Sektierer auf den Plan.

Harte Diskussion und handfeste Gewalt sind zwei Kennzeichen des religiösen Lebens im 16. Jh. In diesem Spannungsfeld gewann das Prinzip „Rache" des Alten Testaments über das Prinzip „Vergebung" des Neuen Testaments die Oberhand. Religion, ein Reizthema, bildete in diesem Jahrhundert den geistigen Nährboden, auf dem ein Menschenleben wuchs, gedieh und verdarb.

1570 setzte die Ehefrau eines Freibauern, also eines kleinen Landeigentümers, in einem Dorf der englischen Grafschaft Shropshire ihr Testament mit folgenden Worten auf: „Zunächst befehle ich meine arme Seele Gott dem Allmächti-

Gotteshäuser wie die St.-Paul's-Kathedrale in London dienten als Podium für Diskussionen zwischen Anhängern und Gegnern der unterschiedlichen religiösen Strömungen.

Das Täuferreich von Münster

Innerhalb der reformatorischen Glaubensbewegungen stellten die Täufer (auch Wiedertäufer genannt) lediglich eine Randgruppe dar. Allerdings konnten sie zwei Jahre lang (1534–1535) in der damals kleinen westfälischen Stadt Münster ihre Vorstellungen vom Reich Gottes verwirklichen.

Zu den Führern der Gruppe zählten der Bäcker Jan Matthys (um 1490–1534) und der Schneider Jan Bockelson (um 1509–1536), die aus den Niederlanden stammten.

Schon bei den ersten verzweifelten Kämpfen um Münster kam Jan Matthys, der Anführer der Wiedertäufer, ums Leben.

Kennzeichen der freikirchlichen Bewegung war die Erwachsenentaufe. Die Wiedertäufer lehnten jede Reglementierung durch die bestehende kirchliche oder weltliche Obrigkeit ab. Geld, Grundbesitz und Nahrungsmittel erklärte man zum Gemeinschaftseigentum. Zwangsehe und Vielweiberei erlaubte man.

Im September 1534 ließ sich Bockelson in Münster zum König von Zion ausrufen. Dem Gottesstaat der Wiedertäufer setzten die Truppen katholischer und evangelischer Reichsstände unter dem Bischof Franz von Waldeck (1491–1553) ein blutiges Ende. Nach vergeblicher Belagerung fiel die Stadt aber erst durch Verrat im Juni 1535.

Nach Einnahme der Stadt Münster wurden die Wiedertäufer vor ihrer Hinrichtung öffentlich gefoltert.

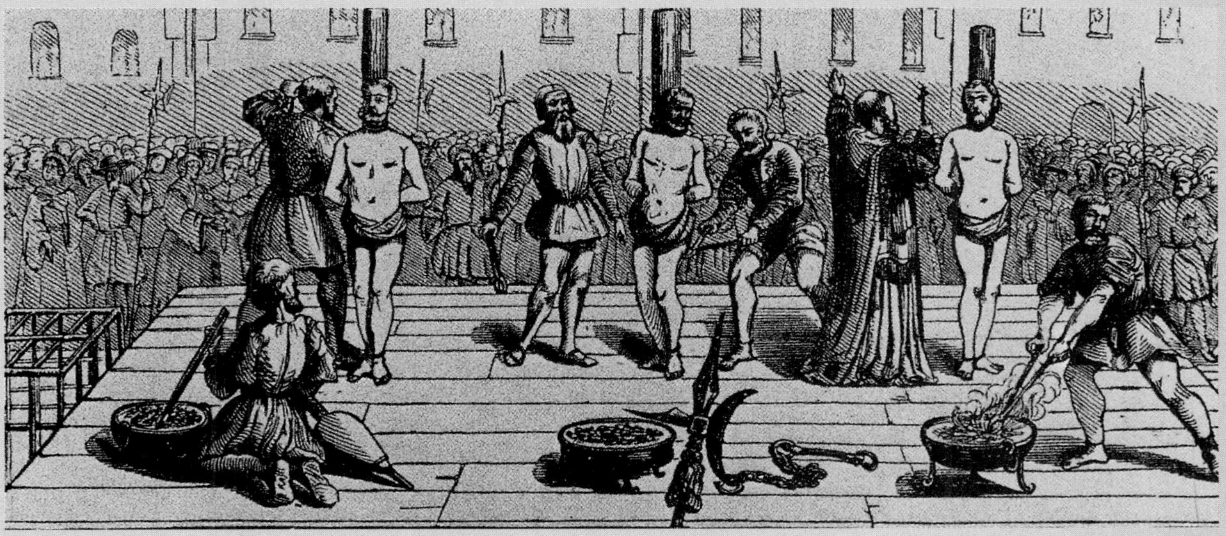

gen, denn ich glaube fest an die Vergebung und Verzeihung aller meiner Sünden durch den Tod und das Blutvergießen unseres Herrn und Erlösers Jesus Christus. Also verfüge ich, dass mein Leib im Kirchhof von Myddle bestattet wird. Ich zweifle nicht daran, dass ich am Jüngsten Tag glorreich wieder auferstehe und meinen Erlöser sehe."

Diese tiefe Frömmigkeit zog sich durch alle Stände. Allen saß die Todesangst tagtäglich im Nacken, denn Krankheiten oder Hungersnot konnten jeden urplötzlich dahinraffen. Der Trost, in eine bessere Welt hinüberzugehen, schuf die Kraft und den Lebensmut im Kampf ums Dasein.

Die Frömmigkeit wurde auch im täglichen Leben unter Beweis gestellt. Großzügig bedachten Kaufleute Arme, Alte und Kranke mit Almosen. Das Bestreben um soziales Verhalten änderte sich auch nicht während der Reformation.

Niederer Adel und die Kaufmannschaft bemühten sich, Arbeitsmöglichkeiten zu schaffen. Wohltätige Stiftungen wurden ins Leben gerufen, die Lehrlingen Geld zur Gründung eines eigenen Geschäfts liehen, armen Mädchen eine Mitgift gaben, damit sie einen Ehemann fanden. Gilden und städtische Pfarrgemeinden unterhielten gemeinsam Armenhäuser und Schulen.

Mit dem Ablassbrief glaubte man einen sicheren Platz im Himmel und die Befreiung von allen irdischen Sünden erkaufen zu können.

Dieses praktizierte Christentum stellte nur die eine Seite des religiösen Lebens dar. Die andere, die rechthaberische, die interpretatorische, puritanische oder reformatorische sollte noch in unzähligen Kriegen einen hohen Blutzoll fordern.

Eine weitere Facette, die ihren Ursprung ebenfalls in einer verinnerlichten Gläubigkeit hatte, spiegelt sich in der spanischen Mystikerin Theresa von Avila wider. Ihre Vorstellung vom christlichen Sein zeigte sich in den Prinzipien der von ihr gegründeten 17 Klöster der Unbeschuhten Karmeliter: absolute Armut, der Wechsel von Kontemplation und Aktivität, also Arbeit, sowie die reine Liebe.

Der heftige Widerstand der Kirche ließ nicht lange auf sich warten: Der spanische Nuntius Sega betrachtete sie als „ein unruhiges Frauenzimmer, herumstreunend, ungehorsam und verstockt. Unter dem Schein der Frömmigkeit denkt sie falsche Lehren aus. Sie doziert wie ein Theologieprofessor, obgleich der heilige Paulus sagt, dass Frauen nicht lehren dürfen." Ihr Beschützer, der spanische König Philipp II., sorgte jedoch dafür, dass Theresa ihr Reformwerk durchführen konnte. Ihre Schriften gelten heute als Höhepunkt der spanischen Mystik. Theresa wurde 1617 Schutzpatronin Spaniens und 1622, 40 Jahre nach ihrem Tod, heilig gesprochen.

ZEITZEUGNIS

Herzensbildung – Grundlage christlicher Erziehung

Wenig anfangen konnte der Theologe und Gelehrte Erasmus von Rotterdam (1469–1536) mit seinen Kollegen alter Schule. Starres Denken war ihm ein Dorn im Auge. 1511 schrieb er aus Oxford an John Colet, den Gründer der St.-Paul's-Schule in London:

„Als ich in Gegenwart mehrerer Universitätslehrer einen Vorschlag zur Einstellung eines zweiten Lehrers an Eurer Schule machte, da lächelte ein Mann, der einen guten Ruf besaß, und meinte: ‚Wer hält es denn schon ein Leben lang an dieser Schule und unter Kindern aus, wenn man seinen Unterhalt auch anderswo verdienen kann.' Ich erwiderte: ‚Diese Tätigkeit, Jugendliche zu erziehen und mit Literatur vertraut zu machen, ist mir sehr wichtig und wertvoll.' Ich fügte hinzu, ein wahrhaft gläubiger Mensch könne keine schönere Aufgabe in den Augen Gottes übernehmen, als Kinder und Jugendliche in christlicher Lehre und Bildung zu erziehen. Der andere verzog verächtlich das Gesicht: ‚Wenn jemand Christus wirklich dienen will, soll er ins Kloster eintreten und als Mönch leben.' Ich antwortete: ‚Der heilige Paulus erklärt wahre Religion als Werk der Liebe, und Liebe sei, unseren Nachbarn zu helfen.' Der Mann tat das als närrische Bemerkung ab. ‚Schaut', sagte er, ‚wir beide haben alles Weltliche hinter uns gelassen. Das ist wahre Vollkommenheit.' ‚Es hat der nicht alles hinter sich gelassen', entgegnete ich, ‚der vielen helfen könnte, es aber ablehnt, weil er die Menschen nicht seiner würdig betrachtet.'"

Nur Gott verantwortlich

Die Verweltlichung der päpstlichen Kirche rief die Kritik des jungen furchtlosen Augustinermönchs Luther auf den Plan. „Wer Gott vertraut, kann vor ihm bestehen und wird leben", steht in einem Römerbrief des Paulus. Luther jedoch sah, dass die Kirche diesen Glauben selbst nicht lebte. Sie erschien ihm als Gefangene ihrer wirtschaftlichen Interessen. Sie erteilte gegen Geld Ablass, wodurch den gläubigen Menschen ihre Sünden vergeben und ihr Seelenheil gerettet werden sollte.

Dieses Abweichen der Kirche von ihrer eigentlichen Bestimmung veranlasste Luther zu seinen Angriffen gegen das Papsttum. Er forderte vehement eine Rückbesinnung. 1520 verbrannte Luther die päpstliche Bannandrohungsbulle, daraufhin wurde er 1521 gebannt und musste sich im selben Jahr vor dem Wormser Reichstag verteidigen. Martin Luther beendete seine berühmte Verteidigungsrede mit folgenden eindrucksvollen Worten:

„Werde ich nicht durch Zeugnisse der Schrift oder durch klare Vernunft überwunden – denn ich glaube weder dem Papst noch den Konzilien allein, da es am Tage ist, dass sie des öfteren geirrt und sich selbst widersprochen haben –, so bleibe ich überwunden durch die von mir angeführten Stellen der Schrift und mein Gewissen gefangen durch Gottes Wort. Widerrufen kann und will ich nichts, denn es ist weder sicher noch heilsam, gegen das Gewissen zu handeln. Gott helfe mir. Amen."

Biblia/das ist/ die gantze Heilige Schrifft Deudsch.
Mart. Luth.
Wittemberg.
Begnadet mit Kürfurstlicher zu Sachsen freiheit.
Gedruckt durch Hans Lufft.
M. D. XXXIIII.

Luther machte das Wort Gottes von der Kanzel herab (oben) und mit seiner Bibelübersetzung (rechts) dem gesamten Volk verständlich.

Dieses Bild symbolisiert den religiösen Konflikt des 16. Jh.: Katholiken zerstören, Protestanten hegen und pflegen den Weinberg Christi.

Oben: Dem Konzil von Trient (1545–1563) blieben die Protestanten fern. Das hatten sie auf dem Wormser Reichstag (1545) beschlossen. Rechts: Der unpopuläre Reformpapst Paul IV. (1476–1559) scheiterte an seiner Vetternwirtschaft.

Der Protestantismus fasst Fuss

Die Hammerschläge, mit denen Martin Luther am 31. Oktober 1517 seine 95 Thesen an die Kirchentür in Wittenberg nagelte, dröhnten durch ganz Europa. In lateinischer Sprache verfasst, prangert Luther in diesen Leitsätzen die Ablass- und die ganze Bußpraxis der Kirche an. Dass damit die Reformation und die Spaltung der Kirche ausgelöst wurden, lag keineswegs in seiner Absicht.

Doch er brachte das Fass der Kritik am Zustand der Kirche zum Überlaufen. Vor ihm leise und nun mit ihm lautstark forderte man die Erneuerung der Kirche und ihrer Glaubensinhalte. Auch andere große Persönlichkeiten dieser Zeit wie Erasmus von Rotterdam, Ulrich Zwingli (1484–1531), Ulrich von Hutten (1488–1523) oder Johannes Calvin (1509–1564) erhoben jetzt ihre Stimme.

Die angeschlagenen Töne fanden bei den unzähligen Europäern, denen die Gier des Klerus nach Geld und Macht widerstrebte, Gehör. Allerdings vereinten sich diese neuen Klänge nicht zu einem harmonischen Akkord. Neben den aufflammenden Kämpfen zwischen Katholiken und Protestanten prägten Disharmonien in den Reihen der Reformer

bald das Bild der kirchlichen Erneuerung. Luther lehnte den von Erasmus von Rotterdam vertretenen Glauben an die Willensfreiheit ab. Er wandte sich gegen die Gräuel, die im Namen der Christenheit in den Bauernaufständen begangen wurden. Dies kostete ihn die Sympathie der Bauern, die seine Lehre als Aufruf zum gewaltsamen Kampf für soziale Gerechtigkeit verstehen wollten.

Um das Abendmahl ging es dann in einer Auseinandersetzung mit Ulrich Zwingli, dem Begründer der schweizerischen reformatorischen Bewegung. Luther hielt an der Realpräsenz Christi fest, die sich in den Worten „Dies ist mein Leib" und „Dies ist mein Blut" dokumentiert. Zwingli dagegen betrachtete das Abendmahl eher als eine Feier des Gedenkens an das Opfer, das Jesus Christus für die Menschen gebracht hat. Da der Streit nicht beigelegt werden konnte, wandten sich die Anhänger Zwinglis von Martin Luther ab.

Weder diese mit Luthers Lehre verknüpften Kontroversen noch obrigkeitliche Verbote konnten die Ausbreitung des „neuen Glaubens" aufhalten. Dem Volk hatte Luther „aufs Maul geschaut", und dies öffnete die Herzen für die reformatorische Bewegung. Aber auch die reformierten Stände artikulierten ihren neuen Standort unmissverständlich: „In Sachen Gottes Ehre und der Seelen Seligkeit belangend muss ein jeglicher für sich selbst vor Gott stehen und Recht geben." Mit diesem Satz wandten sie sich gegen das Bestreben, durch Mehrheits-

ZEITZEUGNIS

Der Preis der religiösen Spaltung

In der Schlacht bei Mühlberg an der Elbe erlitt der protestantische Kurfürst Johann Friedrich von Sachsen (1503–1554) gegen den katholischen Kaiser Karl V. die entscheidende Niederlage.

Die Kirchenspaltung ließ sich trotz militärischer Siege oder Niederlagen nicht aufhalten. Bartholomäus Sastrow, ein Zeitgenosse, berichtet über das Grauen des Kriegs: „Unzählige Soldaten starben an ihren Verwundungen und am Hunger … Hier der Leichnam eines Bauern, über dessen Eingeweiden sich die Hunde zankten, dort ein Landsknecht, der zwar noch lebte, sein Körper aber bereits in Verwesung überging …"

Tizian malte Kaiser Karl V. in der Pose des Helden und Siegers.

beschluss Glaubensfragen zu entscheiden. Diese auf dem Reichstag zu Speyer am 19. April 1529 vorgetragene „Protestation“ gab den Reformierten ihren Namen, man nannte sie von nun an Protestanten.

Luthers Verständnis von Christentum brachte keineswegs „die große Freiheit“ für den Einzelnen und schon gar nicht für die Frauen. In seinen Schriften *Vom ehelichen Leben* und *Predigt vom Ehestand* legte er u. a. fest, die Frau „soll den Mann fürchten, ihm untertan und gehorsam sein“. Dem Mann legte er die unumstößliche Pflicht auf, mit seiner beruflichen Tätigkeit Frau und Kinder zu ernähren.

Die Gegenreformation

Die Reaktionen der katholischen Kirche auf die Reformation, die wohl größte Herausforderung seit Bestehen der Kirche, brachten Kriege und unendliche politische Auseinandersetzungen. Erst nach Beendigung des 20 Jahre dauernden Konzils zu Trient kam eine innerkirchliche „Reform an Haupt und Gliedern“ in Gang. Zwar erreichte man nicht das Ziel der Glaubenseinheit, verabschiedete jedoch ein Programm, mit dem die katholische Kirche ihre erschütterte Glaubwürdigkeit und geistliche Geschlossenheit zurückgewinnen konnte.

Zentraler Mitstreiter in diesem Prozess war Papst Gregor XIII. (1502–1585). Er versprach sich von der Förderung kircheneigener Bildungsstätten „einen Aufschwung der Religion“. Hauptanteil an der Umsetzung des Geistes von Trient hatte der Jesuitenorden, die Gesellschaft Jesu, die auszog, um in dem „von der Reformation massiv bedrohten Deutschland den Glauben zu verbreiten“.

Rechts: Calvinisten zerstören die Heiligenbilder einer katholischen Kirche. Unten: Eine Demonstration für den Glauben – in Paris gehen die Katholiken in Massen auf die Straße.

Schismaticorum in Anglia crudelitas. 17

Nec vos innocuæ defendit regula vitæ,
Nec culpa caruisse sat est, vestrisque saluti
Humana invigilasse iuvat, sed vestra, sodales,
Corpora, quæ spreto exercent ieiunia mundo
Carnificis sensere manus: cum crimina desint,
Vertitur in vitium pietas, redditque nocentes.

D 1

Rechts: *Grausamkeiten der Protestanten in England*, so lautet die Überschrift dieses Pamphlets.

Magie und Wissenschaft

Im 16. Jh. gab es noch keine klaren Grenzen zwischen Aberglauben, Magie und Wissenschaft. Im Mittelpunkt des Denkens standen die Astrologie und Astronomie. Man glaubte fest daran, dass alles irdische Geschehen von der Stellung der Gestirne am Himmel abhängig sei.

Eine Mischung aus kirchlichen und magischen Ritualen bot sich im 16. Jh. als Lösung für fast alle alltäglichen Aufgaben und Probleme an. Nicht nur Gärtner, auch Hausfrauen richteten sich beim Aussäen der Gemüsesaat nach den Mondphasen. Die Bauern ließen vom Dorfgeistlichen ihre Pflüge segnen, weil sie glaubten, nur so würden diese Geräte richtig funktionieren. Massenfasten sollte Hungersnöte und Pest abwenden.

Die Reformation brachte es mit sich, dass die katholische Kirche ihre mystischen Elemente Stück um Stück verlor. Calvinistische Bilderstürmer z. B., die eine Kirche ihrer farbigen, phantasievollen Heiligenbilder beraubten, irritierten das einfache Volk. Die führenden Köpfe beider Konfessionen – Luther vielleicht ausgenommen – besaßen kein Ohr und kein ehrliches Verständnis für die Bedürfnisse der weniger gebildeten Menschen. Ihr täglicher, von Ängsten geprägter Existenzkampf gab ihnen nicht die Möglichkeit, der von einer hohen Bildung bestimmten Gedankenwelt der Reformation und Gegenreformation zu folgen. Kein Wunder also, dass bei einfachen Menschen Magie und Aberglaube ihre „altbewährten" Kräfte ungehindert halten und weiter entfalten konnten. Für die meisten Menschen überschnitt sich die reale Welt mit einer irrealen Sphäre. Darin tummelten sich seltsame Wesen, halb Tier, halb Dämon. Gute und böse Mächte bevölkerten gleichzeitig dieses Schattenreich. Zugang zu dieser Zauberwelt hatten in den Augen der naiven Leute nur die in den Zeremonien und Praktiken der Magie Bewanderten. Diese erlangten damit

Dieses Bild zeigt die Verbrennung angeblicher Hexen im deutschen Städtchen Derneburg. Es ist die Illustration eines Flugblattes von 1555, das die allgemeine Hexenhysterie anheizen sollte.

Den Hexen sagte man nach, dass sie aus allerlei geheimnisvollen Zutaten einen gefährlichen Zaubertrank brauen würden (oben). Jakob I., König von England und Schottland (1566–1625), leitete persönlich Hexentribunale (rechts).

eine nicht unbeträchtliche Macht über die Unwissenden, Nichteingeweihten. Eine Machtfülle, die zum Teil schamlos ausgenutzt wurde, wie die folgende Geschichte, die der Dominikanerpriester Bandello niederschrieb, zeigt: In Val di Sabbia, einem winzigen Dorf in den Alpen, lebte ein Priester, der seinen geistlichen Pflichten stets getreu nachkam. Er weihte die Schwellen der Häuser, Scheunen und Kuhställe und predigte seinen Schäfchen ein tugendhaftes Leben.

Eines Tages jedoch fiel dem Priester ein besonders hübsches Bauernmädchen auf. Es weckte seine Fleischeslust. Um das Mädchen verführen zu können, musste er die Dorfbewohner ablenken. So verfiel er auf folgenden Trick: „Ihr seid in schrecklicher Gefahr", erklärte er mit bebender Stimme seinen Pfarrkindern. „Ein großer Vogel, ein Greif, ein zerstörerischer Engel wird bald über euch herabkommen und euch für eure Sünden bestrafen. Sobald er erscheint, werde ich warnend die Kirchenglocken läuten. Dann dürft ihr euch nicht mehr von der Stelle rühren, und ihr müsst ganz fest eure Augen zuhalten – so lange, bis ich zum zweitenmal läute." Die Dorfbewohner glaubten ihm jedes Wort, und als dann die Glocken dröhnten, hielten sich alle angstvoll genau an seine Anweisungen. Der Priester nutzte die Zeit, um sich mit besagtem Mädchen zu vergnügen.

Hexenjagd

Ein tragisches Kapitel im Glauben an Magie und übersinnliche Kräfte bildete die Verfolgung der Hexen. Im 16. Jh. setzte sich die im vorangegangenen Jahrhundert langsam begonnene Hexenjagd in einem rasanten Tempo fort. Frauen, die man der Hexerei anklagte, beschuldigte man, einen Pakt mit dem Teufel geschlossen zu haben. Es hieß, mit ihren Zaubersprüchen könnten sie ihren Nachbarn Schaden jeder Art zufügen oder Kinder und Tiere krank machen.

WAS IST EINE HEXE?

Im Volksglauben versteht man unter einer Hexe eine zauberkundige Frau, die mit dem Teufel im Bunde steht. Im Märchen taucht sie als böse, hässliche, alte Zauberin auf. Im Mittelhochdeutschen hieß Hexe „hecse", „hesse", im Althochdeutschen „hagazussa" oder „hazussa". Die Herkunft des Wortes ist nicht geklärt, vieles weist jedoch darauf hin, dass man es mit „auf dem Zaun oder der Hecke sitzender böser Geist" übertragen kann. Um sich vor Hexenzauber zu schützen, zog man z. B. zweierlei Strümpfe und unterschiedliche Schuhe an.

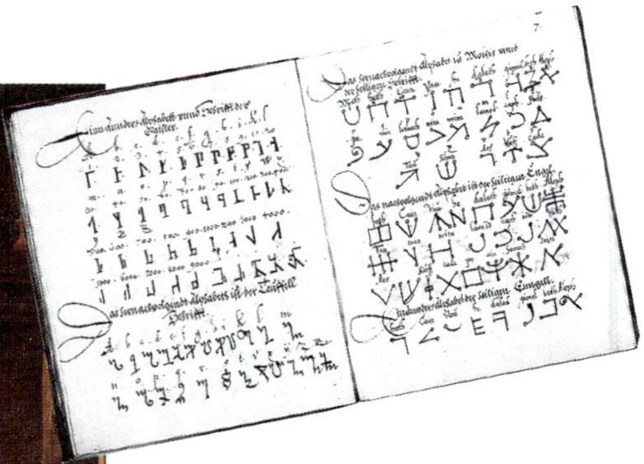

Das 1560 erschienene Buch *Große Alchimie* enthält magische Zeichen und Buchstaben, die nur ein Eingeweihter versteht.

Links: In dieser Alchimistenwerkstatt sollten verschiedene Stoffe wie Eisen oder Blei zu Gold verwandelt werden. Doch der Versuch, das wertvolle Edelmetall herzustellen, misslang.

Die Ängste vor solchen unheimlichen Fähigkeiten wurden eifrig geschürt. So verfasste Paracelsus 1537/38 die Schrift *Von den Hexen und ihren Werken*, in der er behauptete „Hexen waschen sich nicht und kochen selten". Und überhaupt seien alle Frauen verdächtig, deren Verhalten von den gängigen Normen abweiche und dies ganz besonders im sexuellen Bereich. In diese Kerbe schlug man allgemein. Mit wohligem Schauer erzählte man von den Hexentreffen – wie dem Hexensabbat auf dem Blocksberg – und brachte sie immer mit Sexualität und Gewalt in Verbindung. Selbst die heilkundigen „weisen Frauen", die Kräuterfrauen und Hebammen, die lange Zeit das Ansehen und Wohlwollen

ZEITZEUGNIS

Zweifel an der Hexerei

Seit Mitte des 15. Jh. betrieb man eine systematische, von weltlicher und kirchlicher Obrigkeit akzeptierte Hexenverfolgung.

Verfahrensgrundlage für die Hexenprozesse bildete das Handbuch *Malleus maleficarum* (Der Hexenhammer), das 1487 erschien. Als Verfasser und Herausgeber zeichneten die beiden deutschen Dominikanerpriester und Inquisitoren Heinrich Institoris und Jakob Sprenger. Bis 1669 wurde dieser für alle Hexenjäger maßgebliche Leitfaden 29-mal aufgelegt.

Begründete Zweifel an der Richtigkeit der Hexenverfolgung kamen von dem Okkultisten und Naturphilosophen Agrippa von Nettesheim (1486–1535). Nachdem er anfangs die naturbeherrschende Magie, auf die sich auch die Hexenjäger beriefen, als höchstes geistiges Gut darstellte, gestand er 1529 öffentlich „vieles, von dem, was er früher dargelegt habe, seien Nichtigkeiten, an denen er allzu viel Geld und Zeit verloren habe". Seine harsche Kritik an den Hexenprozessen, an der Intoleranz kirchlicher Würdenträger musste er dann aber bald widerrufen.

Sein Schüler, der Arzt Johannes Weyer (1515–1588), verschärfte den Angriff auf den Hexenglauben, indem er z. B. die Verhör- und Folterpraxis als brutal und falsch ablehnte. Er erklärte, die übernatürlichen Kräfte, die man Hexen zuschriebe, seien die Folge von Wahnvorstellungen der Betroffenen. Die Frauen gehörten nicht auf den Scheiterhaufen, sondern in ärztliche Behandlung. Die Hexerei an sich bestritt er jedoch nicht.

Oben: Der Mensch ist seinem Schicksal ausgeliefert. Mit verbundenen Augen dreht die Göttin Fortuna das Glücksrad der Menschen. Diese haben keine Möglichkeit, durch eigenen Willen ihr Leben selbst zum Guten zu wenden.
Rechts: Nicholas Kratzer, ein Astronom, der zu den Beratern des englischen Königs Heinrich VIII. zählte.

vor allem der ländlichen Bevölkerung genossen, blieben von der Beschuldigung, Hexen zu sein, nicht verschont. So mancher Arzt räumte durch üble Nachrede eine unliebsame Konkurrentin für immer aus dem Weg.

Verdächtigt werden konnte jede Frau. Unter den Opfern befanden sich sehr reiche wie bitterarme, hübsche wie hässliche, gut gewachsene wie missgebildete, alte wie junge Frauen.

Anonyme Anzeigen, offensichtliche Denunziation und offizielle Anklagen führten gleichermaßen zu Folter und meist zur Verurteilung. Während man in Deutschland die angeblichen Hexen auf dem Scheiterhaufen verbrannte, wurden sie in England gehängt. Die Zahlen der Opfer schwanken. Manche Historiker sprechen von mehr als 300000 innerhalb von hundert Jahren, andere von „nur“ 100000 Hingerichteten – alles Opfer eines irrationalen Hexenglaubens.

Wie auch immer man diese historischen Tatsachen bewerten mag, sei es als Machtinstrument oder als Massenwahn, in jedem Fall ist in dieser Zeit unendliches Leid geschehen. Die unter der Folter zugefügten Schmerzen waren so grausam, dass sich die Frauen als Hexen bekannten und aller Phantastereien schuldig, die sich ihre Peiniger ausgedacht hatten, nur um durch eine rasche Hinrichtung die Folterqualen zu beenden. Viele der Hexerei Angeklagte nahmen sich vor der Gerichtsverhandlung verzweifelt das Leben.

Die Bedrohung durch Hexen wurde maßlos übertrieben. 1602 glaubte Henri Boguet, ein französischer „Dämonologe“, es gebe in ganz Europa verstreut 1,8 Mio. Hexen, und er meinte, es seien „überall Tausende von Hexen, die sich auf der Erde vermehren wie Würmer im Garten“. Siegmund Feyerabend, ein deutscher „Dämonologe“, verkündete 1569 feierlich die Existenz von 26 Milliarden Dämonen.

Der Glaube an Hexen und Dämonen beschränkte sich keineswegs nur auf die Ungebildeten. Die Vorstellung, dass Hexen Geschlechtsverkehr mit dem Teufel hatten, gehörte sogar zum Gedankengut der

Theologen, Rechtsgelehrten und Kirchenleute. In einer Welt tiefer Ungewissheit über die Funktionsweise der Natur spielte der Teufel die Rolle des großen Illusionisten und Verführers. Man glaubte fest daran, er könne mit seinen millionenfachen, vielgestaltigen Tricks und Verwandlungskünsten in das Leben der Menschen eingreifen, ja es sogar beherrschen. In diesem Vakuum des realen Wissens konnte jeder mit seiner Version vom Teufel durchkommen – auch bei Hexenprozessen –, wenn er sie nur nachdrücklich genug vortrug. Unter diesem Aspekt wird die beinahe psychotische Intensität verständlich, mit der die „Dämonologen" ihre Ansichten vorbrachten und deren unmenschliche Folgen ohne nennenswerten Widerstand ertragen wurden.

Aus Eisen wird Gold

Die Kunst der Metallverwandlung, die Alchimie, gilt allgemein als Vorstufe der wissenschaftlichen Chemie. Im 16. Jh. sahen die Alchimisten ihre Hauptaufgabe darin, aus unedlen Metallen Gold zu produzieren. Vom Kleinadel bis zu den Ministern der englischen Königin Elisabeth I. beteiligten sich

Selbst gebildete Edelleute trafen keine Entscheidung oder traten eine Reise an, ohne zuvor ihren Astrologen befragt zu haben (oben). Konkretes Wissen dagegen über die Funktionsweise des menschlichen Körpers wurde Chirurgen und Medizinstudenten in anatomischen Lehrstunden vermittelt (unten).

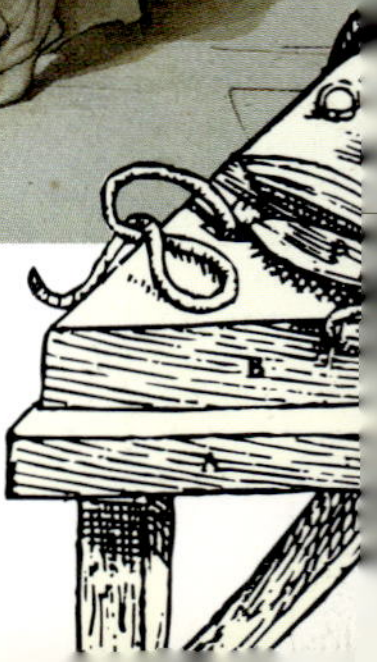

alle finanziell an Gesellschaften, die Eisen in Gold verwandeln sollten. Nur einige der Intellektuellen spotteten über derlei „närrische Zauberei“.

Der Glaube an die „Metallverwandlung“ basierte auf der seit Aristoteles (384–322 v. Chr.) herrschenden Meinung, dass alle Stoffe aus den vier Elementen Erde, Luft, Feuer und Wasser bestünden. Daraus schloss man, durch eine Änderung der jeweiligen Anteile dieser Elemente könne man einen Stoff von einer Form in eine andere umwandeln. So benötige man nur die richtige Technik, um z. B. aus Eisen Gold herzustellen. Voraussetzung dafür sei aber, dass Himmel und Erde, die ebenfalls aus den genannten Elementen zusammengesetzt seien, in einer besonders günstigen kosmischen Konstellation zueinander stünden. Dafür schufen astronomische und astrologische Berechnungen die Grundlage.

Was sagen die Sterne?

In gewisser Weise läßt sich das 16. Jh. als Zeitalter der Angst bezeichnen. Neben den unzähligen kleinen, alltäglichen rationalen und irrationalen Ängsten plagte die Menschen die ganz große Furcht vor der Zukunft. Man wollte daher unbedingt über das eigene Schicksal Bescheid wissen.

Viele befragten abergläubisch irgendwelche Orakel, die Antworten erhielten sie z. B. aus dem Verhalten von Tieren. Ließen sich beispielsweise Vögel auf dem Fenstersims des eigenen Hauses nieder, wertete man das als Zeichen einer bevorstehenden Hungersnot.

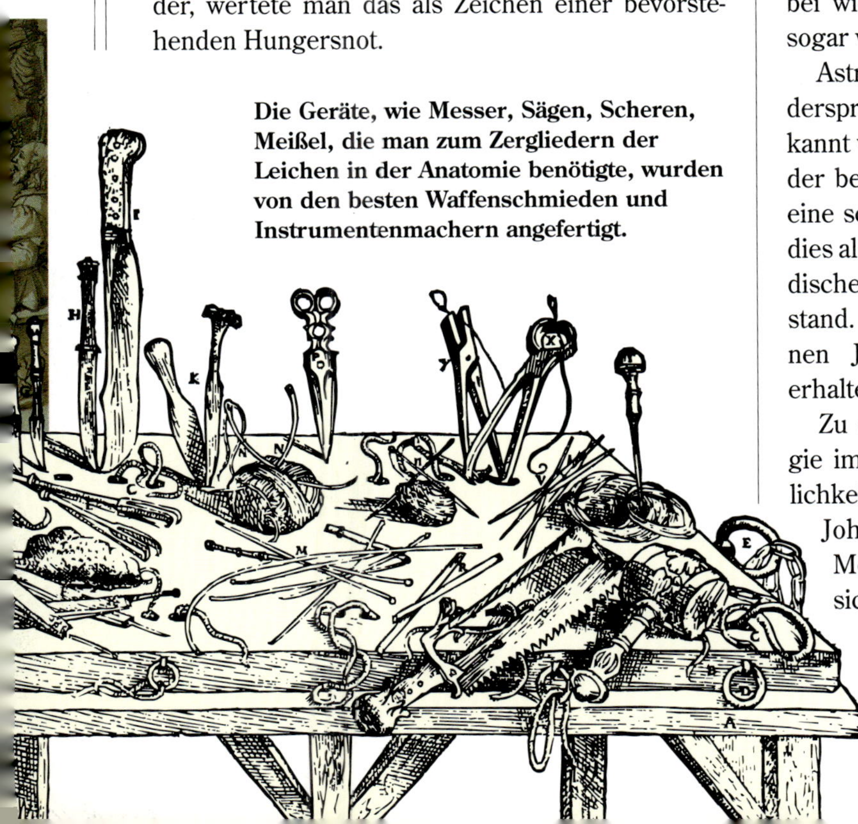

Die Geräte, wie Messer, Sägen, Scheren, Meißel, die man zum Zergliedern der Leichen in der Anatomie benötigte, wurden von den besten Waffenschmieden und Instrumentenmachern angefertigt.

Die Universität von Padua in Norditalien galt als führende Anatomielehranstalt in Europa.

Ein Teil der Bevölkerung – und dazu zählten Kaufleute wie Adel, sogar Monarchen und Päpste – meinte, ihre Zukunft ließe sich aufgrund von Sternkonstellationen voraussagen. Astrologen hatten Hochkonjunktur, denn man zog sie bei jeder Gelegenheit zurate, sei es an Geburtstagen, an Neujahr, bei wichtigen Reiseterminen oder familiären und sogar weltpolitischen Entscheidungen.

Astrologie und Christentum standen nicht im Widerspruch. Schließlich spielte in der Bibel – anerkannt von Protestanten wie Katholiken – der Stern, der bei Jesu Christi Geburt am Himmel erschien, eine schicksalhafte Rolle. Für viele Menschen galt dies als Beweis, dass eine Abhängigkeit zwischen irdischen Ereignissen und der Welt der Gestirne bestand. Eine Ansicht, die sich in den vorangegangenen Jahrhunderten entwickelt und bis heute erhalten hat.

Zu den prominenten Befürwortern der Astrologie im 16. Jh. zählten so unterschiedliche Persönlichkeiten wie Paracelsus, Nikolaus Kopernikus, Johannes Kepler, Tycho Brahe oder Philipp Melanchthon. Auf der gegnerischen Seite befand sich Martin Luther.

Prophezeiungen, die Jahrhunderte beleuchten

Am 2. Juli 1566 starb der Franzose Michel de Nostre-Dame, weltberühmt geworden unter dem Namen Nostradamus (1503–1566) – universeller Geist, Arzt, Naturwissenschaftler, Astrologe, Prophet und Historiker in einer Person.

1555 veröffentlichte er in Lyon, Frankreich, sein Werk *Prophéties*. Es handelt sich um gereimte Vierzeiler, die Weissagungen über weltpolitische Ereignisse, Naturkatastrophen und persönliche Schicksale zum Inhalt haben. Zahlreiche Prophezeiungen glaubte man sehr viel später eintretenden Ereignissen zuordnen zu können, beispielsweise sah man in den folgenden Zeilen einen seherischen Hinweis auf Napoleon I. (der in Korsika geboren wurde): „Nahe bei Italien wird ein Kaiser geboren, der dem Reich teuer zu stehen kommt. Man wird darüber reden, mit wie viel Leuten er sich verbündet, und man wird ihn eher für einen Schlächter als einen Fürsten halten."

1558 konnte Nostradamus aufgrund des Erfolgs der Erstausgabe eine erweiterte Fassung herausbringen. Man muss allerdings sagen, dass Werke dieser Art zur damaligen Zeit durchaus nichts Ungewöhnliches darstellten. Hunderte solcher Bücher erschienen im 16. Jh. Das von Nostradamus hat bis in unsere Tage überlebt und übt weiterhin mit seinen teilweise äußerst schwierig zu deutenden Versen eine große Faszination sowohl auf Wissenschaftler als auch auf Laien aus.

Die einzelnen Abschnitte des Werkes von Nostradamus enthalten jeweils 100 Verse, insgesamt sind es über 900 Prophezeiungen. In den vierzeiligen französischen Texten tauchen immer wieder anderssprachige Wortfetzen auf, z. B. in hebräischer, lateinischer und portugiesischer Sprache.

Hinweise auf den Zeitpunkt des Eintretens der vorausgesagten Ereignisse sind nicht erkennbar.

Man mag den Weissagungen skeptisch gegenüberstehen, doch beeindruckend ist es schon, wenn man liest, wie genau Nostradamus die Umstände seines eigenen Todes vorausgesagt hat: „Nach der Heimkehr von einem Besuch verwahrt er das Geschenk an einem sicheren Ort, dann wird er nichts mehr tun, er wird in Gott eingehen. Seine Verwandten und Freunde werden ihn neben seinem Bett und seiner Sitzbank tot auffinden." Man sagt, so sei es tatsächlich geschehen, und zwar nachdem Nostradamus den französischen König Karl IX. (1550–1574) besucht und von ihm ein Geldgeschenk erhalten hatte.

Nostradamus wird hier als Gelehrter bei der Arbeit dargestellt. Erst später wurde er als Seher berühmt.

Seinen Kollegen, den Astronomen, hinterließ Nostradamus eine wenig hoffnungsfrohe Botschaft. Er sagte voraus, dass man sie durch päpstliche Erlasse verfolgen und verbannen wird, ihre Bücher verbieten und dass sie als Ketzer vor der Verfolgung nicht sicher sein werden. Der berühmteste Fall, auf den dies zutraf, war der des Naturwissenschaftlers Galileo Galilei. Er musste 1632 unter dem Folterdruck der Inquisition der Erkenntnis abschwören, dass die Erde sich um die Sonne dreht und damit nicht der Mittelpunkt des Kosmos sei. Von diesem „Mittelpunktsdenken" rückte die Kirche nicht ab. Galilei stand bis an sein Lebensende unter kirchlicher Aufsicht, seine Bücher wurden verboten und erst 1835 vom Index gestrichen.

Auch wenn man Nostradamus seit seinem Tod immer wieder als Scharlatan bezeichnete, schien man ihn dennoch ernst zu nehmen. Zum Ende des 18. Jh. landeten die *Prophéties* nämlich auf der Liste der verbotenen Schriften des Vatikans, weil Nostradamus in einem seiner Vierzeiler den Untergang des Papsttums vorausgesagt hatte.

Tycho Brahe (links), einer der großen Astronomen des 16. Jh., baute mit finanzieller Hilfe des Königs von Dänemark sein eigenes Observatorium (ganz links). Hier erstellte er den ersten Katalog mit den Standorten von 1000 Fixsternen.

WISSENSCHAFT

Die Wissenschaft und Magie gingen im 16. Jh. nicht getrennte Wege. Sie förderten einander genauso wie sie sich behinderten. Ein Beispiel dafür ist der italienische Gelehrte Giambattista della Porta (1538–1615). Sein Hauptwerk *Magia naturalis*, das 1558 in Neapel erschien, wurde zum Bestseller seiner Zeit. Er hatte damit den Zeitgeschmack voll getroffen, denn zum Großteil geheimnisvoll und mystisch verklausuliert berichtete er über seine physikalischen Experimente, beispielsweise über ein Vergrößerungsglas, das aus aufeinander gelegten Linsen bestand. Diesem Gerät sowie dem beschriebenen Magneten, mit dem man die Keuschheit von Frauen überprüfen konnte, blieb der Erfolg versagt.

Fundiertere Erkenntnisse veröffentlichte der deutsche Naturforscher Georg Bauer, der sich Georgius Agricola (1494–1555) nannte. In seinem Werk *De re metallica (Über die Metalle)* schrieb er das gesamte geologische, mineralogische und metallurgische Wissen seiner Zeit nieder. Dieses Handbuch der Bergbau- und Hüttenkunde blieb bis weit ins 18. Jh. ein anerkanntes Lehrbuch.

Einen gewaltigen Meilenstein für den wissenschaftlichen Fortschritt setzte Nikolaus Kopernikus mit seinem heliozentrischen Weltbild, das besagt, dass die Erde ein Planet unter vielen sei und alle zusammen um die Sonne kreisen. Sein sechsbändiges Werk *De revolutionibus orbium coelestium (Von den Umdrehungen der himmlischen Sphären)* erschien in seinem Todesjahr 1543. Damit verstieß Kopernikus gegen die unverrückbare kirchliche Lehre von der Zentralstellung der Erde im Kosmos. Dass die Bände nicht sofort auf den Index der katholischen Kirche kamen, war wohl dem geschickten Vorwort des Verlegers Andreas Osiander zu verdanken. Dieser schrieb, dass der Text keineswegs einen Anspruch auf Wiedergabe der Realität erhebe, sondern vielmehr eine neue theoretische Himmelsbeschreibung sei. Nachdem aber Johannes Kepler und Galileo Galilei das kopernikanische Weltbild als wissenschaftliche Neuorientierung anerkannten, da entdeckte die Kirche erst den Zündstoff – den bereits erfolgten Angriff auf ihr überholtes Denken –, der in Kopernikus' Werk lag. 1616 setzte man es auf den Index. Doch weder dies noch das „Berufsverbot" für Galilei konnten den Fortschritt in der Naturwissenschaft bremsen.

Der Seefahrer und Geograph Martin Behaim baute 1492 diesen Globus. Dem Betrachter zugewendet sind die Küsten Europas und Afrikas.

Die Elite der Kunst

Wie nie zuvor rückten im 16. Jh. die Künstler in das Blickfeld der Öffentlichkeit. Universalgenies wie Leonardo da Vinci, Maler wie Albrecht Dürer oder Tizian bestätigen in ihren Werken die entscheidendste „Entdeckung" des Jahrhunderts: den Menschen als Individuum.

Nachdem man den großen italienischen Maler, Zeichner, Bildhauer, Baumeister, Kunsttheoretiker, Naturforscher und Erfinder Leonardo da Vinci (1452–1519) immer häufiger beschuldigte, er arbeite nicht schwer genug und stelle seine Arbeit nicht zum vereinbarten Termin fertig, antwortete er: „Maler malen nicht, wie Gärtner den Garten umgraben. Genies leisten am meisten, wenn sie am wenigsten zu tun scheinen."

Diese Aussage spiegelte den neuen Status, den Künstler im 16. Jh. genossen, wider. Zum ersten Mal kamen sie in den Mittelpunkt öffentlichen Interesses. Man akzeptierte unumwunden, dass Kunst etwas Außergewöhnliches sei und von genialen Menschen auf ganz individuelle Weise ausgeübt werde. Mit dieser Ansicht ging eine oft überschwängliche Huldigung des Genies einher. In der Tat erlangten zahlreiche Künstler jener Zeit Anerkennung nicht nur in einer Sparte der Kunst. Die weit gespannten Fähigkeiten Leonardo da Vincis bezeugen dies. Seine Zeitgenossen, wie der Bildhauer, Maler und Dichter Michelangelo (1475–1564) oder der Maler, Zeichner, Grafiker und Schriftsteller Albrecht Dürer (1471–1528), gelten ebenfalls noch heute als Universalgenies.

Bisher betrachtete man Kunst lediglich als reines Handwerk, für das – nach Ansicht der Allgemeinheit – keine besonderen intellektuellen oder kreativen Fähigkeiten benötigt wurden. Doch von nun an galt, wie Dürer

Oben: Der Künstler arbeitet mit einem Perspektographen, einem Gerät, das es ermöglicht, perspektivisch richtig zu zeichnen. Links: Selbstbildnis des jungen Malers Albrecht Dürer.

Das berühmte Selbstbildnis Leonardo da Vincis, eine Rötelzeichnung (oben). Skizzen für das *Letzte Abendmahl* (unten rechts), das großartige Wandbild, das Leonardo da Vinci für das Refektorium des Dominikanerklosters Santa Maria delle Grazie in Mailand malte. Kopfstudien des Judas (unten links) und Jakobus d. Ä. (ganz unten links).

BEOBACHTEN UND MALEN

Für jedes seiner Gemälde fertigte Leonardo da Vinci zahlreiche Skizzen an. Vielen Werken liegen anatomische Studien zugrunde, denn für ihn bedeutete die Malerei „wahrlich Wissenschaft und legitime Tochter der Natur". Seine anatomischen Zeichnungen weisen solch eine Präzision auf, dass sie heute noch in Lehrbüchern zu finden sind. Die Darstellungen zeigen beispielsweise faszinierend detailgetreu Sehnen und Muskeln ebenso wie deren Bewegungen.

schrieb: „Der gute Künstler bringt neue Dinge hervor, an die kein Mensch jemals zuvor gedacht hat."

Diese neue Generation von Kunstschaffenden arbeitete völlig anders als ihre mittelalterlichen Vorgänger. Jene gingen ja aus der Tradition der Handwerksstätten hervor, in denen regelmäßig und fast ununterbrochen gearbeitet wurde. Jetzt dagegen wechselten sich im künstlerischen Schaffen Perioden intensiver Kreativität und Produktivität mit Flauten ohne jede Inspiration ab.

Solche individuell geprägte Arbeitsweise beschrieb der italienische Kunstschriftsteller Giorgio

In der Zeit von 1508 bis 1512 malte der junge Michelangelo (links) die gewaltigen Deckenfresken der Sixtinischen Kapelle des Vatikans (oben).

Vasari (1511–1574) in seinem fünfbändigen Werk *Vite* (die Lebensbeschreibungen italienischer bildender Künstler) so: „Michelangelo kam im Allgemeinen bereits in den frühen Morgenstunden hierher (gemeint ist die Sixtinische Kapelle) und stieg auf das hohe Gerüst. Er war es gewöhnt, vom Sonnenaufgang bis zum Sonnenuntergang mit dem Pinsel in der Hand hier zu verweilen. Häufig vergaß er das Essen und Trinken vollkommen, er malte nur. Dann wiederum blieb er zwei, drei oder sogar vier Tage fort und legte keine Hand an sein Werk, oder er verharrte eine oder zwei Stunden davor, betrachtete es allein und prüfte kritisch die Gestalten, die er geschaffen hatte."

Links: Michelangelo zeichnet die Figuren vor. Um diese Vorlagen auf die Kuppelfläche übertragen zu können, durchstechen seine Schüler die Umrisslinien und befestigen die Zeichnungen an der Decke. Dann reiben sie Kreidestaub in die Einstichlöcher und nehmen die Vorlagen ab. Nun kann der Künstler das Motiv verfeinern und farbig ausmalen.

Künstlerleben

Mit der neuen Betrachtungsweise der Künstler stiegen gleichzeitig deren gesellschaftliches und persönliches Ansehen. Als Tizian Kaiser Karl V. porträtierte, fiel dem Maler der Pinsel zu Boden. Der Kaiser, vor dem die Mächtigsten der Welt das Knie beugten, bückte sich, hob den Pinsel auf und reichte ihn Tizian. Bezeichnend ist auch der Ausspruch eines portugiesischen Malers: „In Italien kümmert sich niemand um den Ruhm der großen Fürsten; nur einen Maler nennen sie göttlich."

In diesem Satz schwingt untrüglich ein wenig Neid mit. Was nicht verwunderlich ist, denn er umreißt nur die Schokoladenseite des damaligen Künstlerdaseins. Wer nicht die Berühmtheit und den gesellschaftlichen Rang eines Tizians, Michelangelos oder Dürers erlangen konnte, der schlug sich mehr schlecht als recht durchs Leben. Die ständige Suche nach Kunden oder Gönnern und der Kampf um einen höheren gesellschaftlichen Stellenwert verbrauchten viel körperliche wie kreative Kraft. Oft ging es nicht einmal nur um die Sicherung der wirtschaftlichen Existenz, sondern um

Paolo Veroneses Darstellung des Abendmahls empfand die katholische Kirche als gotteslästerlich.

persönliche Eitelkeiten. Giorgio Vasari mangelte es beispielsweise nicht an Erfolgen, dennoch litt er sein ganzes Leben lang darunter, dass sein Schaffen in der Öffentlichkeit als zweitrangig angesehen wurde. Er strebte nach einem Platz auf der obersten Sprosse der künstlerischen Erfolgsleiter. Dies erreichte er im Gegensatz zu dem von ihm so bewunderten Leonardo da Vinci nie. Aus diesem Grund kränkelte er unentwegt, blieb durch die ständige Suche nach Ruhm versprechender Arbeit angespannt und entnervt, vermutlich griff er auch öfter zum Alkohol, als es seiner Gesundheit gut tat.

Wirtschaftliche Sorgen plagten Vasari wahrscheinlich nicht. Das Geld seiner Frau und ein eigenes Einkommen erlaubten ihm immerhin, den folgenden, reichlich prahlerisch klingenden Brief zu schreiben. Er ist an seinen Kollegen Jacone, mit dem er einmal zusammengearbeitet hatte, gerichtet: „Früher war ich arm wie ihr alle, jetzt aber besitze ich 3000 Skudi oder mehr. Bei euch gelte ich (als Maler) als linkisch, die Klosterbrüder und Geistlichen jedoch betrachten mich als befähigten Meister. Früher habe ich euch gedient, jetzt habe ich einen eigenen Diener, der sich um mein Pferd kümmert. Einstmals trug ich Lumpen wie alle armen Maler, nun bin ich in Samt gekleidet. Früher ging ich zu Fuß, jetzt reite ich auf einem Pferd. Du siehst, es geht mir recht gut!"

Selbstporträt von Paolo Veronese, auf dem er in eleganter Jagdkleidung posiert. Es handelt sich um ein Fresko in der Villa Volpi, Treviso.

Mit derartiger Überheblichkeit machte Vasari sich bei seinen Kollegen sehr unbeliebt. Sogar bei Benvenuto Cellini (1500–1571), Bildhauer, Goldschmied und Dichter, stieß er auf Ablehnung – obwohl dieser selbst in den Augen seiner Kollegen eine unerträgliche Arroganz an den Tag legte.

Körpersprache der Renaissance

Auf vielen Bildern des 16. Jh. zieht der Ellbogen der dargestellten Person unweigerlich den Blick auf sich. Entweder wird er im Sitzen demonstrativ in den Bildvordergrund gestreckt (wie auf dem Bild rechts) oder im Stehen arrogant in die Hüfte gestützt.

Diese Geste sollte lässige Eleganz und Selbstsicherheit ausdrücken. Man gestand sie in der Regel nur männlichen Persönlichkeiten zu, was zum Selbstverständnis jener Zeit gehörte.

Auf Gemälden, die ein Ehepaar darstellen, streckt der Mann meist seinen Ellbogen ins Bild oder steht im Hüftstütz da. Er ist der mächtige Patriarch und Verteidiger, während die Frau ihre passive Rolle hinnimmt, indem sie demütig die Hände oder Arme verschränkt.

Fast alle Denker und Moralisten der Zeit verurteilten diese „Hüftstützeitelkeit". Erasmus von Rotterdam mochte die rüde Geste nicht und missbilligte alle, die „im Stehen oder Sitzen eine Hand in die Seite stützen, eine Haltung, die manche Menschen ansehnlich wie einen Soldaten finden, die aber sicherlich nicht ehrbar ist".

Ein Italiener, der einen ausnehmend guten Ruf als Experte für Etikette genoss, kritisierte in einer Schrift alle, die „ihre Hände seitlich aufstützen und wie ein Pfau auf und ab stolzieren".

Der Mann auf Tizians Bild drückt Selbstbewusstsein und Stärke aus.

Trotz aller Kritik ließ sich im 16. Jh. diese Körperhaltung als Imponiergehabe und Betonung von Machtfülle nicht verdrängen.

Das Leben der Künstler des 16. Jh. schwankte zwischen heftigem Stolz und Liebedienerei. Wie demütigend sich diese Situation gestalten konnte, bewies Bernadetto Minerbetti, Bischof von Arezzo, als er über das Leben des Künstlers am päpstlichen Hof von Rom sagte: „Den lieben langen Tag muss er mitgehen, sich den Rücken und den Hals verrenken, in den Hallen des Papstes und aller Kardinäle mal vor diesem, mal vor jenem illustren Herrn knien und sich verneigen. Möge Gott ihnen diese Sünde verzeihen, denn wer auch immer die sieben Todsünden ersann, diese vergaß er versehentlich."

Grenzenlose Inspiration

Das neue Selbstverständnis, mit dem die Kunst und deren Vertreter die Welt des 16. Jh. mitprägten, schuf den Künstlern bis dahin nie gekannte gedankliche und inspiratorische Freiräume. Ein Beispiel dafür sind die biblischen Themen: In keiner anderen Zeit hätte ein Künstler es wagen dürfen, sich selbst als Gottvater mit einem erschöpften, runzligen Gesicht darzustellen, wie dies Leonardo da Vinci mit seinem Selbstbildnis (Seite 139 oben) tat. Nie zuvor konnte ein Künstler seine persönlichen Visionen in sein künstlerisches Schaffen so einbrin-

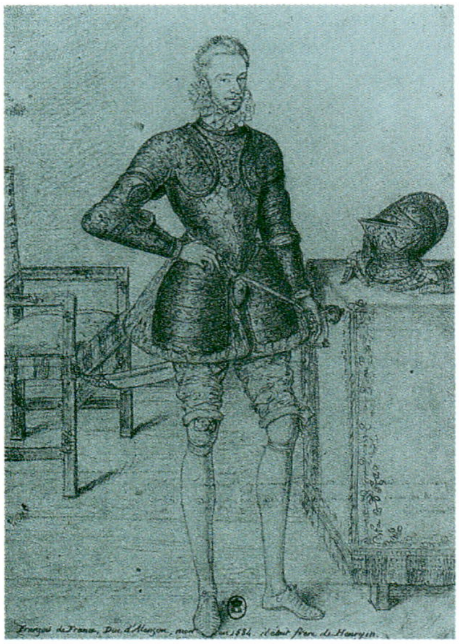

gen, wie dies Albrecht Dürers Werk widerspiegelt. Beispielhaft dafür sind seine ausdrucksgewaltige Holzschnittfolge *Apokalypse* (1498), der Kupferstich *Ritter, Tod und Teufel* (1513) und das Gemälde der *Vier Apostel* (1526). Diese Werke zeigen, auf welch intensive Weise es hier einem universellen Künstler gelang, christliches Gedankengut und das Schicksal der Menschheit auf ganz individuelle Art in seinen Bildern festzuhalten.

Der Hüftstütz als Ausdruck von Autorität findet sich auf vielen Gemälden des 16. Jh. (oben links und oben). Typisch für die Zeit ist auch die Miniaturmalerei in ausdrucksstarken Farben (links).

Dürers Aquarelle mit Landschaften, seine detaillierten Abbildungen von Tieren und Pflanzen, seine Porträts und sein auf wissenschaftlichen Beobachtungen beruhendes Buch *Von den menschlichen Proportionen* (1528) zeugen von der beginnenden Hinwendung jener Zeit zu einer wahrheitsgetreueren Abbildung der sichtbaren Welt.

Die breit gefächerte Vielfalt des künstlerischen Schaffens jener Zeit lässt sich wohl kaum auf einen gemeinsamen Nenner bringen. In fast jedem Land Europas jedoch herrschte Aufbruchstimmung – allen gesellschaftlichen und politischen Einengungen zum Trotz, wie z. B. der Inquisition.

Leonardo da Vinci charakterisiert sicherlich den Geist der Zeit, wenn er über den neuen gemeinsamen Weg von Wissenschaft und Kunst sagt: „Wo die Natur aufhört, neue Formen entstehen zu lassen, beginnt der Mensch mit den natürlichen Dingen mithilfe eben dieser Natur, eine unendliche Vielfalt der Formen zu erschaffen."

Der Atem der Renaissance erreichte allerdings nur nach und nach die Kunstschaffenden Europas. In England nahm man erst ab 1580 Leonardo da Vinci, Michelangelo und Dürer samt deren künstlerischen Überlegungen oder Erkenntnissen zur Perspektive in der bildlichen Darstellung wahr.

Herrscherporträts als Propaganda

Dass man mit Bildern eine bestimmte Wirkung erzielen konnte, wussten die Herrscher des 16. Jh. nur zu gut. Daher nahmen sie sowohl auf die Art der Darstellung als auch auf die Verbreitung der Abbildungen sehr massiven Einfluss. In Frankreich z. B. durften nur Herrscherporträts, die eine positive Ausstrahlung besaßen, das Atelier eines Malers verlassen. In England befahl der Kronrat 1596, alle Bilder zu vernichten, die hoch gestellte Persönlichkeiten unvorteilhaft darstellten. Gedruckte Porträts der englischen Königin wurden wegen ihrer schlechten Druckqualität eingesammelt und vernichtet.

Alle Gemälde hatten eine wichtige politische Funktion. So ließ sich Karl V. häufig in der Pose eines edlen, mittelalterlichen Ritters malen. Viele Porträts Elisabeths I. erinnern an die großartigen Marienbilder des Mittelalters. Damit wollte man offensichtlich die königliche Machtfülle betonen.

Die Rolle der bildenden Kunst als Dienerin der Macht zeigt die nachfolgende Geschichte. Der Maler, Baumeister und Kunstschriftsteller Giorgio Vasari hat sie wie folgt aufgezeichnet:

„Michelangelo bekam den Auftrag, eine Statue von Papst Julius II. anzufertigen. Bevor der Papst von Bologna nach Rom abreiste, begutachtete er das bereits fertig gestellte Modell aus Ton. Es musste zudem noch geklärt werden, was die Statue in der linken Hand halten sollte. Der Papst sah, dass die rechte Hand sich gebieterisch erhob, und fragte den Künstler, ob dies eine Geste des Segnens oder des Verfluchens sei. Michelangelo erwiderte, diese Haltung mahne nur die Menschen von Bologna, vernünftig zu bleiben. Und er fragte den Papst, ob ihm ein Buch in der linken Hand recht sei. Seine Heiligkeit entgegnete: ‚Lasst sie ein mächtiges Schwert halten, vom Lesen habe ich keine Ahnung.'"

Oben: Tizian stellt einen Dogen von Venedig als misstrauischen alten Mann dar.
Unten: Das detailliert ausgeführte Bild zeigt Friedrich III., den Weisen (1463–1525), bei der Jagd. Es setzt seine ritterlichen und sportlichen Fähigkeiten ins rechte Licht.

Die Welt der Bücher

Die Geburtsstunde des rationellen Druckens mit beweglichen Lettern lag im 15. Jh. Jedoch erst im 16. Jh. konnten sich das Buch und andere Druckerzeugnisse einen wirtschaftlich und gesellschaftlich bedeutenden Markt als Informations- und Unterhaltungsmedium erobern.

Johannes Gutenberg (1397–1468) bereitete den Boden für eine revolutionäre Entwicklung, die im 16. Jh. voll zum Tragen kam. Seine Erfindung der beweglichen und wieder verwendbaren Lettern aus Metall ermöglichte, die Anzahl der Druckerzeugnisse rasant zu erhöhen. Nicht nur Bücher, sondern auch Flugschriften oder einzelne Blätter, die über aktuelle Ereignisse informierten, fanden massenweise Verbreitung. Es entstand ein Kreislauf mit einer Eigendynamik: Je mehr Druckerzeugnisse zur Verfügung standen, desto größer geriet die Nachfrage nach weiterem Gedruckten. Dies wiederum trug dazu bei, dass die Zahl der Schreib- und Lesekundigen ständig wuchs, was seinerseits die Nachfrage erneut anheizte.

Noch zu Beginn des 16. Jh. gehörten Bücher mit farbigen Illustrationen zu den Kostbarkeiten, die sich nur Wohlhabende leisten konnten.

Technische Verbesserungen trieben diesen Wandel immer stärker voran. Verfeinerte Druckerpressen bewirkten eine radikale Verringerung des Zeitaufwands beispielsweise für die Herstellung eines Buchs, dementsprechend sanken die Produktionskosten. Zu Beginn des Jahrhunderts berechnete eine Druckerei in Norditalien drei Gulden für den Satz und Druck von 1000 Exemplaren eines Buchs. Ein Schreiber hätte allein für die einmalige Abschrift des Textes einen Gulden verlangt. Das gedruckte Buch kostete also weniger als ein Dreihundertstel des handgeschriebenen Exemplars. Der Verbreitung von Schriften stand nun nichts mehr im Weg. So konnten zwischen 1517 und 1520 von Luthers Veröffentlichungen über 300 000 Exemplare hergestellt und verkauft werden.

Das Teuerste an den Büchern stellte das Papier dar. Es machte zwei Drittel der Herstellungskosten aus. Dies ergab jedoch immer noch eine bescheidene Summe im Vergleich zum Preis des Pergaments der z. B. von Mönchen mit der Hand geschriebenen Werke. Pergament, ein jahrhundertealtes Material, wurde aus Schafshäuten hergestellt. Für eine Handschrift von etwa 150 Seiten Umfang benötigte man die Häute von einem Dutzend Schafen.

Die „alten“ Buchhersteller, die Geistlichkeit, mussten sich umstellen. Vielen gelang dies virtuos. Zahlreiche Mönche wurden Drucker, Äbte betätigten sich als Herausgeber und Korrektoren.

Um 1390 gründete Ulman Stromer (links oben) die erste deutsche Papiermühle. Das Hammerstampfwerk wird von einem Wasserrad angetrieben (links unten). Der Einband erhöhte den Wert eines Buchs (unten).

Nicht honoriert, aber redigiert

Druckerei und Verlag befanden sich meist unter einem Dach und wurden von ein und derselben Person geleitet. Viele der Druckerverleger legten größten Wert auf den Ruf ihrer Editionen. Brachte zwar die Technik eine preiswerte Herstellung ihrer Bücher zustande, so kamen bei manchen hochwertigen Werken hohe Kosten an ganz anderer Stelle auf die Verleger zu, und diese nicht etwa für die Autoren. Selbst berühmte Verfasser wurden lediglich mit einem Stapel Freiexemplaren bezahlt. Manche Druckherren gewährten ihnen für die Zeit der Werkentstehung auch noch Kost und Logis. Autorenhonorare in heutigem Sinn jedoch kannte man nicht. Es galt geradezu als unfein, sie zu fordern.

Teuer vergüten dagegen mussten die Druckerverleger in manchen Fällen die Kastigatoren, eine spezielle Art redigierender Korrektoren. Um z.B.

ZEITZEUGNIS

Angst vor der Macht gedruckter Bilder

Nur zu gut kannte man im 16. Jh. den starken Einfluss von Bildern auf die Gedankenwelt der Menschen. Benutzte man nicht von jeher bildhafte Darstellungen, nur um dem einfachen Volk die Macht der Herrscher nahe zu bringen?

Nachdem das Druckgewerbe durch den einfach zu vervielfältigenden Holzschnitt wahre Bilderfluten mit karikierenden oder politisch-kämpferischen Inhalten unters Volk brachte, traten sehr bald strenge Bestimmungen auf den Plan. In Nürnberg z.B. gab es Zensurbefehle, nach denen nicht nur Verleger und Drucker, sondern auch Formenschneider und Briefmaler schwören mussten: „… kein Werk, Gedicht, Schrift, geschnittene Form oder Figur, welche zum Abbruch, Schmach oder Nachteil der Geistlichen, eines Standes des Reichs oder besonderer Personen und Kommunen vermutlich gereicht und daraus dem Rate Nachrede, Schaden und Irrung erfolgen kann, zu drucken, zu schneiden oder schneiden zu lassen, anzuregen und solches ausgehen zu lassen, sondern alle derartigen Aufträge dem dazu Verordneten (Zensor) zu überantworten …“

Die Bevölkerung musste an die Kirche eine Abgabe, den Zehnten, entrichten. Zahlen konnten die Menschen in Naturalien oder mit barer Münze. Jede Zahlungsleistung wurde sorgfältig ins Kirchenbuch eingetragen.

einen griechischen Klassiker ins Lateinische zu übertragen, beschäftigte man hoch qualifizierte Philologen. Sie mussten für die Güte und die Genauigkeit des Textes sorgen.

Die sehr begehrten lateinischen Texte für die juristischen und theologischen Fakultäten erforderten mitunter gewaltige Investitionen. In Antwerpen, dem Zentrum des niederländischen Buchdrucks des 16. Jh., veröffentlichte der Druckerverleger Christoph Plantin (um 1520–1589) eine sehr aufwendig gestaltete und im Lauf von fünf Jahren sorgfältig erarbeitete Mehrsprachenbibel. Das Werk verschlang 24 000 Gulden.

In allen Ländern Europas brachten es erfolgreiche Druckerverleger dennoch zu einem Vermögen. Ihre kostenträchtigen Werke verkauften sich bestens, und in einem solide geführten Betrieb sorgte man für eine gut verkäufliche breite Palette von Druckerzeugnissen. Dazu gehörten neben gelehrten Texten kleinformatige, schlichte, in der Landessprache verfasste Informations- und Unterhaltungsschriften genauso wie Kalender oder Traktate mit Bibelversen bzw. Sprichwörtern.

Neben dem Erfolg stellten sich allerdings auch Fehlschläge ein. Die Gründe dafür klingen hochmodern: gewaltige Überproduktion, unzureichende Information über den Buchmarkt und Läden, die Restposten zu Schleuderpreisen anboten.

Das Buch als Waffe

Druckerzeugnisse aller Art und Preislagen verschafften im 16. Jh. erstmals einer breiten Bevölkerungsschicht ungehinderten Einblick in ein reiches Themenspektrum. Und sie ermöglichten den privaten, unkontrollierten gedanklichen Austausch zwischen gleichgesinnten Geistern in ganz Europa. Nicht wenige Stimmen wurden laut, die darin eine Bedrohung der bestehenden Ordnung sahen. Vor allem die Kluft, die sich zwischen Katholiken und Protestanten von Tag zu Tag mehr auftat, veranlasste die kirchlichen Einrichtungen beider Seiten zu Maßnahmen gegen Korruption und Irrglauben.

Sie sahen sich dabei einer wahren Sintflut ausgesetzt, da mehr als die Hälfte aller im 16. Jh. in Europa produzierten Bücher religiöse Themen zum Inhalt hatten. Um die ideologische Gefahr von außen einzudämmen, setzte man auf strikte Überwachung und Reglementierung. Bereits um 1520 verbot das französische Parlament die Werke Luthers und Melanchthons, der Leitgestalten der

Reformation. Menschen, in deren Besitz man verbotene Bücher fand, endeten auf dem Scheiterhaufen.

Bei Katholiken wie Protestanten herrschte jedoch Einigkeit, wenn es darum ging, dass Bücher oder Schriften unerlässlich im Kampf für die eigene Sache seien. Europaweit hatte man Gedrucktes als geistige Waffe entdeckt und die ließ sich niemand mehr aus der Hand nehmen. An Abwehrversuchen vor allem seitens der Obrigkeit fehlte es nicht.

Der Holzschnitt zeigt, dass die Einbeziehung des Buches in Forschung und Lehre im 16. Jh. bereits eine Selbstverständlichkeit geworden war.

Im ersten Teil des Wormser Edikts (1521) gebot Kaiser Karl V. die Vernichtung von Luthers sämtlichen Schriften und untersagte das Verfassen jeglicher Bücher, die sich gegen die alte Kirche oder den Staat richteten.

Aufgrund dieser und anderer Zensurvorschriften revanchierten sich protestantische Landesfürsten, indem sie ihrerseits den Druck katholischen Schrifttums zu verhindern suchten.

In vielen betroffenen Ländern setzte man sich zur Wehr. In Straßburg boten Angehörige des Druckgewerbes Religionsflüchtlingen sichere Zuflucht an. Druckereiwerkstätten in Neuchâtel und Genf produzierten gleich massenweise protestantisch orientierte Bücher und brachten diese heimlich über die Grenze in das benachbarte katholische Frankreich. Man informierte sogar Luther über diese umstürzlerischen Aktivitäten. 1519 erhielt er einen langen Brief von einem Franzosen, der ihm darin mitteilte, dass 600 Bände protestantischen Inhalts auf dem Weg nach Frankreich und Spanien seien.

Riesige Mengen verbotener Bücher wurden in Fässern, mit Pferden und Maultieren, im Rucksack von Hausierern und unter Stoffballen versteckt geschmuggelt. Als der Strom der nach Frankreich gebrachten verbotenen Bücher zu groß wurde, erließ man im Juni 1551 ein Edikt, demzufolge Drucker und Buchhändler ihre auszuliefernden Pakete in Anwesenheit von „zwei rechtschaffenen Personen“ öffnen mussten, „die von den theologischen Fakultäten beauftragt werden“.

Lieblingslektüre

Martin Luthers Werke zählten zu den meistgelesenen Druckerzeugnissen des 16. Jh. Als Verkaufsschlager erwies sich aber auch eine Lektüre, die Luther womöglich selbst gern auf die Verbotsliste gesetzt hätte: die Geschichte von *Till Eulenspiegel*. Luther meinte, dass Till, der fahrende Handwerksbursche, der allen Ständen listige Streiche spielte, vom Müßiggang lebte und der gesellschaftlichen Ordnung Paroli bot, ein „verachtenswertes Subjekt“ sei. So sah es auch die katholische Kirche und setzte das Buch auf den Index.

Zum Ende des Jahrhunderts, 1598, erschien ein weiterer Bestseller: *Die Schiltbürger*, Geschichten närrischer Bürger, die Salz säten oder das Sonnenlicht einfingen. Der Weltruhm dieser beiden Bücher ist unbestritten.

Diese Ausgabe der Tierfabeln *Reineke Fuchs* erschien 1572 in Frankfurt am Main. Auf dem Titelblatt ist der als Gelehrter verkleidete Fuchs zu sehen, der mithilfe eines beeindruckenden Diploms versucht, die Henne zu beschwindeln.

1500 – 1519

Vor den Toren Granadas blicken arabische Frauen misstrauisch auf den vorbeipreschenden Reiter, der zu den siegreichen spanischen Truppen gehört.

1500 Katholische spanische Truppen schlagen in Südspanien einen Aufstand der Mauren nieder.

Tilman Riemenschneider, Bildschnitzer und Bildhauer (1460–1531), beendet den *Heiligblutaltar* in der Kirche St. Jakob in Rothenburg ob der Tauber (Bayern).

1501 Der französische König Ludwig XII. (1462–1515) erobert Neapel.

Lisa, die Gemahlin von Francesco del Giocondo, ist nach Florentiner Mode gekleidet.

Leonardo da Vinci arbeitet an dem Bild *Madonna mit der Spindel.*

In Lissabon kommt das erste Schiff mit indischen Gewürzen an.

1502 Die spanische Regierung richtet erstmals eine Zensur für Bücher ein.

1503 Giuliano della Rovere wird Papst Julius II.

Leonardo da Vinci malt seine *Mona Lisa.*

1504 Spanien bringt die Unterwerfung der im Atlantik liegenden Kanarischen Inseln zum Abschluss.

Hieronymus Bosch (1450–1516) vollendet *Das Jüngste Gericht.*

Peter Henlein aus Nürnberg erfindet die erste Taschenuhr mit Federzug (das *Nürnberger Ei* genannt).

1506 Christoph Kolumbus stirbt in Armut.

In Venedig wird die erste Artillerieschule gegründet.

1507 erscheint in Lothringen eine Weltkarte, auf der erstmals *Americi terra* (später Amerika) steht.

1508 Maximilian I. wird Kaiser des Heiligen Römischen Reichs.

Michelangelo beginnt mit den Fresken an der Decke der Sixtinischen Kapelle.

Am französischen Hof erreicht die Haartracht der Frauen monströse Höhen; der Klerus greift die Frisur als hurenhaft an.

1509 Heinrich VIII. wird englischer König.

1511 Papst Julius II. bildet gemeinsam mit Venedig und Spanien die Heilige Liga gegen Ludwig XII. von Frankreich.

1512 Die Heilige Liga stürzt die Republik in Florenz und setzt die Medici wieder als Herrscher ein.

Albrecht Dürer erhält von Kaiser Maximilian I. größere Aufträge, so beginnt er z. B. mit den Illustrationen des kaiserlichen Gebetbuches.

Michelangelo vollendet die Sixtinische Kapelle.

1513 Nach dem Tod von Papst Julius II. wird Giovanni von Medici zum Papst Leo X. gewählt.

Niccolò Machiavelli schreibt *Der Fürst.*

Graf Baldassare Castiglione verfasst das Werk *Der Hofmann.*

1514 Papst Leo X. erlässt das Ablassdekret zur Finanzierung des Neubaus von St. Peter in Rom.

Martin Luthers 95 Thesen werden innerhalb von 14 Tagen in ganz Europa bekannt.

Bewaffneter Eingeborener aus der Neuen Welt.

1515 Durch eine Doppelhochzeit wird der Grundstein für das habsburgische Weltreich gelegt. Die Kinder des Königs Wladislaw von Böhmen und Ungarn, Anna und Ludwig, heiraten Maria und Karl, die beiden Enkel des römisch-deutschen Kaisers Maximilian I.

Die Bauarbeiten am Hampton Court Palace bei London beginnen. Er ist für Kardinal Wolsey bestimmt.

Matthias Grünewald beendet den *Isenheimer Altar* im Elsass, der heute noch als der berühmteste spätgotische Flügelaltar gilt.

1516 Der Habsburger Karl von Burgund (der spätere Kaiser Karl V.) wird König von Spanien.

1517 Martin Luther schlägt seine 95 Thesen am Portal der Schlosskirche zu Wittenberg an. Damit beginnt die Reformation.

Hampton Court Palace ist der größte königliche Palast in Großbritannien.

1518 Auf dem Reichstag zu Augsburg weigert Luther sich, seine Thesen zu widerrufen.

1519 Karl I. von Spanien wird einstimmig zum König und Kaiser des Heiligen Römischen Reichs gewählt.

Der portugiesische Seefahrer Fernão de Magalhães (Magellan, um 1480–1521) startet – in spanischen Diensten – mit fünf Schiffen zur ersten Weltumseglung. Er findet dabei den Tod.

1520 – 1536

1520 Papst Leo X. exkommuniziert Martin Luther.

In Rom stirbt Raffael, ein führender Maler und Baumeister der Renaissance.

Heinrich VIII. von England (oben) zählte neben Kaiser Karl V. zu den unerbittlichsten Gegnern Franz I. von Frankreich (unten).

1521 Auf dem Wormser Reichstag wird Luther geächtet. Er beginnt mit der Übersetzung des Neuen Testaments ins Deutsche.

1522 Die Thurn und Taxis'sche Postlinie zwischen Wien und Nürnberg wird eröffnet.

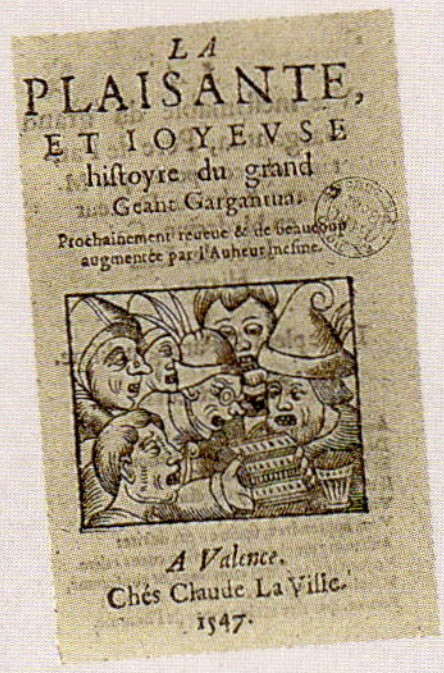

Die Titelseite der schalkhaften Erzählungen über den Riesen *Gargantua*.

1523 Tizian malt *Bacchus und Ariadne*.

1524 Martin Luther und Johann Walther stellen gemeinsam das erste deutsche Gesangbuch zusammen.

1525 Im ersten Krieg Karls V. gegen Frankreich wird der französische König Franz I. in der Entscheidungsschlacht bei Pavia geschlagen und gefangen genommen.

Der Züricher Stadtrat verfügt, dass ein Mann, der einem Mädchen die Unschuld raubt, dieses heiraten muss.

1526 Das englische Münzsystem wird zur Finanzierung des aufwendigen königlichen Hofes abgewertet.

Pietro Aretino wird wegen seiner Schmähungen bekannter Persönlichkeiten aus Rom verbannt und flüchtet nach Venedig. Von dort aus überzieht er Italien mit einer Flut von Schmähschriften, sodass die Betroffenen „dem Tratschmaul des Jahrhunderts" Schweigegelder zahlen, die Aretino ein sorgenfreies Leben ermöglichen.

1527 Im Verlauf des zweiten Kriegs Karls V. gegen Franz I. kommt es zum *Sacco di Roma*, einer grausamen Plünderung Roms durch die kaiserlichen Landsknechte.

In Marburg wird die erste protestantische Universität vom Landgraf Philipp von Hessen gegründet.

1529 Ein osmanisches Heer belagert Wien. Die Belagerung wird bereits nach wenigen Wochen wegen des frühen Wintereinbruchs erfolglos abgebrochen.

Auf dem Zweiten Reichstag zu Speyer protestieren die der Reformation zugeneigten Fürsten und Städte gegen die Aufhebung ihres Reformationsrechts.

Musikanten am Hof der Fürstin Isabelle d'Este in Mantua.

Innerhalb von zwei Jahren erscheinen die ersten Ausgaben von Martin Luthers Großem Katechismus und Kleinem Katechismus. Von Letzterem sind vermutlich bis Ende des 16. Jh. über eine halbe Million Exemplare (in mehreren Sprachen) gedruckt worden.

1530 Auf dem Reichstag zu Augsburg versucht Karl V. die Glaubenseinheit zu retten. Die von Philipp Melanchthon verfasste Bekenntnisschrift *Confessio Augustana* wird vom Kaiser und den katholischen Reichsständen zurückgewiesen.

Das Tretspinnrad wird erfunden, vermutlich vom damaligen Bürgermeister von Watenbüttel (liegt bei Braunschweig).

1531 Die Protestanten vereinigen sich zum Schmalkaldischen Bund, einer gegen Kaiser Karl V. gerichteten Verteidigungsgemeinschaft.

1532 François Rabelais veröffentlicht sein Hauptwerk *Gargantua und Pantagruel*, die Abenteuergeschichten eines Riesen und seines Sohnes.

1533 Elisabeth I., die Tochter Heinrichs VIII. und seiner zweiten Frau, Anne Boleyn, wird geboren. Der König vollzieht die Trennung der englischen Kirche von Rom.

Hans Holbein malt *Die Gesandten* und Tizian das Reiterporträt Karls V.

1534 Heinrich VIII. wird Oberhaupt der anglikanischen Kirche. Geistliche und Beamte müssen ihm den Suprematseid leisten.

Ignatius von Loyola gründet die *Societas Jesu* (Gesellschaft Jesu), den Jesuitenorden.

In Münster wird das Täuferreich errichtet und Jan Bockelsohn lässt sich zum „König von Zion" ausrufen.

1535 Mit einer Flottenexpedition, die von dem Genueser Andrea Doria (1466–1560) angeführt wird, erobert Kaiser Karl V. Tunis.

1536 Wegen vermeintlichen Ehebruchs und Hochverrats lässt Heinrich VIII. seine zweite Ehefrau Anne Boleyn hinrichten.

In Augsburg erscheint das Hauptwerk von Paracelsus, die *Tractate der grossen Wunderartzney*.

Michelangelo stellt dem Papst und dessen engsten Mitarbeitern ein Modell des Petersdoms vor.

1537 – 1553

Papst Paul III., der große Papst der Gegenreformation, stammt aus dem alten italienischen Adelsgeschlecht der Farnese.

1537 Geburt des englischen Thronfolgers, des späteren Eduard VI.; seine Mutter, Jane Seymour, die dritte Ehefrau Heinrichs VIII., stirbt im Wochenbett.

1538 Tizian arbeitet an der *Venus von Urbino*. Das Gemälde wird bis ins 19. Jh. hinein Vorbild für viele Aktbilder.

Nikolaus Kopernikus (oben links), Astronom, und Andreas Vesalius (links), Arzt, tragen mit ihren Werken sehr entscheidend zum Fortschritt der Naturwissenschaften bei.

1540 Papst Paul III. stellt den Jesuitenorden in den Dienst der Gegenreformation mit dem Ziel, den Katholizismus durch Predigt, karitative Werke sowie durch Lehrtätigkeit an Schulen zu verbreiten.

1541 Johannes Calvin zieht nach Genf und setzt das reformatorische Gedankengut durch. Genf wird Zentrum des Calvinismus.

1542 Zwischen Frankreich und dem Heiligen Römischen Reich bricht erneut ein Krieg aus.

Heinrich VIII. lässt seine fünfte Ehefrau, Katharina Howard, wegen Untreue hinrichten.

1543 In Spanien werden die ersten Protestanten verbrannt.

Kaiser Karl V. erteilt den niederländischen Kaufleuten offiziell die Erlaubnis, Geld gegen Zins zu verleihen, und hebelt damit das mittelalterliche Zinsverbot aus.

Lady Jane Grey, Urenkelin Heinrichs VII. von England, beansprucht den Thron.

Andreas Vesalius veröffentlicht sein Anatomiewerk *De humani corporis fabrica*.

Nikolaus Kopernikus bringt *Über die Umläufe der Himmelskörper* heraus. In diesem Werk behauptet er, dass sich die Erde und die anderen Planeten um die Sonne drehen.

1544 Heinrich VIII. fällt in Nordfrankreich ein.

1545 Das Konzil von Trient tritt zusammen und berät über die Zukunft der katholischen Kirche.

Pierre Lescot entwirft die Kunstgalerien für den Louvre in Paris.

Schreibfedern aus Messingblech lösen die bisher üblichen Gänsekielfedern ab.

1546 Martin Luther stirbt.

Girolamo Frascatoro beschreibt erstmals die Übertragung von Krankheiten durch lebende Organismen.

In Paris wird der Drucker Etienne Dolet auf dem Scheiterhaufen verbrannt, weil er protestantische (ketzerische) Werke hergestellt hat.

Links: König Heinrich VIII. und englische Chirurgen. Rechts: Im Gasthaus wird auch gespielt.

1547 Heinrich VIII. von England und Franz I. von Frankreich sterben.

1548 Maria Stuart, Königin von Schottland, wird nach Frankreich geschickt und mit dem Dauphin (später Franz II.) verlobt.

1549 Der erste Anatomiesaal, in dem Studenten Sektionen beiwohnen können, wird in Padua eröffnet.

1550 Giorgio Vasari verfasst die Biographien großer Künstler vom 13.–16. Jh.; er beendet das umfangreiche Werk erst acht Jahre später.

1552 Die Deutsche Fürstenrevolution unter der Führung von Kurfürst Moritz von Sachsen (1521–1553) zwingt Kaiser Karl V., aus seiner Residenz Innsbruck zu fliehen.

Ein deutscher Holzschnitt vom Dogenpalast in Venedig.

1553 Maria I., Tochter Heinrichs VIII., besteigt den englischen Thron. Ihren Beinamen *Bloody Mary* erhält sie, weil sie mit Gewalt, z. B. durch Hinrichtung von Protestanten, die Rekatholisierung Englands betreibt.

1554 – 1568

1554 Maria I. von England heiratet Philipp, den späteren König von Spanien. Die Ehe endet 1558 mit dem Tod Marias.

Heinrich II., König von Frankreich, verheiratet mit Katharina von Medici, ist hier auf dem Totenbett von zahlreichen Verwandten, Ärzten, Höflingen und Wächtern umgeben.

1555 Augsburger Religionsfriede, der die Teilung Deutschlands in katholische und evangelische Fürstentümer festschreibt.

Der *Escorial*, Palast Philipps II., liegt rund 50 km nordwestlich von Madrid.

1556 Kaiser Karl V. dankt zugunsten seines Bruders Ferdinand ab. In Spanien wird sein Sohn Philipp II. König.

Nach dem französischen Eherecht benötigen Männer unter 30 und Frauen unter 25 die Zustimmung ihrer Eltern zur Eheschließung.

Fischmarkt in Antwerpen. Die Stadt gilt Anfang des 16. Jh. als reichste Stadt Europas.

1557 Philipp II. zwingt seine Frau, die englische Königin Maria I., zu einem Krieg mit Frankreich.

1558 Elisabeth I. wird nach dem Tod ihrer Halbschwester Maria I. Königin von England.

In Paris führt man die Straßenbeleuchtung mit Laternen, die an Seilen hängen, ein.

1559 Heinrich II. von Frankreich wird bei einem Turnier getötet, sein Nachfolger ist Franz II., der Ehemann von Maria Stuart.

Papst Paul IV. gibt den ersten Index verbotener Bücher heraus. Dieser *Index librorum prohibitorum* wurde bis 1965 auf dem neuesten Stand gehalten.

Frankreich verhängt die Todesstrafe für das Drucken untersagter Bücher.

1560 Die von Giorgio Vasari entworfenen Uffizien in Florenz werden gebaut.

Der französische Gelehrte und Diplomat Jean Nicot (1530–1600) führt den Tabaksamen nach Frankreich ein. Nach ihm wird der Hauptinhaltsstoff der Pflanze Nikotin genannt.

Katharina von Medici nimmt Schnupftabak als Mittel gegen starke Kopfschmerzen.

1561 Ein Jahr nach dem Tod ihres Mannes (Franz II.) kehrt Maria Stuart von Frankreich nach Schottland zurück. Als Königin von Schottland nimmt die Katholikin den Kampf gegen den mächtigen calvinistischen Adel auf.

1562 Der Herzog von Guise lässt zum Gottesdienst versammelte Hugenotten niedermetzeln. Dieses *Blutbad von Vassy* löst die acht Hugenottenkriege aus.

1563 Ende des Konzils von Trient. Die Jesuiten gewinnen in vielen Ländern Europas an Einfluss.

1564 Kaiser Ferdinand I. stirbt. Nachfolger ist sein Sohn Maximilian II. (1527–1576). Dieser bemüht sich um den Ausgleich der religiösen und politischen Gegensätze in Europa.

Michelangelo stirbt im Alter von 88 Jahren in Rom.

Maria, Königin von Schottland, stellt eine Gefahr für Elisabeth I. von England dar.

William Shakespeare gelingt es, in seinen Stücken geschichtliche Prozesse durch Einzelschicksale sichtbar zu machen. Zu seinen Werken zählen Komödien, Tragödien und Märchen.

William Shakespeare, Sohn eines Handschuhmachers, wird in Stratford on Avon (England) geboren.

1565 Die Türken belagern Malta, werden aber von den Johannitern zurückgeschlagen.

1566 In den Niederlanden regt sich der Widerstand gegen die spanische Herrschaft.

Pieter Bruegel d. Ä. malt *Die Bauernhochzeit*.

Zweirädrige Karren dienen im 16. Jh. den Armen als Transportmittel für Menschen und Waren.

1567 Maria Stuart dankt als Königin von Schottland ab und flieht nach England.

1568 Auf Befehl ihrer Cousine Elisabeth I. wird Maria Stuart für 19 Jahre gefangen gesetzt.

Am 24. August 1572 richten die Katholiken in Paris ein Blutbad unter den Protestanten an.

1569 Jacques Besson erfindet die erste Leitspindel- oder Geschwindigkeitsdrehbank.

1570 Im Edikt von Saint-Germain-en-Laye wird den Hugenotten in Frankreich bedingte Religionsfreiheit zugestanden.

Papst Pius V. exkommuniziert Elisabeth I.

Gründung der Börse in London als Konkurrenz zu Antwerpen.

In Nürnberg wird das Radschloss für Musketen erfunden.

1571 Die Flotte der Heiligen Liga (Spanien, Venedig und der Heilige Stuhl) vernichtet die Osmanen bei Lepanto im Golf von Korinth.

1572 *Pariser Bluthochzeit* oder *Bartholomäusnacht* wird das Blutbad, dem Tausende von Hugenotten in Frankreich zum Opfer fallen, genannt. Das Gemetzel findet am Tag der Hochzeit von Margarete von Frankreich (Tochter Katharina von Medicis) und dem hugenottischen Heinrich von Navarra (später König Heinrich IV. von Frankreich) statt.

Der dänische Astronom Tycho Brahe beobachtet die Geburt eines neuen Sterns, einer Nova.

Von Geburt an Verkrüppelte oder Kriegsinvaliden können nur durch die Unterstützung der Pfarrgemeinden überleben.

1573 Eine osmanische Flotte entreißt Zypern den Venezianern.

Englische und niederländische Kaperschiffe überfallen die spanische Silberflotte, die regelmäßig Edelmetalle aus der Neuen Welt nach Europa transportiert.

Hungersnöte führen zu Aufständen in ganz Frankreich.

1574 Heinrich III. wird König von Frankreich.

Tintoretto (1518–1594) malt sein Werk *Paradiso*.

1576 Tycho Brahe baut auf der Sundinsel Ven zwei Observatorien.

Geronimo (Girolamo) Cardano (er beschrieb die kardanische, schwingungsfreie Aufhängung) hungert sich freiwillig zu Tode, um die Richtigkeit der eigenen Voraussage seines Todesjahres zu beweisen.

Oben: Kurtisanen vertreiben sich die Zeit, umgeben von Schoßtieren und alten Liebesbriefen.

Adam Schall von Bell, Jesuit und Missionar, wird Leiter des Observatoriums in Peking.

In den Niederlanden verbietet die Generalsynode der calvinistischen Kirche Bankiers und ihren Angestellten die Teilnahme am Abendmahlgottesdienst, da Kredit- und Zinsgeschäfte unmoralisch seien.

Fast überall in Europa ist die Hexenjagd in vollem Gang.

1581 Die sieben nördlichen Provinzen der Niederlande sagen sich vom spanischen König los und bilden die Republik der Vereinigten Niederlande.

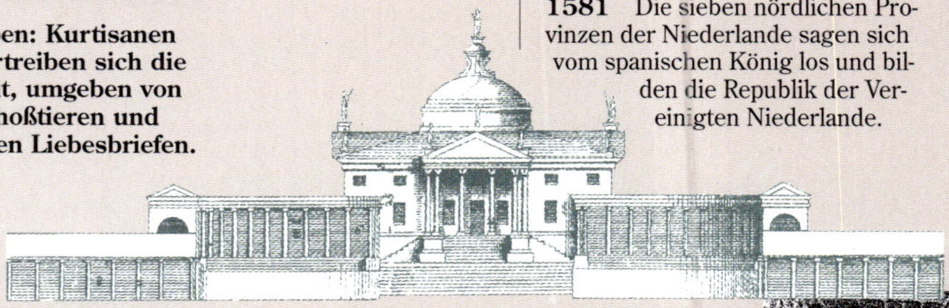

Andrea Palladio (1508–1580) prägt mit seinem Stil, dem Palladianismus, die Baukunst vieler europäischer Länder.

1577 König Heinrich III. von Frankreich macht den Ecu aus Gold zur gesetzlichen Währungseinheit.

1578 Jakob VI. wird König von Schottland.

1580 Spanien erobert Portugal.

Die Räte von Berlin und Cölln erlassen eine Verordnung gegen übertriebenen Luxus. Einfache Bürgerinnen und Mägde dürfen keinen Schmuck mehr tragen.

Der französische Schriftsteller Michel de Montaigne veröffentlicht seine *Essais* und schafft damit eine neue literarische Gattung.

In Paris wird Beaujoyeaux' *Ballet Comique de la Reine* aufgeführt. Die Kosten betragen 3,6 Mio. Francs.

1582 Der Kredit und damit zugleich die Geldverleiher wie Pfandleiher breiten sich in Europa aus. Die Verlockungen dieser neuen Art der Finanzierung bringen in Rom 5942 Bürger ins Gefängnis, da sie ihre vielen Schuldscheine nicht einlösen können.

Am französischen Hof wird 1582 ein kunstvoller Tanz aufgeführt.

1583 – 1600

1583 Die spanische Mystikerin und erste Kirchenlehrerin Theresa von Avila stirbt 66-jährig in Alba de Tormes.

Papst Gregor XIII. (1502–1585) führt den nach ihm benannten neuen Kalender im katholischen Europa ein. Die europäischen Protestanten richten sich weiter nach dem alten Julianischen Kalender.

1584 Zu Ehren der „jungfräulichen“ Königin Elisabeth I. von England werden die englischen Eroberungen in Nordamerika *Virginia* genannt.

1585 Das Edikt von Paris hebt alle blutig erkämpften Rechte der Hugenotten wieder auf.

Kampf um die französische Krone (Krieg der drei Heinriche) zwischen Heinrich dem III. von Frankreich, dem König Heinrich von Navarra (Führer der protestantischen Partei, später Heinrich IV.) und dem katholischen Herzog Heinrich von Guise.

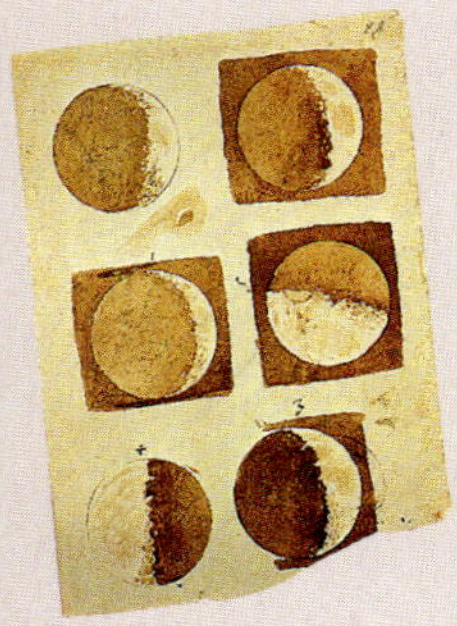

Mit seinem von ihm entwickelten *Himmelsfernrohr* erkennt Galileo Galilei, dass die Mondoberfläche gebirgig ist.

1587 Maria Stuart wird wegen Hochverrats hingerichtet.

Nach massiven Konflikten bricht der Krieg zwischen England und Spanien offen aus.

In Frankfurt am Main erscheint die umfangreiche *Historica Von Doc. Johann Fausten, dem weitbeschreyten Zauberer und Schwartzkünstler.*

Die Stadt Trier beginnt mit einer Hexenjagd, der in den darauf folgenden sechs Jahren 368 Frauen zum Opfer fallen.

1588 Die spanische Armada wird durch Stürme und die englische Schiffsartillerie vor der Küste Englands vernichtend geschlagen.

Christopher Marlowes *Dr. Faustus* wird in London uraufgeführt.

Robert Devereux, Earl of Essex (links), wird zur Unterwerfung der Iren (unten) entsandt, die man damals als Barbaren darstellte.

1589 Heinrich III. von Frankreich wird ermordet. Sein Nachfolger ist Heinrich IV. (Heinrich von Navarra).

Galileo Galilei erhält einen Ruf als Professor der Mathematik an die Universität von Pisa.

1590 In Frankreich werden die öffentlichen Bordelle geschlossen; die Straßenprostitution nimmt daraufhin rapide zu.

1591 Shakespeare produziert sein erstes Stück, *Heinrich VI., Teil 1.*

Christopher Marlowe wird im Alter von nur 29 Jahren durch einen Messerstich getötet.

1592 Der italienische Naturphilosoph Giordano Bruno (1548–1600) wird wegen Ketzerei ins Gefängnis geworfen und acht Jahre später öffentlich auf dem Campo del Fiori in Rom verbrannt.

1593 Heinrich IV. konvertiert zum Katholizismus.

Christopher Marlowe wird bei einem Wirtshausstreit in Deptford bei London getötet.

1594 Heinrich IV. zieht in Paris ein und wird als Erster aus dem Haus Bourbon zum König gekrönt.

Sir Martin Frobisher wird während des Kampfes gegen die spanische Armada noch an Bord zum Ritter geschlagen.

1595 Heinrich IV. erklärt Spanien den Krieg.

In Amberg erscheint das erste von einer Frau (Anna Wecker) verfasste deutsche Kochbuch; es berücksichtigt auch erstmals Krankenkost.

1596 Die zweite spanische Armada, die England erobern soll, bleibt erfolglos.

Caravaggio beginnt mit dem Malen des Bildes *Das Abendmahl von Emmaus.*

Sir John Harington veröffentlicht sein Werk *The Metamorphosis of Ajax* und beschreibt darin seine Erfindung, die Toilette mit Wasserspülung.

1597 In Italien werden erstmals Gewehre mit Patronen verwendet.

Johannes Kepler erfindet die Zahnradpumpe.

Dafne, die erste Oper der Musikgeschichte von Jacopo d'Antonoi Peri (1561–1633), wird in Italien uraufgeführt.

1598 Das Edikt von Nantes gewährt den französischen Protestanten dieselben Rechte wie den Katholiken.

König Philipp II. von Spanien stirbt.

1600 Hans und Zacharias Janssen erfinden das erste Mikroskop.

William Kemp, ein Clown, führt über die Entfernung von fast 150 km von London nach Norwich einen Moriskentanz auf. Dieser Tanz erfolgt nach einer Wette und dauert einen Monat. Vermutlich stirbt Kemp kurz darauf.

William Kemp tanzt von London nach Norwich.

Register

Die *kursiv* gedruckten Seitenzahlen verweisen auf eine Bildunterschrift.

G

H

I

J

K

BILDNACHWEIS

(l. = links; r. = rechts; o. = oben; M. = Mitte; u. = unten)
AKG = Archiv für Kunst und Geschichte, London
BAL = Bridgeman Art Library, London
BM = The British Museum, London
ETA = ET Archive, London
MEPL = Mary Evans Picture Library, London
TBA = Toucan Books Archive, London
V&A = The Board of Trustees of the Victoria & Albert Museum, London

Umschlagvorderseite: Archiv für Kunst und Geschichte, Berlin

Umschlagrückseite: Archiv für Kunst und Geschichte, Berlin

Vor- und Nachsatz: Archiv für Kunst und Geschichte, Berlin

Innenteil: 1 Alinari/Giraudon; 2/3 Giraudon; 4 l. BAL/Giraudon; r. BAL/Giraudon; 5 o. r. Giraudon; u. l. Lauros/Giraudon; u. M. Giraudon; u. r. Scala; 6 AKG; 7 o. AKG; M. Giraudon; u. Lauros/Giraudon; 8 o. TBA; u. BAL; 9 BAL; 10/11 AKG; 12 Giraudon; 13 l. TBA; r. Biblioteca Marucelliana, Florenz; 14 Musée du Louvre/Scala; 15 AKG; 16 V&A/BAL; 16/17 The Metropolitan Museum of Art, Rogers Fund, 1919 (ref. no. 19.164); 17 o. AKG; 18 o. Giraudon; u. AKG; 19 Giraudon; 20 BAL; 21 o. ETA; u. Musée des Beaux-Arts de Montreal; 22 Lauros/Giraudon; 23 o. Ulster Museum, Belfast; u. BAL; 24 o. AKG; u. Giraudon; 25 o. Ulster Museum, Belfast; M. l. Giraudon; M. r. BM, Department of prints and drawings/Fotomas Index; u. Giraudon; 26 o. Giraudon; u. Musée du Louvre, Paris/Agence Photographique de la Réunion des Musées Nationaux; 27 o. BAL; 28 BM/ETA; 29 o. Alinari/Giraudon; u. BAL; 30 University of Glasgow; 31 l. TBA; o. r. TBA; M. r. Science and Society Picture Library; u. r. TBA; 32 o. Wellcome Historical Medical Museum, London; u. AKG; 33 BM/BAL; 34 o. National Trust Photographic Library/John Bethell; u. ETA; 35 o. Lauros/Giraudon; u. AKG; 36 Lauros/Giraudon; 37 o. British Library; u. ETA; 38 o. TBA; u. Scala; 38/39 BAL; 40 Lauros/Giraudon; 41 o. Scala; M. AKG; u. BAL; 42 o. AKG; u. ETA; 43 BAL; 44/45 Terence Dalley; 46 o. Alinari/Giraudon; u. AKG; 47 o. A.F. Kersting; u. TBA; 48/49 BAL/Giraudon; 50 o. Giraudon; u. AKG; 51 o. Kunsthistorisches Museum, Wien; u. Giraudon; 52 l. The Royal Collection © 1995 Her Majesty Queen Elizabeth II.; r. TBA; 53 Giraudon; 54 o. Giraudon; M. Museum of London; u. Folger Shakespeare Library, Washington DC; 55 TBA; 56/57 BAL; 58 o. Giraudon/BAL; u. Gill Tomblin; 59 Alinari/Giraudon; 60 Giraudon; 61 o. Brian Delph; Rest National Trust Photographic Library/John Bethell; 62 o. Giraudon; u. V&A; 63 o. V&A; u. Scala; 64 o. The John and Mable Ringling Museum of Art, Sarasota, Florida; u. British Architectural Library, RIBA, Drawings Collection, London; 65 Giraudon; 66 G. Dagli Orti; 67 o. TBA; u. Giraudon; 68 o. Edinburgh University Library; u. ETA; 69 o. Science and Society Picture Library, London; u. BAL; 70 BAL; 71 o. Scala; u. British Library, London; 72 Christie's Images; 72/73 Sarah Kensington; 73 National Portrait Gallery, London; 74 AKG; 75 o. TBA; u. Sarah Kensington; 76 o. l. Scala; o. r. National Portrait Gallery, London; u. TBA; 77 BAL; 78 Lauros/Giraudon; 79 o. John Meek; u. l. Giraudon; u. r. BAL; 80 AKG; 81 o. Scala; u. Gill Tomblin; 82 l. aus *Praxis criminis persequendi*, 1541, Paris; r. AKG; 83 o. Scala; u. Scala; 84 Diana Phillips; 85 o. BAL; u. Scala; 86 o. BAL; u. AKG; 87 o. BAL; u. Herzog Anton Ulrich-Museum, Braunschweig; 88 BAL; 89 o. BAL; u. ETA; 90 o. The Fitzwilliam Museum, University of Cambridge; u. BAL; 91 Giraudon; 92/93 Paul Wright; 94 o. Lauros/Giraudon; u. BM/ETA; 95 o. Scala; u. Giraudon; 96 Rijksmuseum Foundation, Amsterdam; 96/97 Guildhall Library, London; 97 AKG; 98/99 Archiv für Kunst und Geschichte, Berlin; 99 ETA; 100 Giraudon; 100/101 Interfoto, München; 102 TBA; 103 BAL; 104 BAL; 105 o. l. Scala; o. r. Royal Geographical Society/BAL; u. BAL; 106 o. Giraudon; u. BAL; 107 o. l. ETA; o. r. National Maritime Museum, London; u. G. Dagli Orti; 108/109 AKG; 110 Giraudon/BAL; 111 o. AKG; u. Paul Wright; 112/113 Paul Wright; 114 TBA; 115 Scala; 116 BAL; 117 o. AKG; u. AKG; 118 AKG; 119 l. AKG; r. ETA; 120 AKG; 121 BAL; 122 Geremy Butler Photography; 123 TBA (3); 124 AKG; 125 AKG (3); 126 Alinari/Giraudon; 126/127 Agence Photographique de la Réunion des Musées Nationaux; 127 AKG; 128/129 Lauros/Giraudon; 129 o. BAL; M. ETA; 130 AKG; 131 MEPL (2); 132 l. AKG; r. Rijksuniversetiet, Leiden/Andromeda Oxford Ltd.; 133 o. BAL; u. Giraudon/BAL; 134 o. Paul Wright; u. BAL; 135 o. Giraudon; u. Andreas Vesalius, Fratelli Fabri/BAL; 136 MEPL; 137 o. l. AKG; o. r. ETA; u. Giraudon; 138 l. AKG; r. AKG; 139 o. Biblioteca Reale, Turin; u. The Royal Collection © 1995 Her Majesty Queen Elizabeth II. (3); 140 Paul Wright; 141 o. Alinari/Giraudon; u. G. Dagli Orti; 142 o. BAL; u. Scala; 143 AKG; 144 o. l. Bibliothèque Nationale, Paris, Cabinet des Estampes; o. r. Cleveland Museum of Art, Ohio; u. V&A; 145 o. Hanfstaengl/Giraudon; u. AKG; 146 Scala; 147 l. TBA (2); r. Giraudon/BAL; 148 Giraudon; 149 o. Cambridge University Library/Andromeda Oxford Ltd.; u. AKG; 150 o. l. TBA; o. r. The Mansell Collection; M. l. Giraudon; M. r. Department of the Environment; u. TBA; 151 o. l. Royal Collection © 1995 Her Majesty Queen Elizabeth II.; M. l. Giraudon; u. l. Bodleian Library, Oxford/Andromeda Oxford Ltd.; M. BAL; u. r. Scala; 152 o. l. G. Dagli Orti; o. r. National Portrait Gallery, London; Kopernikus: ETA; Titelseite: TBA; M. r. Libreria Marciana, Venedig; u. l. BAL; u. r. TBA; 153 o. l. BM; o. r. Collection of Hatfield House/Fotomas Index; M. l. TBA; M. r. British Library/BAL; u. l. AKG; u. r. Giraudon; 154 o. l. Kunsthistorisches Museum, Wien; o. r. TBA; M. l. G. Dagli Orti; M. r. TBA; u. l. BAL; u. r. TBA; 155 o. l. National Portrait Gallery, London; o. r. TBA; M. l. Scala; M. r. Hulton Deutsch; u. l. Bodleian Library, Oxford; u. r. MEPL.